SHUZI JINGJIXIA XIAOFEISHUI
YU ZENGZHISHUI GAIGE YANJIU

数字经济下消费税与增值税改革研究

韩彦国　贾海慧　郝海霞　◎著

中国书籍出版社
China Book Press

图书在版编目（CIP）数据

数字经济下消费税与增值税改革研究 / 韩彦国，贾海慧，郝海霞著. -- 北京：中国书籍出版社，2024.10. -- ISBN 978-7-5241-0025-6

Ⅰ. F812.424

中国国家版本馆CIP数据核字第2024Z54J06号

数字经济下消费税与增值税改革研究

韩彦国　贾海慧　郝海霞　著

图书策划	尹　浩　李若冰
责任编辑	李　新
责任印制	孙马飞　马　芝
出版发行	中国书籍出版社
地　　址	北京市丰台区三路居路97号（邮编：100073）
电　　话	（010）52257143（总编室）（010）52257140（发行部）
电子邮箱	eo@chinabp.com.cn
经　　销	全国新华书店
印　　刷	廊坊市博林印务有限公司
开　　本	710毫米×1000毫米 1/16
字　　数	239千字
印　　张	15
版　　次	2025年1月第1版
印　　次	2025年1月第1次印刷
书　　号	ISBN 978-7-5241-0025-6
定　　价	67.00元

版权所有　翻印必究

前　言

随着全球数字经济的迅猛发展，税收制度正面临着前所未有的挑战和机遇。在数字经济的推动下，传统的生产模式和消费行为发生了巨大变化，税收征管体系也需随之调整，以应对全新的经济结构和技术革新。尤其是消费税和增值税这两类核心税种，它们不仅是政府财政收入的重要来源，也是调控市场、促进经济健康发展的重要工具。对消费税与增值税的改革，不仅关乎国家财政收入的稳定性与可持续性，更对推动经济高质量发展、优化产业结构、促进社会公平正义及提升国际竞争力具有不可估量的价值。

本书围绕数字经济背景下的消费税与增值税改革，探讨数字经济的兴起及其特点，并分析其对传统税收征管体系带来的冲击，指出税收制度改革的必要性。针对消费税，书中详细讨论税务规划、申报缴纳及税收优惠，并深入探讨其对消费结构和税收均衡的影响；研究"双碳"目标、地方税收建设等背景下的消费税改革路径，以及烟草、成品油、奢侈品等行业的具体调整。在增值税部分，书中全面解析增值税的制度框架，包括征税范围、纳税人类型及进项税额，并探讨其征管与优惠制度的改革方向。面对数字化转型，书中对增值税的改革目标、税率调整及运行机制进行分析，并提出跨境交易中目的地原则的适用方案。最后，书中强调消费税与增值税协同改革的重要性，为数字经济下的税收体系构建提供了创新思路。

本书逻辑清晰，行文严谨，各章内容之间既有独立性又具备整体连贯性。通过简明易懂的语言对复杂的税收概念和政策进行深入浅出的解释，使得非专业读者也能通过本书对消费税与增值税的核心问题有一个清晰的了解。

笔者在本书的写作过程中,得到了许多专家学者的帮助和指导,在此表示诚挚的谢意。由于笔者水平有限,加之时间仓促,书中所涉及的内容难免有疏漏之处,希望各位读者多提宝贵意见,以便笔者进一步修改,使之更加完善。

目 录

第一章 数字经济的认知 ································· 1
- 第一节 数字经济的概念与发展 ······················· 1
- 第二节 数字经济的特点及原理 ······················· 5
- 第三节 数字经济的关键技术 ························· 15
- 第四节 数字经济对税收征管的影响 ··················· 20

第二章 消费税税务规划及其影响 ························ 35
- 第一节 消费税及其应纳税额 ························· 35
- 第二节 消费税的申报缴纳与税收优惠 ················· 47
- 第三节 消费税的纳税筹划与检查方法 ················· 50
- 第四节 消费税对居民消费结构与税收均衡的影响 ······· 65

第三章 多维视角下的消费税改革研究 ···················· 69
- 第一节 "双碳"目标背景下消费税改革路径研究 ········ 69
- 第二节 调节功能视角下消费税征税范围改革 ··········· 76
- 第三节 构建地方主体税种视角下消费税改革 ··········· 83
- 第四节 数字经济背景下从生产增值税到消费生产税 ····· 92

第四章 不同领域下的消费税改革研究 ··················· 103
- 第一节 烟草消费税控烟功能的改革与完善 ············ 103
- 第二节 成品油消费税的消费效应与改革 ·············· 111
- 第三节 奢侈品消费税改革的完善策略 ················ 119
- 第四节 小汽车消费税征税模式改革 ·················· 126

第五章　增值税及其制度解析······································133
第一节　增值税的征税范围····································133
第二节　增值税纳税人的类型··································140
第三节　增值税进项税额内容··································143
第四节　增值税税收征管与优惠制度····························160

第六章　增值税改革体系构建····································166
第一节　增值税改革的目标与方向······························166
第二节　增值税税率改革的逻辑································175
第三节　增值税改革的运行机制································189

第七章　数字经济背景下增值税改革研究··························196
第一节　数字化交易中增值税的法律规制························196
第二节　数字经济背景下跨境增值税目的地原则适用···············205
第三节　数字经济背景下增值税省际分配的优化···················213
第四节　数字经济背景下消费税与增值税协同改革路径·············222

参考文献··231

第一章　数字经济的认知

第一节　数字经济的概念与发展

一、数字经济的概念解读

数字经济不仅推动了传统领域的数字化转型与升级，更在价值增值和效率提升方面展现出了巨大的优势。数字经济的蓬勃发展不仅为全球经济增长注入了新的动力，更为人类社会的可持续发展提供了新的可能。因此，深入研究和把握数字经济的内涵与特征，对于推动经济社会全面发展、提升国家竞争力具有重要意义。

第一，从数字经济发展的关键生产要素来看，数字经济实现了对传统经济生产要素的根本性变革。在农业经济与工业经济时代，土地、能源、劳动力、资本等是驱动经济增长的核心要素。在数字经济时代，这些传统要素的地位逐渐被富含知识与信息的数据或数字化的知识与信息所取代。这一转变不仅标志着技术经济范式的深刻变迁，更在基础设施、产业结构、就业结构、治理体系等多个维度上，展现出与农业经济、工业经济截然不同的新特征。数据，作为数字经济时代的"新石油"，正成为推动经济社会发展的新引擎。

第二，从数字经济发展的基础与载体来看，数字经济已不再局限于信息初级阶段所依托的宽带与互联网等载体。现代信息网络与数字平台的兴起，为数字经济的蓬勃发展提供了更为广阔的空间和更为坚实的支撑。这些平台不仅实现了信息的快速传递与共享，更通过数据的积累、分析与挖掘，为数字经济的创新与发展提供了源源不断的动力。在这个过程中，数字平台逐渐成为连接供需双方、促进资源优化配置的重要桥梁，为数字经济的繁荣注入了新的活力。

第三，从数字经济发展的根本动力来看，云计算、大数据、物联网、人工智能、区块链等信息通信与数字技术的不断创新与应用，成为推动数字经济持续发展的核心力量。这些技术的融合与协同发展，不仅提升了数字经济的运行效率，更在价值创造、产业升级、社会治理等多个方面展现出巨大的潜力。它们通过优化资源配置、提升生产效率、创新服务模式等方式，为数字经济的增长提供了强大的动力支持。

数字经济以数字化知识和信息为关键生产要素，依托现代信息网络和数字平台作为重要载体。信息通信和数字技术的有效应用是推动其发展的核心动力，形成了一种通过数字化应用驱动经济增长的新型经济形态。

二、数字经济的兴起与发展

在当今全球经济一体化与信息技术高速发展的背景下，数字经济作为一种新兴的经济形态，正以前所未有的速度改变着我们的生活方式、生产方式乃至思维方式。数字经济的崛起不仅是技术进步的必然结果，更是全球经济结构转型的重要推动力。

（一）数字经济的缘起——信息网络为主的数字化阶段

数字经济的发端可以追溯到 20 世纪中后期，随着计算机技术的兴起与信息网络的初步建设，人类社会开始步入数字化阶段。在这一阶段，信息的数字化成为主要特征，数据开始以电子形式存储和传输，极大地提高了信息处理的效率和准确性。

计算机和互联网的普及使得信息的获取、处理和传播变得前所未有的便捷，为数字经济的萌芽奠定了坚实的基础。企业开始利用信息技术优化内部管理流程，提高生产效率，政府则通过信息化建设推动公共服务的高效化。数字化阶段为数字经济的后续发展提供了必要的技术支撑和基础设施，是数字经济发展的初级阶段。随着信息技术的不断进步，数字化逐渐渗透到经济社会的各个领域，为数字经济的全面兴起奠定了基础。

（二）数字经济的浮现——信息技术与信息通信技术为主的网络化阶段

进入 21 世纪，随着信息技术的飞速发展，特别是互联网技术的广泛应用，数字经济开始浮现并逐渐成为全球经济的重要组成部分。在这一阶段，信息技术与信息通信技术成为推动数字经济发展的核心力量。互联网的普及使得信息的传播和获取更加便捷，跨地域、跨行业的合作成为可能，极大地促进了全球经济的融合与发展。

在网络化阶段，企业开始利用互联网平台开展电子商务，实现线上线下的融合发展，消费者可以足不出户地享受购物、支付、娱乐等多元化服务。政府也积极推动电子政务建设，提高公共服务水平，增强与民众的互动。在这一阶段，数字经济开始显现出其对传统经济模式的颠覆性影响，为数字经济的全面兴起奠定了市场基础和应用场景。

（三）数字经济的兴起——数字经济概念的提出

随着数字技术在经济领域的广泛应用，数字经济的概念逐渐被提出并得到广泛认可。数字经济以数字化信息和知识为核心生产要素，依托现代信息网络为重要载体，通过有效运用信息技术，实现效率提升和经济结构优化，形成了一种新型经济模式。数字经济的兴起，标志着人类社会进入了一个新的经济发展阶段。在这一阶段，数字经济开始成为全球经济增长的新引擎，对传统经济模式产生了深远影响。

数字经济的兴起，不仅推动了产业结构的优化升级，还催生了大量新兴产业和业态，如云计算、大数据、物联网等。数字经济也促进了全球经济的一体化进程，使得各国之间的经济联系更加紧密，合作更加深入。

（四）数字经济 1.0——数据驱动的数据化阶段

随着大数据技术的兴起和应用，数字经济进入了 1.0 时代，即数据驱动的数据化阶段。在这一阶段，数据成为数字经济的核心资源，数据的采集、存储、处理和分析能力成为企业竞争力的关键。企业通过收集和分析大量数据，可以更加精准地了解市场需求和消费者行为，从而制定更加有效的营销策略和产品创新方案。

在数据化阶段，数字经济的应用场景更加广泛，涵盖了电子商务、金融科技、智能制造等多个领域。企业开始构建自己的数据平台，实现数据的共享和协同，提高运营效率和服务质量。政府也积极推动数据开放和共享，促进公共数据的合理利用，提高社会治理水平。数字经济开始展现出其强大的生命力和创新力，为数字经济的持续发展注入了新的动力。

在数字经济1.0时代，数据的安全和隐私保护成为重要议题。随着数据量的不断增大和数据应用的不断深入，数据泄露和隐私侵犯的风险随之增加。因此，加强数据安全保护、完善隐私保护法规成为数字经济1.0时代的重要任务。

（五）数字经济2.0——人工智能为核心的智能化阶段

随着人工智能技术的兴起和应用，数字经济进入了2.0时代，即智能化阶段。在这一阶段，人工智能成为数字经济的核心驱动力，推动了数字经济的智能化、自动化和个性化发展。人工智能技术的应用，使得机器可以模拟人类的思维和行为，实现更加精准和高效的决策和服务。

在智能化阶段，数字经济的应用场景更加广泛和深入。在智能制造领域，人工智能技术可以实现生产过程的自动化和智能化，提高生产效率和产品质量；在智慧城市领域，人工智能技术可以实现城市管理的智能化和精细化，提高城市治理水平；在金融科技领域，人工智能技术可以实现风险控制的智能化和个性化，提高金融服务的安全性和便捷性。

同时，数字经济2.0时代也面临着一些挑战和问题。

首先，人工智能技术的快速发展和应用，对就业市场产生了深远影响。一些传统行业可能会因为人工智能技术的替代而面临就业岗位减少，而新兴行业则需要大量具备人工智能技能的人才。因此，加强人才培养和转型成为数字经济2.0时代的重要任务。

其次，人工智能技术的广泛应用带来了数据安全和隐私保护的新挑战。由于人工智能技术需要大量的数据进行训练和优化，因此，数据的安全和隐私保护成为重要议题。

最后，数字经济2.0时代需要加强国际合作和监管。由于数字经济的全球化特征,各国之间的合作和监管成为必要。加强国际合作、推动数字经济的全球化发展、完善国际监管体系成为数字经济2.0时代的重要方向。

第二节　数字经济的特点及原理

一、数字经济的特点

数字经济作为一种有别于农业经济和工业经济的新型经济形态,其呈现出一些传统经济所不存在的独有特点,具体表现在以下方面:

(一)数字化

数字化不仅仅是一个简单的转换过程,它将复杂多变的信息,无论是文字、图像、声音还是其他形式的数据,都巧妙地转化为可以精确度量和计算的数字、数据。这一过程,为原本抽象、难以捉摸的信息赋予了可量化的形式。这些转化后的数字和数据,就像是信息的"骨架",支撑起了整个信息系统的运作。基于这些数据,可以建立起适当的数字化模型,进一步将其转变为一系列二进制代码。这些代码,就像是信息的"DNA",携带着原始信息的所有特征和属性。

在数字经济时代,数据已经超越了其原始的信息载体角色,成为一种全新的生产要素,它的重要性不亚于传统的土地、劳动力和资本。数据不仅记录了过去的交易和行为,更能预测未来的趋势和走向。在这样的背景下,企业纷纷开始运用数字化手段来优化生产流程、提升管理效率、精准营销等。例如,在制造业中,企业通过引入数字化生产线,可以实时监测生产过程中的各项数据,从而及时调整生产策略,提高生产效率和产品质量。这不仅降低了生产成本,还大幅提升了产品的市场竞争力。

（二）智能化

在数字经济中，智能化展现出了其独特的价值和影响力，这种影响力主要体现在两大层面，具体如下：

智能化通过精妙的算法和深入的数据分析巧妙地模拟人类的判断和决策过程。这种模拟不仅提高了经济活动的效率和准确性，更在一定程度上规避了人为因素可能带来的风险和误差。在复杂的金融市场中，智能算法能够迅速分析海量数据，为投资者提供更为精准的投资建议，这无疑大幅提升了投资的回报率和安全性。

智能化利用先进的智能设备和系统来替代传统的人力进行生产和服务。这种替代不仅降低了人力成本，更在效率和质量上实现了质的飞跃。以零售行业为例，通过智能化的客户数据分析，企业可以更加精准地洞察消费者的需求和偏好，从而为消费者推荐更加符合其需求的产品。这种个性化的推荐系统不仅提高了销售额，更在一定程度上提升了消费者的购物体验，实现了双赢的局面。

（三）共享化

在数字经济蓬勃发展的时代背景下，共享化成为一种新兴的经济模式，逐渐渗透到我们生活的各个方面。共享化，即通过互联网等高科技手段，达成资源的共享与高效利用，旨在最大化地提升资源的价值。

第一，共享单车。共享单车这一创新模式的出现，极大地便利了市民的日常出行。在城市的每个角落，人们只需通过手机上的应用，便能迅速找到附近的共享单车，轻松扫码使用。这不仅有效解决了城市交通"最后一公里"的难题，更在无形中减少了私家车的使用，从而缓解了交通拥堵，降低了汽车尾气排放，为城市的绿色发展贡献了一份力量。

第二，共享汽车。与传统的租车服务相比，共享汽车更加便捷、经济，它使得没有购车的市民也能轻松享受到自驾的乐趣，而且无需担心停车、保养等问题。这一模式的推广不仅优化了出行方式，也有效地减少了汽车资源的闲置和浪费。

第三，共享办公空间。在办公领域，共享办公空间的概念也逐渐被大众所接受。这种新型的办公模式为企业提供了更加灵活和高效的办公环境。企业可以根据自身的需求，灵活租赁办公空间，无需长期承担高昂的租金和物业费用。这不仅降低了企业的运营成本，也促进了企业之间的交流与合作。

（四）平台化

在数字经济的汹涌浪潮中，平台化成为一种显著发展趋势。平台化是指借助先进的互联网技术，将原本分散、独立的资源和服务进行有机融合，集成为一个综合性的服务平台。这种模式的出现极大地改变了传统经济模式下的资源配置和服务提供方式，使得用户能够在一个统一的界面上，轻松获取多样化的服务，从而极大地提升了用户体验。

第一，电商平台。电商平台通过高效的物流体系和支付系统，将各式各样的商品和服务资源进行整合，为消费者打造了一个更加便捷的购物环境。消费者只需轻点鼠标，就能浏览到海量的商品信息，享受到从选购到支付，再到收货的一站式购物体验。这不仅节省了消费者的时间和精力，也大大提高了购物的效率和满意度。

第二，在线教育平台。在线教育平台将世界各地的优质教育资源汇集在一起，为学子们提供了一个突破时空限制的学习环境。学生们可以根据自己的学习需求和兴趣，在这个平台上自由选择课程和教师，享受到个性化的学习服务。这种教育资源的整合和共享，不仅扩大了学生的选择范围，也提高了教育资源的利用效率。

平台化作为数字经济的一种重要表现形式，正在以其独特的优势和魅力，深刻地影响着我们的生活和工作方式。它通过将各种资源和服务进行有效整合，为用户带来了前所未有的便利和高效体验。

（五）跨界融合

在数字经济时代，随着科技的飞速发展和市场需求的不断变化，行业之间的传统边界正逐渐变得模糊，跨界融合成为一种新的发展趋势。这种融合让原本看似不相关的行业开始相互渗透、交融，从而催生出全新的商业模式和创新机遇，为市场注入了新的活力。

在医疗行业中，跨界融合的力量正在重塑我们对健康和医疗的认知。随着大数据和人工智能技术的深入应用，医疗行业迎来了前所未有的变革。这些技术使得医生能够根据患者的个体数据，实现更为精准的医疗诊断和治疗方案的制定。这不仅提高了医疗服务的效率和质量，还为患者带来了更加个性化的医疗体验。

在文化娱乐行业，跨界融合同样展现出了巨大的潜力。虚拟现实技术的引入，为观众带来了前所未有的沉浸式娱乐体验。通过佩戴虚拟现实设备，观众仿佛置身于另一个世界，能够身临其境地感受电影、游戏等娱乐内容带来的刺激。这种全新的娱乐方式，不仅丰富了人们的精神文化生活，还为文化娱乐行业带来了新的商业机会。

跨界融合正成为数字经济时代的重要推动力，它不仅带来了新的商业模式和创新机会，也推动了相关产业的升级和转型。未来，随着科技的不断进步和市场需求的持续变化，跨界融合将在更多领域展现出其强大的生命力和广阔的发展前景。

（六）数字经济的影响

数字经济作为 21 世纪最具影响力的经济形态，正以前所未有的速度和规模重塑着全球经济结构与社会生活。数字经济以数据资源为核心生产要素，以现代信息技术为主要驱动力，通过数字技术与实体经济的深度融合，引发了生产方式、生活方式乃至思维方式的根本性变革。

在生产方面，数字经济极大地提升了生产效率与创新能力。数字化、网络化、智能化的生产方式使得生产流程更加优化，资源配置更加高效。企业通过大数据、云计算等先进技术，能够更精准地把握市场需求，实现个性化定制与柔性化生产。数字经济还促进了新技术、新业态、新模式的不断涌现，为经济增长注入了新的活力。

在消费方面，数字经济带来了消费体验与消费模式的革命性变化。电子商务、移动支付、共享经济等新型消费模式的兴起，使得消费者能够更加方便快捷地满足多样化、个性化的消费需求。数字经济的蓬勃发展也催生了大量新兴服务业态，进一步丰富了消费市场的供给。

在就业与创业方面，数字经济为劳动者提供了更多元化的就业选择与创业机会。数字平台的兴起使得远程工作、灵活就业成为可能，降低了创业门槛与成本。数字经济还催生了大量新职业，如数据分析师、网络营销师等，为劳动力市场注入了新的活力。

在社会治理方面，数字经济推动了政府治理模式的创新与公共服务水平的提升。数字化技术使得政府能够更高效地收集、处理与分析社会信息，实现精准施策与科学决策。数字经济还为公共服务提供了更多便捷化、智能化的解决方案，如智慧医疗、智慧教育等，极大地提升了民众的生活质量与幸福感。

数字经济的发展也带来了诸多挑战与问题，如数据安全与隐私保护、数字鸿沟的加剧、劳动力市场的不稳定等。因此，在享受数字经济带来巨大红利的同时，也应积极应对其带来的挑战与问题，通过制定完善的法律法规、加强技术创新与人才培养等措施，推动数字经济的健康可持续发展。

二、数字经济的原理

（一）数据经济学理论

数据经济学是一个新兴的学科领域，主要研究数据作为一种资产在经济活动中的作用和影响。随着数字化、网络化的深入发展，数据已经渗透到经济生活的方方面面，成为推动经济社会发展的重要力量。数据经济学理论不仅关注数据的产生、流通和应用，还涉及数据的价值评估、交易市场、经济属性，以及数据隐私和权益保护等方面。

1. 数据的价值评估与交易市场

在数据经济学中，数据的价值评估是一个核心议题。数据的价值不仅体现在其所包含的信息量上，还与其准确性、时效性、稀缺性以及应用场景紧密相关。例如，在金融领域，实时的股市交易数据对于高频交易策略至关重要，因此具有较高的价值；而在市场营销中，消费者行为数据对于精准营销同样具有不可替代的作用。

随着数据交易市场的兴起，其需要建立公平、透明、高效的交易规则，以确保数据的合规流通和最大化利用。这包括确定数据的所有权、使用权、经营权等,以及建立数据的质量评价标准和数据交易的定价机制。

2. 数据作为新资源的经济属性

数据作为一种新型资源,具有独特的经济属性。首先,数据具有非排他性和非竞争性,即多人可以同时使用同一份数据而不会互相干扰,这使得数据具有广泛的共享性和可复用性。其次,数据的价值往往随着时间和应用场景的变化而变化,这要求我们在评估数据价值时需要考虑其动态性。

此外,数据的产生和使用往往伴随着边际成本递减的特点。随着技术的进步,数据收集、存储和处理的成本不断降低,而数据的潜在价值却可能随着数据量的增加而增加。这种成本结构使得数据成为一种具有巨大潜力的经济资源。

3. 数据隐私与权益保护

在数据经济学中,数据隐私和权益保护是一个不可忽视的问题。随着大数据和人工智能技术的广泛应用,个人隐私泄露的风险也在不断增加。

政府和企业需要建立严格的数据保护制度和技术手段来确保个人隐私的安全。这包括加强数据加密、匿名化等技术的研发和应用,以及完善数据跨境流动的监管机制。个人需要提高自身的数据保护意识,合理选择分享和使用个人数据。政府和社会各界也需要共同努力,营造一个尊重个人隐私、保护数据安全的社会环境。

(二)网络经济学理论

网络经济学作为数字经济发展的重要理论基础之一,主要研究网络环境中的经济现象和规律。在数字经济时代,网络经济学理论对于解释和指导网络市场的运作具有重要意义。

1. 网络效应与规模效应

网络效应是指在一个网络中,随着用户数量的增加,网络的价值也随之增加的现象。简单来说,就是网络中的用户越多,每个用户从网络中获得的效用就越大。这种效应在社交媒体、即时通信软件等网络应用中表现得尤为明显。例如，微信作为一款社交软件，其用户数量的增加使得每个用户能够联系到更多人，从而提高了微信的使用价值。

规模效应是指随着生产规模的扩大，单位产品的成本逐渐降低，从而实现更高的经济效益。在网络经济中，规模效应主要体现在大型网络平台或服务提供商上。这些平台通过吸引大量用户，实现规模扩张，进而降低运营成本，提高盈利能力。例如，云计算服务提供商可以通过扩大服务器规模来降低每台服务器的运营成本，从而为客户提供更便宜、更高效的服务。

2. 平台经济的崛起

平台经济是网络经济学中的一个重要概念。随着互联网技术的快速发展，越来越多的经济活动开始转移到线上进行，平台经济应运而生。平台经济是指以互联网平台为基础，通过聚集各类资源和用户，实现价值的创造和交换的经济模式。

平台经济的特点主要体现在三个方面：①平台经济具有双边市场特性，即平台连接着两类或多类用户群体，并通过促进这些用户群体之间的互动来实现价值创造；②平台经济具有网络效应，即平台上的用户数量越多，平台的吸引力就越大，从而进一步吸引更多的用户加入；③平台经济具有创新性，即平台需要不断创新以满足用户不断变化的需求。

在数字经济时代，平台经济的崛起对于推动经济增长和转型升级具有重要意义。一方面，平台经济可以降低交易成本，提高市场效率；另一方面，平台经济可以促进创新创业和就业增长。

3. 网络外部性及市场竞争

网络外部性是指一个用户的消费行为会影响到其他用户的效用。在网络经济中，网络外部性主要表现为正外部性和负外部性两种形式。正外部性是指一个用户的加入会增加其他用户的效用，如在线游戏平台中的玩家数量增加会提高游戏的趣味性和互动性；负外部性是指一个用户的加入会降低其他用户的效用，如网络拥堵或信息安全问题可能给其他用户带来不便或损失。

在市场竞争方面，网络经济学理论强调了网络市场中的竞争特点。由于网络市场的特殊性质，如网络效应、规模效应等，使得市场竞争变得更加复杂和激烈。一方面，大型网络平台通过利用自身规模和资源优势来巩固市场地位；另一方面，新兴平台通过创新和差异化策略来寻求市场突破口。

此外，网络经济学还关注市场竞争中的合作与共赢。在数字经济时代，许多企业开始意识到合作的重要性，通过跨界合作、共享资源等方式来实现共同发展。这种合作模式不仅可以提高企业的竞争力，还有助于推动整个行业的进步和创新。

（三）创新经济学理论

创新经济学理论是研究创新活动在经济体系中的作用和影响的一门学科。在数字经济时代，创新经济学的重要性愈发凸显，因为数字经济本身就是技术驱动的经济形态，创新是其发展的核心动力。

1. 数字经济中的创新与技术进步

数字经济时代的创新与技术进步是相辅相成的，大数据、云计算、人工智能等数字技术的快速发展，为创新提供了前所未有的可能。这些技术的进步不仅改变了传统行业格局，也为创新活动提供了更多的工具和手段。

在数字经济中，创新不再局限于传统的产品研发或服务模式改进，而是渗透到产业链的各个环节，包括供应链管理、市场营销、客户服务等。例如，通过大数据分析，企业可以更精准地洞察消费者需求，从而开发出更符合市场需求的产品和服务。云计算和人工智能技术的应用也使得企业能够更高效地进行资源配置和生产管理，提升整体运营效率。

数字经济中的创新还体现在商业模式的变革上。随着数字技术的普及，共享经济、平台经济等新型商业模式应运而生，这些模式打破了传统经济的限制，为消费者提供了更多选择和便利。

2. 创新驱动的增长模型

在数字经济时代，创新驱动的增长模型成为推动经济发展的关键。这一模型强调创新在经济增长中的核心地位,认为创新是推动经济持续增长的主要动力。

创新驱动的增长模型通常包括以下几个要素:研发投入、人力资本积累、制度创新和市场需求。研发投入是创新活动的基础,通过加大研发力度,企业可以开发出更多新技术和新产品,从而提升市场竞争力。人力资本积累是创新活动的关键,高素质的人才队伍是推动创新的核心力量。制度创新为创新活动提供了良好的制度环境,包括知识产权保护、创新政策扶持等。市场需求则是创新活动的导向,企业需要根据市场需求进行有针对性的创新。

在数字经济中,这一增长模型的应用尤为明显。数字技术的快速发展为企业提供了更多创新机会,同时也加剧了市场竞争。因此,企业需要不断加大研发投入,提升自主创新能力,以适应市场的快速变化;政府也需要制定相应的创新政策,为企业提供良好的创新环境。

3. 数字经济中的知识产权与激励机制

知识产权在数字经济中具有极其重要的地位。数字技术的创新成果往往以知识产权的形式呈现,如专利、商标、著作权等。这些知识产权不仅是企业的重要资产,也是推动数字经济持续发展的关键要素。

在数字经济中,知识产权的保护和激励机制尤为重要。①完善的知识产权保护制度可以激发企业和个人的创新热情,推动更多有价值的创新成果产生。②通过合理的知识产权激励机制,如专利奖励、技术转让等,可以促进创新成果的转化和应用,推动数字经济的快速发展。

然而,数字经济中的知识产权保护也面临诸多挑战。数字技术的快速发展,使得知识产权的侵权行为更加隐蔽和难以追踪。因此,政府和企业需要加强合作,共同打击侵权行为,维护良好的知识产权保护环境;企业也需要加强自身知识产权管理能力,提高知识产权保护意识。

(四)信息经济学理论

信息经济学是研究信息活动中经济现象及其规律的学科。在数字经济时代,信息成为关键的生产要素,信息经济学理论也因此显得尤为重要。

该理论主要从信息的价值与成本、信息不对称与市场效率，以及信息作为生产要素的角色等方面进行深入探讨。

1. 信息的价值与成本

在数字经济中，信息的价值得到了前所未有的凸显。信息的价值主要体现在其能够减少不确定性，帮助决策者做出更为明智的选择。例如，在金融市场中，准确的市场信息可以帮助投资者判断市场走势，从而做出更有利的投资决策。信息还具有时效性，即信息的价值会随着时间的推移而逐渐降低。

信息的获取和处理并非没有成本。信息的成本包括获取成本、处理成本和传递成本等。获取成本是指收集、整理和筛选信息所需的费用；处理成本涉及对信息的分析、解释和评估；传递成本则是将信息从信息源传递到信息需求者所产生的费用。这些成本的存在，使得信息的获取和利用变得更为复杂。

2. 信息不对称与市场效率

信息不对称是指在市场交易中，各方所拥有的信息在数量和质量上存在差异。这种信息不对称可能会导致市场失灵，即市场价格无法反映真实的供需关系。例如，在二手车市场中，卖家通常比买家更了解自己车辆的状况，这种信息不对称可能导致买家出价过低或卖家要价过高，从而影响市场的正常运作。

因此，减少信息不对称是提高市场效率的关键。一方面，政府可以通过制定相关法律法规，要求信息披露的透明度和真实性；另一方面，市场参与者可以通过各种手段来获取更多的信息，以降低信息不对称的程度。这些措施都有助于提高市场的运作效率。

3. 信息作为生产要素的角色

在数字经济时代，信息已经超越了传统的土地、劳动和资本等生产要素，成为推动经济增长的重要力量。信息作为生产要素的角色主要体现在三个方面：①信息是创新和创意的源泉，是推动科技进步和产业升级的关键；②信息可以提高生产效率和管理效率，降低生产成本；③信息可以促进市场的拓展和交易的便捷化。信息经济学理论强调了信息在数字经济发展中的核心地位。随着信息技术的不断进步和应用领域的不断拓展，信息将会在未来经济发展中发挥更加重要的作用。

总之，数字经济发展所依托的理论基础之———信息经济学理论，在解释和指导数字经济发展方面具有重要作用。通过深入研究信息的价值与成本、信息不对称与市场效率，以及信息作为生产要素的角色等方面的问题，可以更好地理解和把握数字经济发展的内在规律和趋势，从而为未来的经济发展提供有力的理论支撑和实践指导。

第三节　数字经济的关键技术

当前，数字技术体系日益庞大复杂，新技术、新概念层出不穷，令人眼花缭乱。在纷繁复杂的技术体系中，大数据、云计算、区块链、人工智能等技术尤为关键，这些技术的基础性、引领性和创新性特征明显，对于激发、赋能和提速数字经济发展至关重要，其意义已经远远超出技术和工具层面，深刻影响着数字经济生产力、生产关系、生产要素、基础设施的发展变迁。

一、数字经济中的大数据技术

如今，数据作为新的生产要素，在提高生产效率、实现智能生产、激发新动能、培育新业态等方面具有巨大应用潜力，成为推动数字经济发展的创新动力源。随着数据量的快速增长和数据类型的多样化，传统数据库管理系统在处理现代数据需求时显得力不从心，因此大数据技术应运而生。大数据技术是指处理、管理和分析大规模数据集的一系列技术和工具，它通过使用分布式计算等技术和工具，实现对海量数据的快速处理、存储、分析和管理的能力。

大力发展大数据有助于将数据资源优势转化为国家竞争优势。大数据技术提升了数据规模、质量和应用水平，释放了数据的潜在价值。通过应用大数据，可以揭示传统技术难以展现的关联关系，推动数据驱动的管理和决策机制。这一技术的广泛应用，促进了政府管理理念和社会治理模式的进步，推动了法治、创新、廉洁、服务型政府的建设。发展大数据对于提升国家竞争力和推动政府治理能力现代化具有重要作用。

二、数字经济中的云计算技术

云计算是一种按使用量付费的计算模式，提供可用、便捷、按需的网络访问，使用户能够访问包括网络、服务器、存储、应用软件和服务在内的可配置计算资源共享池。它能够快速按需提供资源，满足用户算力需求，从而提高资源利用效率，为用户带来高效、灵活的计算服务。

云计算通过 IaaS、PaaS 和 SaaS 三种服务类型，为用户提供全面的基础设施、平台和软件解决方案。这三种类型根据提供服务内容的不同而存在一定差异。设施基础即服务类型仅为用户提供基本的数据中心、网络等基础服务；平台即服务类型为用户提供业务开发、运行和部署的平台等；软件即服务类型为用户提供最终的应用和业务系统。

（一）云计算的模式

随着云计算的发展和经济社会数字经济的需求，越来越多政府和企业开始使用云计算。一般来说，云计算可以分为三种模式，即公有云、私有云和混合云。公有云是指云计算服务提供商将云服务资源部署于互联网，并完全开放地面向社会各类用户提供按需计费在线服务的部署模式。公有云用户通过互联网使用云服务，根据使用服务的量来付费。私有云是指云计算存储资源部署于一个机构内部，只为机构内部业务提供服务的部署模式。私有云系统存在于企业防火墙之内，安全性更好但成本也更高。混合云平台是指由私有云和公有云混合组成的部署模式。部署混合云的机构可以将次要的应用和数据部署到公有云上，充分利用公有云在扩展性和成本上的优势，同时将关键业务系统和敏感数据部署于安全性更高的私有云。

混合云可以平衡公有云和私有云各自的优势和不足，同时兼顾成本、安全性和可扩展性，这种模式已经得到越来越多用户的青睐。

（二）云计算与数字经济

云计算提供了集约、高效、绿色、便捷的计算服务资源，促进了计算存储资源的普及化。云计算提高了计算存储资源的利用率，不仅实现了资源的按需分配、降低了能源消耗，更降低了中小企业甚至个人使用计算存储资源的成本，打破了大企业对计算存储资源的垄断。云计算强大的计算存储能力促进了大数据、人工智能等技术的突破发展，带动了硬件、软件、服务等各细分产业的创新发展。经过多年的发展，云计算日渐成熟，已经成为各行业领域信息化的通用主流选择，成为构建数字经济的核心基础设施和通用生产工具。

（三）云原生：云计算的再定义

云原生技术已成为驱动业务增长的重要引擎，作为新型基础设施的重要支撑技术，近年来，云原生逐渐在人工智能、大数据、边缘计算、5G等新兴领域崭露头角。

云原生实际上是一种面向云应用设计的思想理念和技术体系，力求充分发挥云效能的最佳实践路径，帮助用户构建弹性可靠、松耦合、易管理的应用系统。简单来说，云原生就是在上云的过程中充分发挥云平台的弹性计算、弹性存储优势，尽量把应用设计成适合云计算的架构，把部署设计成简单易用的流程，实现业务快速上线、快速迭代。

云原生离不开云计算，简单来说，云原生属于云计算的平台即服务层服务，主要是面向开发者的一类应用。云原生必须在云上安装，是一种基于云计算的软件开发应用方式。

三、数字经济中的区块链技术

区块链技术最初源于比特币，其主要目标在于降低社会信用成本、简化业务流程并提高交易效率。作为一种分布式共享账本技术，区块链通过点对点通信、加密算法和共识机制建立超级账本，全面记录交易的全过程。这一技术的主要特点包括去中心化、开放透明、不可篡改、匿名性和可追溯性。去中心化使得数据不再集中在单一机构手中，减少了单点故障的风险；开放透明则确保所有参与者都能对账本中的信息进行验证；不可篡改性增强了数据的可信度，确保交易记录的安全；匿名性保护了用户隐私，而可追溯性则为事后审计和责任追溯提供了便利。

区块链在元宇宙和数字经济领域展现出广泛的应用潜力。它能够提高经济社会运行效率，构建公平合作关系，实现真实记录，同时扩展信任机制，应用于数字资产的确权。在数字经济快速发展的背景下，区块链为各种经济活动提供了新的解决方案，促进了交易的便捷性和安全性。通过确保信息的真实和可追溯，区块链可以有效降低交易成本和风险，增强各方的信任。区块链技术凭借其独特优势，正有望重塑产业组织模式和社会管理，提升公共服务水平，推动经济社会的高效运行。这种变革不仅关乎技术的进步，更是对传统商业模式和社会治理产生深刻影响，将为未来的发展开辟新的可能性。

（一）非同质化代币

非同质化代币属于加密货币的一种，是基于区块链智能合约发行并代表某种外部资产的支持通证。非同质化代币是区块链技术的一种外延创新形态，它的诞生就是为区块链体系提供服务的。

非同质化代币作为未来元宇宙中数字资产的一种，主要包括三方面的特点：①交易高效：非同质化代币无须第三方机构的介入，节省了人为操作所带来的时间耗费和成本支出。②公开透明：全部的非同质化代币数据保存在区块链上，人们在区块链账本上可查看非同质化代币的交易历史和当前状态。③产权确定：非同质化代币保障了唯一的所有权，每个非同质化代币无法复制，有且只有一个所有者。

（二）区块链与数字经济

基于区块链的分布式、不可篡改、可追溯等特点，数据权属可以被有效界定，数据流通能够被追踪监管、数据收益能够被合理分享。区块链技术使得陌生主体之间能够建立基于技术约束的生产关系，使得在陌生环境下开展商业合作成为可能，有望激发出一系列新的业务模式。基于区块链技术可以构建基于技术约束的下一代可信任互联网，解决传统互联网的陌生人信任问题，将会让数字资产在互联网上高效流通。区块链技术有望推动整个社会和数字经济飞速发展。

四、数字经济中的人工智能技术

人工智能是研究、开发用于模拟、延伸和扩展人的智能的理论、方法、技术及应用系统的技术科学。人工智能的目的就是让机器能够像人一样思考，让机器拥有智能。人工智能涵盖了计算机视觉、自然语言处理、机器人学、机器学习、统计学、脑神经学等多个学科和领域，通过捕捉、训练、学习海量信息和知识，试图形成集知识与思维于一体的智能结合体。

一项产品或应用是否是人工智能，主要可按照三个基本特点来判断：①感知能力。人工智能往往具有对自然语言的识别和理解，对视觉图像的感知等感知环境的能力。②思考能力。人工智能能够自我推理和决策，各类专家、决策系统可以近似看成具有思考能力的人工智能。③行为能力。人工智能通过训练和学习，往往具备自动规划和执行下一步工作的能力。

人工智能是新一轮科技革命和产业变革的重要驱动力量，对于科技进步、经济发展、民生福祉，乃至国际政治竞争格局具有重大而深刻的影响。在数字经济时代，人工智能与实体经济的融合发展，特别是与制造业的深度融合发展，不仅可以推动传统产业转型升级，还可以形成新产业、新业态。未来，随着人工智能技术的进一步发展，其在各个行业中的应用场景将越来越多，人工智能的价值也将得到更大的体现。人工智能与物联网、大数据、区块链等技术的加速集成融合，不仅会提升传统行业的生产效率和生产力，更驱动着社会生产方式变革和新经济的快速增长，加快人类经济社会生活数字化、网络化、智能化转型。

第四节 数字经济对税收征管的影响

税收征管作为税务管理的核心环节,承载着重要的职责和使命。税收征管是指税务机关按照税法的相关规定,对税收工作进行全面而细致的管理、征收与检查,又称"税收稽征管理"。在税收征管过程中,税务机关需要依法履行其职责,对纳税人的纳税活动进行严格的监督和管理,确保税款的及时、足额征收。税务机关还需要为纳税人提供优质的服务,帮助他们更好地理解和遵守税法规定,提高纳税遵从度。

税收征管不仅能够规范税收行为,确保税收的公平、公正和透明,还能够为国家财政的稳健发展提供坚实支撑,进而推动社会经济的和谐稳定与持续繁荣。因此,税收征管工作的重要性不言而喻,它是国家税收体系建设的重要组成部分,也是保障国家经济安全和社会稳定的重要基石。

一、数字经济对税收征管的积极影响

(一)数字经济提升税收征管效率

税收征管效率是指某一时间段内在某一地区税务机关进行征税的过程中,考虑到整个过程中耗用的人力、物力等成本,并结合社会经济发展水平、各个产业的发展水平,最终通过对税收收入的分析,通过计算得出的效率值。税收征管效率的高低,能够反映一个地区税收征管水平的高低,也能够衡量税务机关的工作效率。通过对税收征管效率的分析,还能够有针对性地根据社会发展情况,对于税务机关的征税工作进行及时调整,对于税务机关的制度安排,进行及时调整,如对于征税范围的调整、对于税率的调整等。数字经济通过借助人工智能、云计算、区块链、大数据技术等数字化技术自身的特点,真正实现"数字化+税收征管",为税收征管赋能,提升税收征管的效率。

1. 从征税主体角度，降低征税困难度

（1）有利于科学有效的税收宣传。税收宣传是指对税务机关的办税业务内容、办税业务流程以及对税收优惠政策等进行宣传，是调整征纳关系、做好税收工作的首要部分，能够加强纳税人对税收法律法规的学习，提高纳税人的纳税意识。科学有效的税收宣传尤为重要，税收宣传质效直接影响着税收政策和纳税服务的实践效果。数字经济能够更加科学地对税收政策进行宣传。传统的税收宣传难以做到让纳税人精准获取需要的税收政策以及业务流程等信息，也会因为宣传效果欠佳而影响税务机关进行征税工作，会因为征纳双方信息不对称给征税工作带来困难，从而会对税收征管效率产生不利的影响。因此，在数字经济的推动下，税务机关可以利用大数据信息化手段，借助云计算、大数据分析和虚拟世界等数字化技术，通过对纳税人的需求进行深度分析，构建"搜集信息＋深度分析＋精准宣传＋智能互动"的高效率宣传模式，满足每一位纳税人的需求，有利于税务机关办税工作的顺利展开，有利于提升税收征管效率。

（2）有利于节约征税成本。征税成本是指政府为取得税收收入而支付的各种费用，在年度财政决算中通常统计为税收事务支出，包括直接成本和间接成本。直接成本是指税法制定及相关政策的宣传成本，以及税收征收和税务稽查工作所耗用的时间、精力和货币成本，间接成本是指社会各团体、组织、个人为政府组织税收收入而承担的费用。税收征管的数字化转型降低征税成本，主要是从提高税收征管数字管理平台服务的便利性和发票的数字化转型[①]两个方面，来提高税收征管效率。

第一，数字化转型提高了税收征管数字管理平台服务的便利性，能够从效率层面降低征税成本。①通过云计算、大数据等数字化技术的运用，能够降低税收政策宣传的成本；②实施金税工程、搭建全国统一的税务服务基础技术平台，能够优化办税服务，实现业务数据集中处理，能够有效监控企业内部的增值税发票使用和管理。并且税收大数据的运用提高了税

---

① 发票的数字化转型是指传统发票向电子发票再向全面数字化的电子发票的过渡。

务稽查效率,能够精准打击偷逃骗税的不法行为,为税务机关节省很多税收征收和税务稽查工作的时间、精力以及货币成本。因此,数字经济提高税收征管数字管理平台服务的便利性,能够明显降低征税的直接成本,对提升税收征管效率起到了重要的作用。

第二,发票的数字化转型降低征税成本,助力税收征管效率的提高。我国从 2015 年起开展增值税电子发票系统的试点工作之后,就逐渐摆脱了对纸质发票的依赖,发票以数据化的形式存在,再到后来的增值税发票选择确认平台、全国增值税发票查验平台、增值税发票管理系统 2.0 版,以及专票电子化和全面数字化的电子发票(以下简称"数电票")的发展,基本完成了传统发票向电子发票再向数电票的过渡。数电票与传统纸质发票和电子发票相比,节省了大量的纸张和人力成本,并且节约了邮寄费用,而且数电票将多个票种集成归并为单一票种的电子发票,设立税务数字账户,实现全国统一赋码。对于纳税人而言,也不需要预先领取专用税控设备,系统能够自动分配唯一的发票号码,有效减少了发票打印以及邮寄等成本,可以节省纳税人很多为政府组织税收收入而承担的时间成本、货币成本,也就是降低了征税的间接成本。发票的数字化转型,通过降低征税成本,从而提高了税收征管效率。

(3)有利于推进多主体协同治理。税收征管不仅要从征纳双方甚至第三方的角度,而且要从推进税收治理体系和治理能力现代化的高度,积极构建应对数字经济的征管方略。多主体协同治理是指与税收征管工作相关的各个主体打破信息壁垒,通过数据要素的流动,共同对税收征管以及税务稽查工作进行完善,从而提高税收征管力度,提高税收征管效率。

多主体协同治理税收包括税务机关、银行、海关、财政、共享经济平台等多个主体,以及纳税人通过大数据等数字化技术,将数据要素集中于统一的数据平台。税务机关从数据平台中可以获取纳税人的涉税信息,从而加强对税源的监控,纳税人又可以在数据平台的帮助下,加快税收政策的落实,从而提高纳税人的纳税遵从。当前我国积极推进税务机关与工信、财政、人社、医保、交通等部门的对接,根据其需求主动向相关部门提供税收数据等方面服务,并结合相关部门提供的信息和情况,积极采取税收措施支持经济发展。这也能够说明我国税务机关开始重视多主体协同治理的作用。

数字经济能够推动多主体协同治理模式，税务数字化的治理主体有税务机关、其他政府部门、共享经济平台、税务中介服务机构等，通过区块链、大数据、人工智能等数字化治理工具对税收的征管、稽查以及税收制度进行治理，在数字化技术的推动下，通过智慧税务的构建，有利于促成多主体、多部门协同的治理模式，推动社会综合治税，从而形成具有系统性的数字化税收治理制度。

伴随税收征管的数字化转型衍生的多主体协同治理税收，从纳税人和征税机关两个角度，对纳税服务水平的提升和税收征管力度的提升都有着显著作用：①在提升纳税服务水平方面，通过各个部门的信息交流、数据共享，能够优化政务服务，优化营商环境，更好地落实"一件事一次办"，将分散在海关、银行、财政、审计、市场监管等不同部门的数据纳入统一的数据平台，打通业务系统，同时能够通过大数据加强税收政策的宣传和落实，提升为纳税人服务的水平。②在提高税收征管力度方面，数字化转型能够加强税务机关、政府其他部门、企业、税务中介服务机构之间的合作，各部门在确保自身机密信息不被泄露的情况下，相互交换合理、必要的信息，提升各自的治理和服务水平，并且减少了信息不对称带来的不确定性，加强了对纳税人涉税信息的收集和掌握，对税源加强监控，降低税款流失的风险。根据组织协同理论，各个主体各个部门通过数据共享，提高纳税服务水平、加强征管力度，从而能够实现协同增效，提高各个工作部门的工作效率，优化征纳双方之间的关系，共同提升税收征管效率。

2. 从纳税主体角度，提高纳税遵从度

（1）有利于降低纳税时间成本。①数字经济的蓬勃发展极大丰富了税收信息的获取渠道与处理方式，使得纳税人能够以更为便捷的方式获取全面、准确、及时的税收政策信息，从而显著缩短了纳税前准备阶段所需的时间。通过智能化的税收咨询平台，纳税人可以即时获得专业解答，减少因信息不对称导致的误解与重复劳动，学习报税系统操作及计算税额的过程也因此变得更为高效。②在纳税申报环节，数字技术的应用实现了申

报流程的电子化与自动化。纳税人只需在线上平台填写标准化的纳税申请表及辅助表格，系统即可自动完成数据校验、逻辑审核等功能，大幅减少了人工填写错误与反复修改的时间消耗。智能化的申报系统还能根据纳税人的历史数据与当前情况，预填部分信息，进一步简化申报流程，提升效率。③缴纳税款的过程同样受益于数字经济的发展。一方面，电子支付系统的广泛应用，使得纳税人可以随时随地完成税款缴纳，无需亲临税务机关，极大节省了排队等待与手续办理的时间。另一方面，税务机关通过构建高效的在线服务平台，实现了税款缴纳状态的实时查询与电子凭证的即时获取，不仅增强了透明度，也进一步缩短了纳税人确认缴纳成功所需的时间。

（2）有利于降低纳税违法概率。数字经济赋能税收征管能够加强税务机关和纳税人之间的关系，税务机关对于纳税人的经营情况、资金流动情况能够有一个实时准确的把握，从而加强纳税监督，降低纳税人的违法概率。我国对纳税监督工作有着高度的重视，国家税务总局要求各地税务部门强化税收大数据风险分析，根据税收风险适当提高"双随机、一公开"抽查比例。在数字经济的环境下，交易具有隐蔽性，纳税信息难以获取，纳税主体边界不清晰，收入性质难以界定，如果不能够加强纳税监督，将会造成国家税款的流失。税务机关加强纳税监督，能够督促纳税人及时足额地申报缴纳税款，提升纳税人的纳税意识，降低纳税违法概率，从而提升税收征管效率。

数字经济能够很好地通过数字化技术的应用，加强税务机关对纳税人的监督。

在税收大数据的应用下，对纳税人的申报数据、税收报表数据、第三方数据进行收集和分析，能够完整、全面展示纳税人的生产经营情况、物流资金运转情况，对纳税人的经营活动进行全过程、全方位的监督，对于纳税数据存在异常的纳税人，可以通过信息通知（如短信通知、电话通知等）进行督促，将税收征管置于监管之中。例如我国实行的加大增值税期末留抵退税力度的政策，通过数字化手段，通过税收大数据，加强纳税监督，查处了多起骗税案例，为国家挽回了很多损失的税款。随着进一步加大增值税期末留抵退税力度的政策实施，很多心怀叵测的企业和纳税人，想借机通过一些手段来达到骗取留抵退税的目的，从而牟取国家的利益。

区块链技术在发票管理方面具有很高的实践价值，具有去中心化、不可篡改、可追溯性等特点。去中心化可以消除信息不对称的现象，让发票使用者能够清晰了解涉税信息，数据不可篡改保证了增值税发票的真实性，防止虚开发票的行为产生，可追溯化特点让增值税发票流通全过程清晰呈现，保证纳税链条环环相扣。区块链电子发票深度结合了区块链技术，将发票开具与线上支付相结合，借助区块链不可篡改的特点，实现"交易数据即发票"。区块链技术与增值税发票的流转以及管理相适应，从而保障了税款及时、足额地入库，区块链管理平台还能实时监控发票的状态，对发票实现全方位管理。

人工智能技术能够智能分析纳税人输入的信息，实现精准的纳税信息推送，提高个性化咨询的针对性。这项服务覆盖 PC 端和移动端，使纳税人可以方便地在家完成税收申报。构建税务人员信息系统，有助于评估税务工作人员的能力与取向，进一步提高税务工作人员的执法行为管理效率。人工智能技术提升了税务服务的个性化和便利性，优化了税务人员的管理与执法效率，为纳税人提供了更好的服务体验。

通过云计算技术，建成全国统一的税务云平台和电子税务局，税务机关能够利用税务云平台跟踪监测纳税人的经营信息，并且可以对各种财务核算进行分析，从而对纳税人的纳税情况进行监督。通过云计算能够充分提炼税收业务经验和思路，并结合数学建模方法和数据挖掘技术，实现涉税数据间的数据分析和归纳性推理，从而对未来情况进行分析预测，更好地辅助管理者、决策者、执行者作出科学评估、正确决策和精准操作。

伴随着数字经济、数字化技术的发展以及数字化支付的出现，可以实现更好的税收执行，加强对纳税人的经营情况、资金流转的实时监控，对纳税人的纳税活动进行监督，可以缩小非正规经济①的规模，增加纳税人的违法成本，降低纳税违法概率，提升税收征管效率。

（3）在当前税收征管的背景下，纳税人实时了解税收政策的重要性

---

① 非正规经济是指不受政府管制或为了避税而进行的经济活动，具有比较大的隐蔽性。

愈发凸显。准确掌握税收政策是提高税收征管效率的关键。然而，传统的政策获取方式，如网站搜索、电话咨询和现场咨询等，存在一定的局限性。这些渠道往往存在时滞，导致纳税人无法及时享受应有的税收优惠，同时也影响了税务机关的工作效率。迫切需要加强税务系统的信息化建设，借助云计算、人工智能和区块链等前沿技术，提升政策获取的便捷性。

探索"一站式通办"和"云办税"等便利的税收征管方式尤为重要。这些方式不仅可以简化纳税流程，还能有效促进税收优惠政策的落实。利用大数据技术提供"菜单式"服务，使纳税人能够实时获取税收政策，这将极大地提升纳税的便利性与效率。推广电子文书的使用，能够进一步减少纸质文档的流通，提高办税效率，降低纳税人和税务机关的负担。

为了提高税收征管效率，必须加强信息化建设，运用先进的技术手段以便利纳税人，确保税收优惠政策的落实。通过构建一个高效、便捷的税收政策获取体系，使纳税人能够实时精准地获取相关政策信息，享受制度改革带来的红利。这不仅有助于提升纳税人的满意度，也将为税务机关的工作提供强有力的支持，最终形成税收征管与纳税服务的良性互动。大数据还能够拓宽税收政策宣传渠道，并且能将税收优惠政策与税收法律相结合来进行宣传，以纳税人喜闻乐见的方式增强纳税人的税收敏感度，同时以大数据技术为核心，依托公众号、短视频等新技术平台，为不同地区不同行业的纳税人提供个性化税收政策推送，并通过税收大数据对纳税人业务数据的分析，为纳税人提供便捷、高效、适用、实用、优质且有针对性的税收政策服务。因此，数字经济能够加速实现"人找政策"到"政策找人"的转变，提升税收征管效率。

3. 从征纳方式角度，提高征纳配合度

（1）降低制度性交易成本。制度性交易成本是指纳税人在遵循政府规章制度时所支付的各种成本，包括税费、融资成本和评估费等。这一成本对企业盈利构成了重要障碍，对新兴产业和小微企业的影响尤为显著，因其在经营初期面临较高的税费压力。制度性交易成本可以通过纳税次数和税收负担率来反映，降低这一成本显得尤为重要。采取减税降费、减少

纳税次数和降低税收负担率等措施，可以有效减轻制度性交易成本。降低这些交易成本不仅能够减轻企业的负担，还能增强企业的创新能力，提高产品的供给质量。降低制度性交易成本对于新生企业尤其重要，通过实施减税和降低纳税负担，可以显著提升其创新能力和产品质量，推动经济发展。在降低制度性交易成本的同时，纳税人的税负也会减轻，也就更乐于履行纳税义务，从而也就提高了税务机关的税收征管效率。

（2）减少劳动力成本和沟通成本。劳动力成本和沟通成本主要包括税务机关对于纳税人涉税信息的采集成本、纳税人申请税收优惠资格认定的成本、税务机关下达税收政策的时间成本和沟通成本。数字经济带来的数字化技术能够减少征纳双方之间的劳动力成本和沟通成本。

第一，数字经济能够减少税务机关对于纳税人涉税信息的采集成本。在传统的税收征管中，税务机关主要通过纳税人填报涉税信息采集表、税务人员下企业采集、电话沟通等方式。传统的涉税信息采集方法因信息不对称和业务水平参差不齐，导致采集进度缓慢和效率低下。这些问题直接影响了税收征管的效率。为了解决这一难题，利用税收大数据等数字化技术可以显著改善信息采集的效率。推动办税服务下沉至基层政务中心，简化企业办理涉税事项的程序，也是重要的推进措施。通过集成服务实现"一门通办"，可以有效提高办税效率。数字化技术的应用将有效提升涉税信息采集效率，从而增强税收征管效率，提供更便捷的办税服务。

第二，数字经济能够减少纳税人申请税收优惠资格认定的成本。一些符合税收优惠资格的纳税人需要自行提出认定申请，并需经相关部门的审核来实现相关资格的认定，存在劳动力成本和征纳沟通成本。借助云计算等数字化技术，能够通过纳税人的业务数据实现自动认定，自动触发纳税人应当享受的税收优惠，从而减少税收优惠资格认定的劳动力成本和沟通成本，能够使纳税人及时、便利地享受到税收优惠政策，同时也能够减少税务机关的工作成本，提升税收征管效率。

第三，数字经济能够减少税务机关下达税收政策的时间成本和沟通成本。税务机关在落实税收政策的工作当中，需要比较高的沟通成本，均需要与纳税人沟通衔接。纳税人在获取税收政策时，面临较高的沟通成本，常常依赖税务人员传达相关信息。这种依赖性可能导致多次沟通的问题，影响政策的落实效果。数字化转型为这一现状提供了改善的契机。通过创新行政许可办理方式，数字化手段能够实现一键自动办理，显著提升效率。推进税费政策执行标准的统一和规范化，有助于系统化梳理和确认审批事项，简化政策落实程序。税收征管的数字化转型不仅能够减少沟通成本，还能有效提升税收征管效率，从而推动税收政策的有效落实。

（3）提高信息对称性。征纳双方之间的信息对称是指纳税数据、涉税信息、税收政策等在征纳双方之间能够披露共享。在传统的税收征管中，税收政策的落实会存在信息不共用的问题，从而会造成征纳双方之间的信息不对称。在涉税征管过程中，信息不对称现象普遍存在，需要依赖大量第三方涉税信息。通过共享纳税人信息，可以有效缓解这一信息不对称的问题，提高税收治理能力。充分共享纳税人涉税信息将有效解决征纳双方的信息不对称，进一步提升税收治理水平。

数字经济加强征纳双方的信息对称性来提升税收征管效率，主要体现在三个方面：一是保证政策扎实落地。数字化技术赋能税务机关对税收政策的宣传和纳税人对税收政策的获取，从而确保了税收政策的实施运行；二是提高执法水平。借力数字化技术，税务机关能够全面收集纳税人的涉税信息，税务机关能够在数据信息的支撑下进行执法，增强税务机关执法的权威性和科学性，加强执法力度；三是增强数据披露。数字经济能够加强涉税信息、纳税数据等信息的共用，推动各个部门间的信息共享，通过借助税收大数据、云计算、人工智能等数字化技术，避免出现纳税人为了减少税款缴纳而隐瞒收入或虚报扣除项目等情况，也能够加强税务机关对全体纳税人的纳税信息收集，对不进行自主申报的纳税人加强监管。随着数字经济的快速发展，税务机关、纳税人和第三方平台之间的信息共享与交换变得尤为重要，建立数字经济涉税信息的共享机制可以持续提升税收征管的质量。

因此，数字经济能够保证税收征纳双方之间的信息透明度和信息对称性，便于税务机关对纳税人的涉税信息进行审核，同时能够有效督促纳税人对不符合实际情况的纳税数据进行更改，从而减少税款流失，增加税收收入，提升税收征管效率。

（二）数字经济促使服务组织收入更有力

在数字经济时代，税收征管领域正经历着前所未有的变革，这一变革的核心在于数字技术的深度融入与广泛应用，它促使税收征管的服务组织收入功能变得更为有力且高效。数字经济作为新时代经济发展的新形态，以其独特的价值创造方式、信息传递速度以及资源配置效率，为税收征管模式的创新提供了广阔的空间与无限的可能。

第一，数字经济促进了税收征管信息的全面整合与高效利用。在数字技术的支撑下，税务部门能够实时、准确地收集并分析海量涉税数据，包括企业的交易记录、财务报表、税务申报信息等。这些数据不仅为税务部门提供了丰富的税源监控依据，还通过大数据分析、人工智能算法等手段，实现了对企业经营状况的精准刻画与风险评估。这种基于数据的深度洞察，使得税务部门能够更加科学、合理地制定税收征管策略，有效提升了组织收入的效率与准确性。

第二，数字经济推动了税收征管流程的优化与再造。传统的税收征管模式往往依赖于纸质文档、人工审核等低效手段，数字经济的兴起则促使税务部门加快向电子化、自动化、智能化转型。通过构建一体化的税收征管信息系统，实现税务登记、申报、缴纳、稽查等全流程的线上操作，不仅极大地方便了纳税人，减少了办税成本，还显著提高了税务部门的工作效率与响应速度。特别是在"以数治税"的理念指导下，税务部门能够利用大数据技术对税源进行动态监控，及时发现并处理潜在的税收风险，从而确保税收收入的稳定增长。

第三，数字经济促进了税收征管服务的个性化与智能化。在数字技术的支持下，税务部门能够根据不同纳税人的实际需求与特点，提供定制化的税收服务方案。例如，通过智能客服系统解答纳税人的疑问，利用机器学习算法预测纳税人的税收需求，提供个性化的政策指导与税收筹划建议。这种以纳税人为中心的服务模式，不仅增强了纳税人的满意度与遵从度，还促进了税收征管与服务的良性循环，为组织收入创造了更加有利的环境。

第四，数字经济还促进了税收征管的国际合作与协调。在全球化背景下，跨国企业的税收征管成为一大挑战。而数字经济的兴起，为税务部门提供了跨国数据交换、信息共享的新途径。通过参与国际税收合作框架，如 BEPS 税基侵蚀和利润转移项目、共同申报标准等，税务部门能够更有效地追踪跨国企业的全球经营活动与税收安排，防止税收逃避与滥用，从而维护国家税收权益，保障税收收入的稳定与公平。

（三）数字经济促使税收监管更精准

数字经济以其独特的数据驱动特性，为税收监管提供了前所未有的精准度与效率。税务部门积极适应这一趋势，通过创新监管模式、强化重点领域监管以及严厉查处涉税违法行为，不断推动税收监管向更精准的方向迈进。

1. 创新动态"信用+风险"监管模式

在数字经济时代，税务部门充分利用大数据、云计算等先进技术，构建了覆盖纳税人全生命周期的"信用+风险"新型动态监管机制。这一机制通过实时采集、分析纳税人的经营、交易、财务等数据，动态评价纳税人的信用状况，并即时监控其待办业务的风险情况。根据信用和风险评价结果，税务部门能够针对性地为纳税人提供个性化服务和监管，既保证了监管的精准性，又减少了对企业正常运营的干扰。这种以数据为驱动的监管模式，不仅提高了税收监管的效率，还增强了纳税人的遵从度和满意度。

2. 强化重点领域税务监管，实现精准施策

在数字经济时代，税务部门更加注重对具体违法情况的判断剖析，通过精准监管提升执法精准化水平。针对偷逃税问题频发的行业、地区和人群，税务部门加大了监管力度，并合理利用税收大数据开展风险分析和精准选案。通过对大数据的深入挖掘和分析，税务部门能够高效地识别出高风险案源，从而开展有针对性的靶向打击。这种精准监管模式不仅提高了税收征管的效率，还有效遏制了偷逃税行为的发生，维护了税收公平和市场秩序。

在强化重点领域监管的过程中，税务部门还注重与其他部门的协作配合。通过建立健全跨部门信息共享和联合执法机制，税务部门能够与其他

监管部门形成合力，共同打击涉税违法行为。这种协作机制不仅提高了监管的效率和准确性，还增强了监管的威慑力和公信力。

3. 严厉查处涉税违法行为，营造良好税收环境

在数字经济时代，税务部门在打击涉税违法行为方面始终保持高压态势，充分发挥部门常态化联合打击工作机制的作用。通过重拳出击、严厉打击"假企业"虚开发票、"假出口"骗取退税、"假申报"骗取税费优惠等违法行为，税务部门有效维护了税收秩序和公平竞争的市场环境。税务部门还注重及时曝光典型案例，通过警示教育引导纳税人自觉遵守税法规定，营造良好的社会风气和税收环境。

（四）数字经济使税费服务更精细

在数字经济时代，税务部门积极响应时代召唤，致力于推动服务模式的深度创新与根本性变革。这一转型过程标志着税务服务从以往的无差别、一刀切模式，向更为精细化、个性化服务范式的迈进，体现了税务管理现代化进程中的重要一步。

税务部门紧密围绕纳税人、缴费人的多元化、深层次需求，以及他们对服务效率与质量的高度关切，不断探索并实践税费服务的新模式、新路径。通过深度融合现代信息技术，如大数据、云计算、人工智能等，税务部门得以实现对服务流程的智能化重构与优化，不仅大幅提升了服务的智能化水平，更在服务质感上实现了质的飞跃。这种质的飞跃，具体体现在服务的响应速度更快、处理更精准、交互更流畅，以及服务内容的更加丰富与个性化。

数字经济时代的税费服务变革实现了从以线下服务为主导的传统模式，向线上线下服务并重、互为补充的新型服务模式的重大转变。这一转变不仅极大地拓宽了服务渠道，使得纳税人、缴费人能够随时随地享受便捷、高效的服务，还通过线上线下服务的深度融合，形成了服务资源的优化配置与高效利用，进一步提升了服务的整体效能与满意度。

税务部门还充分利用数字经济的优势，通过构建智能化的税费服务平台与系统，实现了服务流程的自动化、智能化处理，以及服务信息的实时

更新与共享。这不仅有效减轻了纳税人、缴费人的办税负担，提高了他们的遵从度与满意度，还为税收营商环境的持续优化注入了新的活力与动力。

二、数字经济对税收征管的消极影响

（一）税收要素认定困难

确定税收要素是税收征管的前提，包括对谁征税、征多少税、何时何地征税等。在传统经营模式中这些税收要素较容易认定，但在数字经济时代，依托于互联网和大数据，互联网交易、电子商务等正逐渐变成人民生活中重要的交易方式，交易的虚拟性及全球性、商品的无形性、凭证的电子性等特征，都使得税收要素的认定变得更加复杂，税收征管和稽查的难度增加。

1. 纳税主体认定困难

在以往的商业模式中，企业要开展经营行为，就需要办理相关登记，由此形成税务机关与纳税人间的征纳关系。伴随着数字经济新业态的不断发展，在推动价值创造过程中，自然人的作用变得日益突出，以往生产者与消费者之间的界限变得更加模糊，自然人在市场中拥有多种身份，纳税主体也呈现出多样性和不确定性。市场的准入门槛不断降低，许多以数据经济为依托的创新型行业，与网络平台相融合，出现了平台经济、共享经济等新经济形态，这些都增加了纳税主体的认定难度。

2. 课税对象认定困难

（1）商品与服务间的界定不够明确。传统经济下的面对面交易方式可以更为直接地展示课税对象。数字经济的交易方式，使得以实物形式提供的商品被虚拟形式所替代，模糊了商品的存在形式，因此很难确定卖家到底是在出售一种有形的产品，还是在出售一种信息服务，这就导致了征税对象的属性很难确定。例如，在网络时代以前，音乐通过光盘或者磁带等媒介来出售，随着互联网的普及，人们可以选择音乐平台，通过充值VIP或者单首付费的方式收听音乐，但对于音乐平台来说，其销售的究竟是商品（音乐产品）还是服务（音乐服务），现行的税收法律并没有做出具体的界定。在数字经济中，一些实物商品能够通过数字化方式进行流动，改变了产品的外在形态，课税对象性质难以准确界定，带来了征管盲区，这会造成不公正的税收负担。

（2）商品与服务间，服务与服务间出现了更为普遍的渗透、交叉现象。例如，一个同时提供交通运输服务和信息技术服务的网约车平台。对于一般纳税人来说，同样都是为他人提供服务，但适用的税率却不同，因此如何确定网约车服务课税对象的性质是一个难题。假如将两种服务的所得分别进行会计处理，但现实是构建一个合理精确的所得划分标准，仍然存在着很大的难度，纳税人基于理性经济人的考量，有可能会故意将税率比较高的课税对象所得进行下调。

3. 纳税地点的认定困难

纳税地点的确定依赖于有形的场所。在传统的交易模式中，卖家往往拥有一个有形的固定场所，纳税地点通常是按照属地原则确定，工商注册地与税务登记地基本相同，税收归属也比较明确。但是在数字经济中，交易方式的虚拟性及交易地点的无形性，纳税地点的确定不再依据有形的场所。而且所有的交易都是通过互联网来完成，买卖双方的信息都被隐藏在大数据之下。网站是虚拟的，没有实际存在的常设机构。电子数据具有流动性和易篡改性，因此可能会利用修改 IP 地址等方式，掩盖其实际的地理位置和数据服务器所在地，从而给纳税地点的认定带来一定的难度。

依托于互联网，可以实现跨区域、跨国界的交易。经营主体的户籍所在地、实际居住地和实际经营活动所在地可能都不在同一个地点。例如，A 地的经营主体在 B 地设立办公机构，货物从 C 地送到买方所在地 D 地。生产地、经营地与消费地之间的分离不仅会进一步增加纳税地点认定的难度，还会导致税收与税源的背离，打击地方政府的积极性。

（二）税收管辖权规则受到冲击

由于数字经济的存在，产生了大量的无形商品和虚拟服务，这部分产品使得传统税法所依据的物质实体和现实联系产生了分离。尽管我国的税收征管体制经历了多次改革,但对于税收管辖权的权属判定问题仍有一些偏差,没有从根源上解决数字经济引致的征管问题。在属地主义原则的前提下,流转税在实际消费地课税,所得税在所得来源地课税,但面对数字经济的冲击,两者对税收归属问题变得不再清晰。因此,对税收管辖权的判定成为我国税务部门面临的一个现实难题。

(三)涉税信息获取难度较大

作为一个虚拟的市场,数字经济的交易活动同时整合了信息流、货物流和资金流,其整个交易过程都在线上完成,而线上交易的特点又决定了其交易信息是以电子数据的形式存在。所以,要实现对税源的有效监管,就必须对涉税信息进行全面的把握。

基于个人信息的隐私性,在采集过程中应尽可能地规避对公民隐私权的侵犯,而在保护公民隐私权的前提下进行涉税信息的搜集还是一个亟待解决的问题。此外,还要考虑数据权限的问题,线上交易过程的实现依赖于第三方平台,交易中产生的涉税数据也被保存在了平台的信息库里。税务部门单纯依赖对银行资金转账情况进行调查,很难全面掌握第一手资料。一些纳税人也会使用超级密码或者双倍保护权限来隐匿相关信息,这也会给涉税信息的获取带来困难。由于在线交易自身的特点及互联网、区块链、大数据等信息技术的广泛应用,使得电子数据有被篡改或造假的可能,这些都使得税务部门收集相关涉税信息变得更加困难。

第二章　消费税税务规划及其影响

第一节　消费税及其应纳税额

一、消费税概述

（一）征税范围

消费税作为调节消费结构、引导消费行为的重要税种，其征税范围的界定对于实现税收公平与效率至关重要。在生产应税消费品层面，消费税聚焦生产销售这一初始环节，遵循单一环节征税原则，有效避免了重复征税，促进了资源在流通链条中的优化配置。该税种的征收范围还延伸至非直接销售行为，如以物易物、投资入股、债务清偿及非生产性自用等，确保了应税消费品无论以何种形式流转，均能被纳入税收监管体系，体现了税收制度的全面性与灵活性。

对于委托加工应税消费品，其界定清晰，强调了原材料与主要材料的提供方为委托方，受托方仅负责加工及部分辅助材料的代垫，这一安排明确了税收责任的归属，同时允许后续生产销售环节对已缴税款进行抵扣，促进了加工贸易的健康发展与税负的合理分配。

进口应税消费品的征税是国际税收协调的重要体现，海关代征制度有效降低了征税成本，确保了进口商品与国内同类商品在税负上的公平竞争环境，维护了国家税收主权与经济安全。

金银首饰消费税的征收环节调整至零售环节，是消费税制度适应市场变化、精准调控消费行为的典范。此举不仅增强了税收的针对性与有效性，还促进了金银首饰市场的规范化发展。零售环节征税的实施，要求纳税人严格区分金银首饰与非金银首饰的销售，实行分别核算，体现了税收管理的精细化与科学化。对于金银首饰的成套销售、包装物销售、带料加工及以旧换新等复杂交易模式，也制定了详细的计税依据与征收规则，确保了税收的公平与透明。

综上所述，消费税的征税范围广泛而精细，既覆盖了生产、加工、进口等多个环节，又针对特定商品如金银首饰在零售环节的特殊情况进行了特别规定，体现了税收政策的灵活性与适应性。这一系列制度安排不仅有助于实现税收的公平与效率，还可以促进消费市场的健康发展与产业结构的优化升级。

（二）纳税义务人

消费税纳税义务人的范围包括中华人民共和国境内所有参与特定消费品生产、委托加工、进口及销售的单位与个人。纳税义务人涵盖企业、行政单位、事业单位、军事单位、社会团体、个体工商户及其他个人。这一界定体现了税收制度在调节市场行为和促进公平竞争方面的全面性。通过广泛的纳税义务人范围，消费税确保了税收制度能够有效调节市场行为，促进公平竞争，推动经济的健康发展。

具体而言，纳税人的界定不仅限于直接生产应税消费品的实体，还包括通过委托加工方式间接参与生产过程的单位与个人，以及自产自用的内部消费情形，确保了税收链条的完整性与连贯性。对于进口应税消费品，无论其原产地如何，一旦进入我国境内并发生销售或消费行为，即需承担相应的消费税责任，这不仅维护了国内市场的公平竞争，也体现了税收制度在应对全球化经济挑战时的灵活性与适应性。

自2009年起，国务院进一步明确了销售应税消费品的单位和个人亦须纳入消费税纳税范畴，此举进一步强化了税收制度的覆盖广度与深度。在委托加工环节，除个体经营者外，受托方也负有代收代缴消费税的责任，这一机制有效减少了税收流失，提升了征管效率。

针对个人携带或邮寄入境的应税消费品，消费税与关税的并行征收体现了税收制度的严密性，确保了国家税收利益不受损害。自1994年起，外商投资企业和外国企业在消费税缴纳方面的统一处理，更是我国税收制度与国际接轨、营造公平市场环境的重要里程碑，为国内外企业提供了无差别的税收待遇，促进了经济的持续健康发展。

二、消费税应纳税额

（一）征收税目

消费税的征收范围广泛，涵盖烟、酒、化妆品等共计14个税目，其中部分税目细化为若干子目。作为价内税，消费税采用单一环节征收的方式，主要在应税消费品的生产、委托加工和进口三个关键环节缴纳。在批发和零售等流通环节，商品的价款中已内含消费税，无需重复缴纳。这种征收方式有效简化了税务流程，通过在特定环节的缴纳，避免了流通环节的重复征税，使得税制更加高效合理。

第一，烟草产品是消费税征收的重要组成部分，所有以烟叶为基本原料加工的烟草产品，包括卷烟、雪茄烟和烟丝等，均在消费税的征收范围内。这一措施不仅有助于限制烟草消费，减少对公共健康的负面影响，也为政府提供了稳定的税收来源。

第二，酒类和酒精产品同样属于消费税的征收范畴。包括酒精度在1度以上的各类饮料及酒精（如粮食白酒、啤酒等），都被纳入此类税收。这一政策旨在通过提高酒类产品的消费成本，抑制过量饮酒现象，从而推动健康的生活方式。同时，这也为国家财政提供了必要的收入支持。

第三，化妆品市场的消费税征收也显得尤为重要，涵盖各种美容、修饰化妆品以及高档护肤品。这一政策不仅有助于规范市场，维护消费者权益，还促进了高端消费市场的健康发展。通过对化妆品的税收调节，政府可以引导消费者合理消费，提高对优质产品的认知。

第四，贵重首饰及珠宝领域，使用金、银、宝石等材料制作的各种首饰和珠宝也被纳入消费税征收范围。此类措施主要针对高端奢侈品消费，既可以增加政府的税收收入，又能够通过税收政策引导消费行为，促进社会财富的合理分配。

第五，各类鞭炮和焰火产品同样需要缴纳消费税，特定用途的产品（如体育活动用的发令纸）则被排除在外。这一政策旨在保障公共安全，同时合理控制鞭炮和焰火的消费，减少因使用不当造成的安全隐患。

第六，成品油方面，消费税涵盖多种石油产品，如汽油、柴油和航空煤油等，以确保能源消费的税收完整性。这不仅有助于控制能源消费，推动节能减排，也为国家的能源政策提供了支持。

第七，汽车领域，消费税的征收范围包括汽车轮胎和小汽车。汽车轮胎仅限于汽车和专用车辆的轮胎，而不包括农用拖拉机等特定用途的轮胎。

第八，小汽车的定义为由动力驱动且具有四个或四个以上车轮的非轨道承载车辆。此类税收政策能够有效引导汽车消费行为，促进绿色出行和环保意识。

第九，摩托车。此税目涵盖了轻便摩托车及普通摩托车两类，全面反映了摩托车市场的消费结构。

第十，高尔夫球及球具是指从事高尔夫运动所需的专用装备，包括高尔夫球、球杆和球包等。其税收政策体现了对高端休闲体育消费的调控，旨在促进相关产业的发展。

第十一，高档手表是指销售价格（不含增值税）在人民币10000元及以上的手表，此定义旨在调节高端手表市场的消费行为，有效规范和调控该市场的消费。

第十二，游艇。此税目是指长度在8米至90米之间，能够在水上移动的水上浮载体，覆盖了从私人游艇到中型游船等多种类型。

第十三，木制一次性筷子由木材加工而成，倡导环保消费理念，旨在减少资源浪费。木制一次性筷子促进环保消费，帮助减少资源浪费。

第十四，实木地板。此税目涵盖了以木材为原料加工而成的块状或条状地面装饰材料，体现了对室内装饰高端市场的税收关注。

（二）计税依据

根据现行消费税法的基本规定，消费税应纳税额的计算主要分为从价计征、从量计征和从价从量复合计征三种方法。

1. 从价计征

应纳税额的计算方法是将应税消费品的销售额乘以适用税率，主要受销售额和适用税率两个核心因素的影响。确定应纳税额时，这两项因素不可忽视。

（1）销售额是计算消费税的基础，准确的界定对于纳税人的合规性至关重要。销售额指纳税人在销售应税消费品时，从购买方收取的全部价款及所有价外费用。这些费用不仅包括商品本身的售价，还涵盖了手续费、补贴、运输费等相关费用。通过全面考虑所有价外费用，销售额的定义确保了税务部门能够对纳税人进行合理的消费税征收，从而维护税收公平与社会正义。

（2）增值税销售额的换算中，应注意应税消费品的销售额中不应包含增值税。这是因为增值税作为一种流转税，其征收是通过供应链逐层传递的。在实际操作中，若未剔除增值税，或者因开具专用发票的问题导致价款与增值税合并收取，纳税人就需进行换算。具体而言，计算应税消费品销售额的公式为：应税消费品销售额＝含增值税销售额/（1+增值税税率）。这一公式的运用确保了纳税人能够准确地计算出应税消费品的实际销售额，从而合理履行纳税义务。通过明确销售额的界定和增值税的换算规则，可以有效提升税务管理的透明度与科学性，为纳税人的合规经营提供有力保障。

在税额换算中，必须考虑纳税人的具体身份。增值税一般纳税人应使用17%或当前有效税率作为换算依据，而增值税小规模纳税人则适用3%或当前规定的征收率进行换算。这一做法确保了税务计算的准确性和合规性。在进行税额换算时，选择适合的税率是至关重要的，以确保符合相关法规并反映真实的税务负担。这样的处理确保了消费税计算的准确性，同时遵循了税收法规的严谨性。

2. 从量计征

应纳税额的计算依赖于应税消费品的销售数量与单位税额的乘积，因此，应纳税额受到销售数量和单位税额这两个关键因素的直接影响。最终的应纳税额取决于这两者的变化。

（1）销售数量是指纳税人生产、加工、进口或销售应税消费品的实际数量。

在销售应税消费品时，销售数量以销售给消费者的数量为依据；对于自产自用的应税消费品，则根据从生产环节转移到使用环节的数量进行确定。

委托加工的应税消费品，其销售数量以从加工方收回的数量为准。

进口的应税消费品销售数量则按海关核定的进口征税数量确定。销售数量的确定依据于不同情形下具体的转移或销售数量，这一原则在纳税过程中至关重要。

（2）计量单位的换算标准。为确保不同应税消费品应纳税额计算的准确性，《消费税暂行条例》对部分应税消费品的计量单位及换算标准作出了明确规定。由于在实际销售过程中，可能存在计量单位（如吨与升）的混用情况，因此制定了以下换算标准，见表2-1[①]，以规范计量并准确计算应纳税额。

表2-1 吨、升换算标准

序号	产品名称	换算关系
1	黄酒	1吨=962升
2	啤酒	1吨=988升
3	汽油	1吨=1388升
4	柴油	1吨=1176升
5	航空煤油	1吨=1246升

---

① 索晓辉. 消费税纳税筹划实战与经典案例解读[M]. 北京：中国市场出版社，2013：24.

续表

序号	产品名称	换算关系
6	石脑油	1 吨 =1385 升
7	溶剂油	1 吨 =1282 升
8	润滑油	1 吨 =1126 升
9	燃料油	1 吨 =1015 升

此换算标准有助于税务部门在征税过程中保持一致性，确保税收的公平性和准确性。同时，也提醒纳税人在申报纳税时，需严格按照规定的计量单位和换算标准进行计算，以避免因计量单位不一致而导致的税务风险。

3. 从价从量复合计征

在现行消费税征税体系中，卷烟、粮食白酒和薯类白酒等商品采用复合计征方法。该方法结合了从量计征和从价计征两种方式，确保了对特定商品的合理税收计算：应纳税额＝应税销售数量×定额税率＋应税销售额×比例税率。

卷烟、粮食白酒和薯类白酒的从量定额计税依据主要依赖于实际销售数量。实际销售数量直接影响从量部分的税额，而对于进口商品，其计税依据则为海关核定的进口征税数量。此外，委托加工商品的计税依据为委托方收回的数量，而自产自用商品的计税依据则为移送使用的数量。

在不同情况下，这些商品的从量定额计税依据存在差异，具体取决于销售数量、进口征税数量、委托方收回数量或移送使用数量。这种差异化的计税依据反映了税务政策的灵活性和针对性。

4. 特殊规定

（1）在当前的税务体系中，纳税人通过自设的非独立核算门市部销售自产应税消费品时，消费税的计算应依据门市部的对外销售额或销售数量。这一规定旨在防止纳税人通过不正当手段逃避应缴消费税，确保税收的公平性和透明度。非独立核算的门市部销售数据为税务机关提供了准确的计税依据，有效降低了税收流失的风险。

（2）对于特定用途的应税消费品，如用于换取生产资料、投资入股或抵偿债务等情形，税务机关要求以同类应税消费品的最高销售价格作为计税依据。这一措施的核心在于防止纳税人低估应税价值，确保税基的完整性。通过这种方式，税务机关能够更好地掌握市场情况，维护公平竞争的环境，确保各类纳税人按照实际经济活动缴纳应有的税款。

（3）在关联企业间的交易中，如果纳税人与关联企业的购销未遵循独立定价原则，税务机关则有权对其计税收入额或所得额进行调整。这一规定旨在确保税收的完整性，避免关联交易中可能存在的价格操纵行为。有助于维护市场的公平性，还有助于提升税务机关对纳税人行为的监管力度，确保税务合规。

（4）纳税人必须分别核算不同税率应税消费品的销售额和数量。如果未能做到这一点，税务机关将依据较高税率计算应纳消费税额。这一规定不仅体现了对税收政策的严格执行，也强化了纳税人对各类应税消费品的管理和核算能力，促使其建立健全的财务管理制度。

若纳税人同时经营多种税率的应税消费品，必须分别核算每种应税消费品的销售额和销售数量。这是确保税收计算准确无误的基础。

这些规定旨在确保消费税计算的公平性和一致性，防止逃税行为和税收损失，维护税务制度的完整性和公正性。在这一背景下，纳税人需增强合规意识，严格遵循相关税收规定，以保障自身的合法权益和税务环境的健康发展。这一"从高适用税率"原则旨在防止纳税人通过混合销售等方式降低整体税负，确保税收的公平性和有效性。

综上所述，以上特殊规定旨在规范纳税人的税收行为，确保税收的公平、公正和有效征收。

（三）计税逻辑

1. 生产销售环节应纳消费税

生产销售环节中应纳消费税需细致分析不同销售模式下的计税逻辑，以确保税收制度的公平与效率。直接对外销售应税消费品作为最常见的销售形式，其消费税计算依据明确，分为从价定率、从量定额及二者复合计算三种方式。从价定率计算基于销售额与适用税率的乘积,体现了价格与税负的直接关联;从量定额计算则依据销售数量与单位税额的乘积,适用于价格波动较小、数量易于计量的商品;复合计算则结合了前两者的特点,专用于卷烟、白酒等特定商品,以更全面地反映其税负水平。

对于自产自用应税消费品的计税处理,则需根据使用目的进行差异化对待。税收中性原则旨在确保自产应税消费品在连续生产应税消费品时,避免重复征税,从而依法不纳税。这一规定旨在提高税收效率,减少不必要的税负。如果自产应税消费品用于非应税生产、内部管理、非生产性支出、馈赠、赞助、集资、广告、样品、职工福利及奖励等其他用途,则视为销售行为,需依法纳税。税法通过不纳税的规定保护连续生产活动,维护税收中性原则;而对于非连续生产用途的消费品,则依法征税,以确保税收的公正性和合规性。这一规定旨在防止企业通过内部转移规避税收,确保税收的完整性与公平性。

在计算自产自用应税消费品的应纳税额时,若存在同类消费品销售价格,则优先采用该价格作为计税依据;若价格信息缺失或不符合规定,则需采用组成计税价格法。该方法通过综合考虑成本、利润及特定税率因素,科学合理地估算应税价值,确保税收计算的准确性。对于复合计税商品,组成计税价格的计算还需纳入定额税率部分,以全面反映其税负特性。

2. 委托加工环节应纳消费税

委托加工是企业、单位或个人因资源限制而选择的一种生产方式,具体指的是委托方将原料和主要材料提供给受托方,后者则负责将这些原料加工成应税消费品。这种方式在生产中具有灵活性,可以有效利用资源,提高生产效率。随着经济的不断发展,委托加工的模式逐渐被广泛应用,涉及的领域也日益增多。根据相关法规,所有经过委托加工完成的应税消费品,无论其最终用途是销售还是内部使用,均需纳入消费税的征收范围。这一点明确了委托加工品的纳税义务,确保了税收的公平性。受托方在完成加工后,必须对所生产的消费品进行消费税的计算和缴纳,确保税务处理的规范性和准确性。这不仅是对税法的遵循,也是维护市场秩序的重要举措。

受托方在交付加工完成的产品时，负有代收代缴消费税的义务。这意味着受托方在交易中需承担确保税款正确计算和及时缴纳的责任。受托方必须掌握相应的税收法规，了解消费税的计算方法，以免因错误计算而造成税务风险。受托方还需建立健全的税务管理体系，确保税务处理的透明和合规。若受托方未能按规定代收代缴税款，委托方则需承担补缴责任。这一规定强调了委托方在委托加工中的重要性与责任感，促使其在选择受托方时进行谨慎审查。委托方可能面临税务处罚，这不仅影响其企业声誉，还可能导致经济损失。委托方应加强对受托方的管理与监督，确保其合规经营，以降低潜在风险。

在应纳税额的计算方面，税款的确定通常依据受托方同类消费品的销售价格进行计算，采用加权平均法。如果受托方没有相应的销售价格，则需使用组成计税价格进行估算。这一方法不仅保证了税额计算的合理性，还反映了市场价格的变化。对纳税额的合理计算，有助于维护税收的公平性和透明性，同时也促进了市场的健康发展：

实行从价定率办法的，组成计税价格 =（材料成本 + 加工费）÷（1 - 比例税率）。

实行复合计税办法的，组成计税价格 =（材料成本 + 加工费 + 委托加工数量 × 定额税率）÷（1 - 比例税率）。

以上规定确保了委托加工环节消费税的合理征收，既维护了税收的公平与效率，也促进了市场的健康发展。

3. 进口环节应纳消费税

进口环节消费税的计算机制是国际贸易税收体系中的重要组成部分，旨在调节国内消费结构，确保财政收入的稳定性。进口环节的消费税缴纳制度在应税消费品报关进口时便需缴纳消费税，海关作为代征机构，负责实施相关措施。根据规定，进口人或其授权代理人需依法向报关地海关进行申报，税款必须在海关出具缴款书后 15 日内缴纳。这一流程不仅确保了税收的及时入库，还提高了征收效率，进一步优化了税收管理。

值得注意的是，1993 年国家税务总局与海关总署联合发布的通知，明确了消费税纳税义务人的界定，包括收货人和办理报关手续的单位及个人。这些法律基础为消费税的征收提供了明确指导，使得纳税责任主体清晰可辨。通过海关代征消费税制度，不仅实现了税收的高效、便捷和及时入库，也为进一步规范税收管理提供了坚实的法律保障。该通知还强调了消费税税目与税率的执行依据，即严格遵循《消费税暂行条例》及其附件所列的税目税率表，确保了税收政策的一致性与透明度。

在计税方法上，进口应税消费品的应纳税额计算遵循了多样化的原则，以适应不同应税消费品的特性。应纳税额的计算在应税消费品的征税中具有重要意义。从价定率计征的应税消费品，其应纳税额是通过组成计税价格与消费税比例税率相乘得到的。在这一计算中，充分考虑了关税完税价格及关税的影响，以确保税负的合理性。应税消费品的从量定额计征依据数量和定额税率进行计算，而复合计征则结合了关税完税价格、关税、数量及比例税率，进行综合计算。这一系列计算特点体现了税收计算的精准与灵活，确保了针对不同类型应税消费品的税收计算方法具备合理性、精准性和灵活性，以保证税负的公正性和符合实际情况。

4. 已纳消费税扣除

在消费税体系中，为避免重复课税，促进产业链条的顺畅运行，现行税法精心设计了已纳消费税扣除机制，该机制对于优化资源配置、激发市场活力具有重要意义。具体而言，这一机制涵盖了外购应税消费品及委托加工收回应税消费品的已纳税款扣除两个方面。

外购应税消费品已纳税款的扣除机制旨在有效解决重复征税问题。该机制适用于企业在生产应税消费品过程中，利用外购的已税消费品作为原料的情况。企业可以依据当期实际领用的外购应税消费品数量，合理扣除已缴纳的消费税，从而减轻税负，促进生产效率的提升。确保税收负担的公平与合理。特别地，对于特定商品如金银首饰（镶嵌首饰），若其生产原料为已税珠宝、玉石，且该产品改在零售环节征税，则不得扣除外购原料的已纳税款，此规定旨在维护税制的统一性和税收的完整性。对于工业企业购进后再销售需进一步加工的应税消费品，尽管不直接面向最终消费者，但同样适用消费税扣除政策，以促进产业深化与升级。值得注意的是，扣除范围仅限于从工业企业购进及进口环节已纳税的应税消费品，排除了从商业企业购进应税消费品的已纳税款扣除，以防范税收漏洞。

委托加工业务涉及委托方与受托方之间的紧密合作关系。在这一过程中，税收调控的精准性尤为重要。委托加工所收回的应税消费品已纳税款的扣除，体现了对税负的有效管理。此外，受托方在此过程中已代扣代缴消费税，确保了税款的及时缴纳。更为关键的是，若委托方将收回的应税消费品用于连续生产，其已纳税款可从后续应税消费品的应纳税额中抵扣，这一抵扣机制有效促进了企业的资金周转与生产效率。抵扣额的计算依据为当期生产领用数量对应的委托加工应税消费品已纳税款，确保了税收抵扣的精准性和时效性。同样，对于以委托加工收回的已税珠宝、玉石为原料生产的金银首饰，若该类首饰在零售环节征税，则其原料的已纳税款亦不得扣除，体现了税法对特定行业税收政策的细致考量。

第二节 消费税的申报缴纳与税收优惠

一、消费税的申报与缴纳

（一）消费税纳税义务发生时间

消费税纳税义务发生时间见表 2-2[①]所示。

表 2-2 消费税纳税义务发生时间

类型	时间
纳税人销售的应税消费品	在税务管理中，不同的销售结算方式对应的纳税义务发生时间各有不同。对于赊销和分期收款，纳税义务在销售合同规定的收款日期当天产生；而预收货款则要求在发出应税消费品当天即发生纳税义务。采用托收承付方式时，纳税义务在发出应税消费品并办理托收手续的当天也需确认。而对于其他结算方式，纳税义务则在收讫销售款或取得索取销售款凭据的当天发生。这些规定确保了纳税义务的及时确认，有助于维护税收的公正与合理性
纳税人自产自用的应税消费品	其纳税义务的发生时间为移送使用的当天
纳税人委托加工的应税消费品	其纳税义务的发生时间为纳税人提货的当天
纳税人进口的应税消费品	其纳税义务的发生时间为报关进口的当天

（二）纳税期限

消费税的纳税期限灵活多样，纳税人可根据自身情况选择1日、3日、

---

① 索晓辉.消费税纳税筹划实战与经典案例解读[M].北京：中国市场出版社，2013：38.

5日、10日、15日、1个月或1个季度的期限。具体的纳税期限由主管税务机关根据纳税人的应纳税额进行核定，以确保合理性和可操作性。在某些情况下，如果纳税人无法遵循固定期限进行纳税，他们可以选择按次纳税。申报期限方面，若选择1个月或1个季度的纳税期限，纳税人需在期满之日起15日内进行申报；而若选择1日、3日、5日、10日或15日，则需在期满之日起5日内预缴税款，并在次月1日~15日内进行申报和结清上月的应纳税款。此外，纳税人如进口应税消费品，需在海关填发进口消费税专用缴款书之日起15日内缴纳税款。若逾期未能按规定缴纳税款，将依据相关规定进行处理，以维护税收的正常秩序。

（三）纳税地点

销售应税消费品的纳税义务主要涉及向纳税人所在机构或居住地的主管税务机关进行申报，除非国务院财政、税务主管部门另有规定。这一规定确保了税务的透明性和合规性。对于委托加工的应税消费品，受托方应向其机构所在地或居住地的主管税务机关进行申报，若受托方为个人，则应由其自行负责申报，这样的规定有助于明确责任，避免税务风险。

在进口环节，进口人或其代理人必须向报关地海关进行申报并缴纳相关税款，确保所有进口商品均能依法纳税。涉及外县（市）销售或代销的情况，纳税人应在销售后及时向其机构所在地或居住地的主管税务机关进行申报。如总机构与分支机构不在同一县（市），则需分别申报，除非获得授权可由总机构进行汇总申报，这为跨区域经营提供了灵活性。

对于退货处理，若纳税人销售的应税消费品因质量问题被退回，必须经所在地主管税务机关审核批准后，才能退还已征收的消费税，且不得自行抵减应纳税款。这一机制有效防止了税款的随意性，保障了税务管理的规范性与严谨性。因此，纳税人在处理应税消费品的各个环节中，须严格遵循相应的法律法规，以确保合法合规。

二、消费税的税收优惠

企业在纳税时应遵循相关税法，力求降低税负以提升运行效率。财务人员需深入了解国家的税收优惠政策,因为这些优惠不仅影响企业的盈利能力,还可能改变企业的战略方向。通过合理利用税收政策,企业能够优化资源配置,从而在激烈的市场竞争中获得更大的发展空间。

(一)消费税征收中的税收优惠

消费税的征收具有其独特的特点和设计,主要体现在特定环节享有税收优惠。这种设计反映了消费税制的特殊实施方式,旨在优化税收管理和提高征税效率。消费税主要在生产或进口环节进行征收,税负集中于此,使得流通环节无需重复缴税,从而有效避免了重复征税的现象,简化了税负管理。

在消费税的征收中,委托加工环节也具有重要意义。在此环节中,委托方通常提供主要原料,而受托方仅收取加工费及部分辅助材料费用。需要注意的是,受托方并不拥有消费品的所有权,税收优惠仅针对特定的加工情形。此外,为了防止税收规避,若受托方提供主要材料,则不适用委托加工的税收优惠。

在消费税的整体管理中,委托方在后续生产环节可以抵扣在加工环节已缴纳的消费税款,这一机制不仅有效减轻了企业的税负,还提升了生产的整体效率。消费税制度通过合理的税收设计与实施,有助于促进经济的健康发展。这一抵扣机制不仅降低了重复征税的可能性,同时为生产企业提供了合理的税收减免,增强了税收政策的激励作用,支持了应税消费品的进一步生产和流通。

(二)税款抵扣优惠

税款抵扣优惠的实施旨在促进应税消费品生产环节的顺畅运转,并在一定程度上减少重复征税的现象。外购应税消费品已纳税款的扣除政策,通过准许企业在连续生产中扣除外购已纳消费税的部分,从而减轻企业负担,增强其市场竞争力。此举有效保障了应税消费品在产业链中的流转,同时鼓励企业合理利用外购原料进行深加工或再生产,提升产品附加值。

在外购应税消费品已纳税款的扣除中,税法规定对当期领用数量进行计算,确保扣除过程的规范性和透明性。该政策涵盖多种消费品类别,包括卷烟、化妆品、贵重首饰及珠宝等，进一步增强了行业内生产与销售的连续性和稳定性。此类税收优惠政策不仅在减轻企业税负方面发挥了重要作用，还有效引导了市场资源的合理配置，促进了相关产业的健康发展。

委托加工收回应税消费品已纳税款的扣除机制，通过允许委托方在连续生产时扣除受托方已代收代缴的消费税，进一步优化了税收结构。该措施不仅简化了企业的纳税流程，还确保了在加工和再生产环节已纳税款的合理抵扣，避免因重复纳税造成的经济负担。政策实施范围广泛，涉及卷烟、化妆品、贵重首饰、鞭炮、汽车轮胎等众多行业。这种制度设计符合税收公平性和效率性的要求，为企业提供了更多的财务灵活性，助力其在国内外市场中的良性发展。在该税收抵扣优惠框架下，企业能够以更具成本效益的方式参与生产，增强其在产业链中的话语权。通过有效运用外购原料与委托加工模式，企业不仅降低了整体税负，还在消费品领域实现了可持续的创新与发展。

第三节　消费税的纳税筹划与检查方法

一、消费税的纳税筹划

纳税筹划的概念涉及企业或个人通过对经济活动的合理安排，以在合法范围内减少税收负担，并优化税后收益。纳税筹划的核心在于利用税法所提供的各种优惠政策与减免机制，使纳税主体在符合法律规定的前提下，达到最低的税收负担。这一过程并不涉及逃避税收责任，而是通过科学的规划和法律框架内的选择，优化税务结果。

纳税筹划不仅涵盖了对经营活动的规划，也涉及投资与财务安排的系统设计。其目标在于通过对纳税时点、纳税地点以及纳税形式的有效控制，最大限度地利用税收政策中的优惠条件，获取税务上的利益。这一策略不仅需要对现行税法的深入理解，还需要对未来可能的税务变化进行预测和分析，以确保税务成本的最小化与税后收益的最大化。这种筹划行为不仅对于企业的财务管理具有重大意义，对于个人投资者来说，同样是优化财富管理与实现长期收益增长的重要手段。通过对财务和投资行为的事先规划，纳税人可以更为有效地掌控税务成本，增强整体经济活动的效益，从而在长期内实现更高的财务稳定性和盈利能力。

（一）纳税筹划的动因

纳税筹划的动因包括主观和客观两方面的因素，形成了企业或个人积极开展此类活动的内在推动力与外在条件。

纳税筹划的主观动因在于纳税主体通过合理的税务规划，减少税务负担，延迟纳税义务，并规避潜在的涉税风险，最终实现优化经济利益的目标。这种动因源自纳税主体对于自身财务状况的管理需求，以及对合法减轻税负的合理期望。

从客观动因的角度看，纳税筹划的产生和发展离不开税法、税制及税收政策本身的某些不完善性。我国税法的复杂性和灵活性为纳税筹划提供了实现的空间。首先，不同纳税主体的税种与税率有所差别，而纳税主体的界定在法律中具有一定的弹性，这使得纳税人可以根据其经营或财务情况选择最有利的税收路径。其次，课税对象金额的可调整性为纳税人提供了进一步降低税负的机会。在固定税率的条件下，通过调整课税对象金额，纳税人可以有效减少税基，从而降低实际税负。

税率差别也是纳税筹划的重要客观动因。不同税种之间的税率差异，以及同一税种下不同税目之间的税率差别，为纳税人提供了税务安排的多种可能性。企业和个人可以通过选择适合的税率结构来优化税收支出，降低税务成本。起征点的设置也为纳税筹划提供了进一步的激励。由于低于起征点的收入可以免税，纳税人常试图将计税依据控制在起征点以下，以避免产生过高的税务负担。

国家税收优惠政策的差异化执行也是纳税筹划的客观动因之一。国家通过税收优惠政策来实现其经济调控目标，使不同的税种在执行过程中产生实际上的税负差异。这为纳税主体在合法范围内利用税收政策进行筹划提供了额外空间，从而优化税务管理，减轻企业或个人的税收压力。

纳税筹划的动因充分体现了税收政策与企业或个人利益追求之间的互动关系。在这种互动中，纳税主体利用税法规定的灵活性与税收优惠政策的引导作用，进行合理的财务安排，达到减少税负、优化资源配置的效果。

（二）纳税筹划的目标

纳税筹划作为企业财务管理的重要组成部分，旨在通过合理合法的手段优化税收支出，以实现企业经济效益的最大化。在这一过程中，减少应纳税额是纳税筹划的核心目标，通过有效降低税负，企业能够在资源分配上获得更大的灵活性，从而提升整体竞争力。税收筹划不仅是财务优化的手段，更是一种企业与税法框架内的互动，体现出企业对资源配置与经济效益的精准把控。

延期纳税的目标基于货币时间价值理论，通过延长税款支付时间，企业能够在资金周转过程中获得更多经济收益。这一方式在一定程度上扩大了企业的资金使用周期，提升了其资金利用效率。通过合理的纳税延迟，企业可以在时间轴上实现更大规模的生产经营，进一步增强其市场表现力。延迟税款支付不仅增加了可操作的资金池，还为企业的长远规划和财务决策提供了有力支持。

控制税务风险也是纳税筹划中的重要环节。税务操作的合规性直接关系到企业的经济安全，通过严格遵守税法规定，企业能够有效规避税务处罚，并确保财务操作的透明和正当性。避免税务风险不仅关乎企业的短期收益，也有助于长期的财务稳健。通过精准筹划，企业在追求税务利益最大化的同时，能够确保法律风险的最小化，保障其持续发展的稳定性。

纳税筹划的另一个重要目标是实现外部经济效益。通过正确纳税，企业不仅能够避免不必要的处罚和声誉损失，还能够在品牌形象、财务核算等方面获得正向效应。纳税筹划带来的良好财务管理氛围和优化的经营环境，将为企业创造更多的外部经济价值，有助于提升其市场地位和公众认知。这种综合性的税务筹划方式不仅关注内部财务优化，还注重与外部经济因素的有机结合，推动企业在更广泛的经济环境中实现效益的最大化。

在纳税筹划过程中，企业不仅要注重节税目标的实现，还需考虑筹划过程中的多重因素，以确保综合效益的提升。

（三）纳税筹划的原则

纳税筹划作为企业财务管理的重要组成部分，必须遵循若干原则，以确保其合法性与有效性。

第一，合法性原则。合法性是纳税筹划的核心要求，所有相关活动必须在法律框架内进行。任何纳税筹划方案都应严格依据现行税法、财会法规和相关国家惯例，在全面了解税法的基础上，利用税法提供的弹性空间，进行合规且合理的税务安排。通过遵守法律规定，纳税主体不仅能够避免法律风险，还能确保税务管理的透明度与规范性。

第二，前瞻性原则。经济活动与纳税行为存在先后顺序，企业在进行经济活动之前，需根据已有的税法规定进行筹划，调整其经营或财务行为，以选择最优的纳税方案。预先筹划不仅能够确保税务安排的合理性，还可以帮助企业在经济活动中获取更大的经济利益。如果经济活动已完成且税务事项已确定，纳税筹划的时效性便失去意义，因此事前筹划是有效实施的前提条件。

第三，整体性原则。整体性强调纳税筹划应从企业全局角度出发，而非局限于个别税种或短期税务安排。企业在进行纳税筹划时，需同时考虑多个税种的综合影响，确保整体税负的最小化。纳税筹划的目的不仅在于降低某一时期的税负，还应与企业的长期发展战略相结合，考虑筹划成本与税务效益之间的平衡。通过将税务筹划与企业管理决策相结合，企业能够在降低税负的同时，实现整体效益的最大化。

第四，科学性原则。科学性要求纳税筹划具备严谨的逻辑性与系统性。制定纳税筹划方案必须基于全面、深入的调查研究，确保对税法和财会法规有准确理解。在此基础上，企业应运用科学的方法进行方案设计与筛选，确保所实施的筹划方案具有可行性和操作性。科学性原则不仅提高了筹划的有效性，也为企业提供了更加合理和高效的税务管理方案。

随着经济环境的不断变化和税法制度的逐步完善，纳税筹划已成为企业财务管理中不可或缺的一部分。企业通过合理的税务筹划，不仅能够降低税负，还能够提升自身的财务管理水平。在政府的正确引导下，企业的纳税筹划意识将会进一步增强，国家和企业将因此共同受益。

（四）纳税筹划的技术

纳税筹划技术是通过合理合法的手段，帮助纳税人减少税负的一系列方法与技巧。其本质在于在不违背税法规定的前提下，利用各种税收政策和制度为企业或个人设计最优的纳税方案。此类技术涵盖多种方法，从减免税技术、税率差异技术到分割、扣除、抵免等，各自具有不同的操作特点和适用条件。

第一，减免税技术。减免税技术是一种通过使纳税人获得法律规定的免税或减税资格，从而直接减少应纳税款的方式。其本质在于运用税收优惠政策，使特定的纳税人、行业或经济行为免于征税或享受减税待遇。减免税的实施通常结合国家的特定经济导向，既能减轻纳税人的负担，也能促进某些经济领域的快速发展。税法在提供严格规范的同时，也保留了一定的灵活性，确保政策实施的有效性。

第二，税率差异技术。税率差异技术主要通过利用不同税种、不同地区或行业间的税率差别来实现节税目标。不同税率的设置为纳税人提供了选择机会，使其能够根据自身经营或投资的实际情况，选择对自身最有利的税率区间，以最大限度地减少税收支出。税率差异技术不仅反映了税收制度的灵活性，也展现了税法对经济活动的引导作用。

第三，分割技术。分割技术在纳税筹划中扮演了重要角色，尤其在累进税率体系下具有显著的节税效果。通过将财产或所得在多个纳税主体之间合理分割，纳税人可以有效降低累进税率的适用级别，从而减少纳税基数，进而降低应纳税额。该技术在税收政策的框架内运作，通过分散税基达到减轻纳税负担的目的。

第四，扣除技术。扣除技术强调在法律允许的范围内，增加可扣除的费用或项目，从而减少纳税基数，以实现节税目标。其核心在于充分利用税法中关于费用扣除的条款，调整纳税人在不同计税期内的财务安排，以获取最佳的扣除效果。扣除技术不仅能够有效减少税负，还能够帮助纳税人更灵活地安排其经济活动，提高资金的使用效率。

第五，抵免技术。抵免技术是通过将已缴纳的税款或符合条件的支出从应纳税款中扣除，从而直接减少应缴纳税款的方式。其被广泛应用于跨境投资和鼓励性支出领域，确保纳税人在符合条件的情况下，能够最大限度地享受税收优惠政策，降低总体税负。这一技术在国际税收环境中尤为重要，有助于避免双重征税的负面影响。

第六，延期纳税技术。延期纳税技术通过延后税款的缴纳时间，帮助纳税人增加当前的现金流，缓解短期资金压力。尽管延期纳税并不会减少税款总额，但通过延长缴纳周期，纳税人能够获得无息的"贷款"，从而增强其资金的流动性和使用效率。这一技术不仅具有广泛的适用性，还能为企业的资金周转提供有力支持。

第七，退税技术。退税技术是通过申请退还已缴纳的税款，直接减少税负的方式。税务机关在特定条件下，向符合退税资格的纳税人退还部分税款，从而实现节税效果。退税政策通常涉及国家鼓励的行业或投资行为，具有较强的导向性，确保经济活动与国家发展战略相一致。

通过合理运用上述各类筹划技术，纳税人能够在符合税法规定的前提下，最大限度地优化自身的税务负担。这些技术可以单独使用，也可以综合运用，以达到节税效益的最大化。在实际操作中，企业和个人需要深入理解各类技术的具体运用规则，结合自身的经济状况和税务规划，制定出最优的纳税筹划方案。

二、消费税的检查方法

（一）生产销售环节中消费税的检查

消费税的计算方式主要分为从价定率和从量定额两种。其计税依据分别为应税消费品的销售额和销售数量。值得注意的是，对于同一货物，如果同时征收增值税和消费税，两者的计税依据应保持一致，这有助于确保税制的公平性与合理性。

1. 消费税征税范围的检查

消费税征税范围的确认是确保税款正确征收的关键环节，对其进行详细检查具有重要意义。消费税征税对象多为非生活必需的高档消费品，具有较强的政策导向性。根据相关法规，消费税的征税范围涵盖多个具体税目，每个税目还包括若干子目，涵盖烟、酒、化妆品、贵重首饰等品类。消费税通常在生产、委托加工及进口环节征收，属于价内税。其实施的目的是通过税收调控消费行为，调节市场资源分配，避免过度消费某些高档或奢侈品。

征税范围的检查主要涉及对纳税人经营业务的核查，以及应税商品是否符合相关规定。检查的核心在于确认商品是否应纳消费税，确保未被错分类为非应税商品或低税率商品。征税范围的确认不仅要求税务人员对税目及子目的详细了解，还需具备对商品特性的准确判断能力。对于某些具有特定性质的商品，检查时需特别关注其是否符合征税范围内的品类规定，防止通过改变商品名称或属性逃避税款。

纳税人可能通过将高税率商品计入低税率品类的方式减少税收负担，因此检查人员在核对应税收入时，需确保纳税人未故意压低高税率收入。由于消费税的征收与市场销售的多个环节密切相关，故税务机关在检查时不仅要对商品的属性进行鉴定，还需综合考量纳税人的实际经营情况。精准的征税范围确认不仅保障国家税收的完整性，也为市场经济的健康发展提供了政策支持。

2. 消费税计税依据的检查

一般在对消费税计税依据进行检查时，主要关注的内容包括应税货物的价格以及实物数量。计税依据的确定方式分为两类：一种是从价定率征收，依据应税消费品的销售额进行计算；另一种是基于应税消费品的实物数量。在从价定率征收模式下，应税消费品的销售额包括销售时向购买方收取的全部价款及相关收入，但需排除增值税部分，因为增值税属于价外税，它不应计入消费税的计税基础。因此，在计算消费税时，若销售额中包含增值税，需按照特定公式将其换算为不含增值税的销售额，以准确确定计税基础。具体换算公式如下：

$$\text{应税消费品的销售额} = \text{含增值税的销售额} \div (1+\text{增值税税率或征收率}) \tag{2-1}$$

在检查计税依据时，必须采用严谨的审查方法。计税依据的准确性直接关系到消费税的计算。纳税人在逃避税款时常采取隐瞒计税依据的手段，主要表现为隐匿应税收入。这些手段与增值税的逃税手段类似，如将应税收入不列入"收入"账户，而是挂在"往来"账户，或将应税收入直接冲减费用，甚至直接转入单位的"基金"账户。通过这些手段，纳税人企图减少应税收入的申报，从而降低税负。对于税务机关而言，准确识别和纠正这些隐瞒行为，确保计税依据的真实性和完整性，是维护税收公平性和实施有效税务管理的关键。

（1）连同包装物销售计税依据的检查。在实施从价定率方式征收消费税时，包装物的处理及其计税依据的检查显得尤为重要。按照相关规定，无论包装物是否单独计价，或者在会计核算中的处理方式如何，都应将包装物的销售额并入应税消费品的销售额进行消费税的征收。包装物如果仅作为押金收取且尚未逾期收回，不需并入应税销售额。然而，逾期未收回的包装物及已收取超过一年的押金，应纳入应税消费品的销售额，并按相应税率计算消费税。这一规定旨在防止包装物作为税收规避的工具，确保税收收入的准确性与完整性。

在实际操作中，纳税人可能会出于各种原因，将包装物收入未纳入计税销售额或会计核算中，这种行为可能源于对消费税政策的误解或故意规避。为确保税收的正确征收，必须对包装物销售的计税依据进行详细检查。

检查的核心步骤如下：

首先，确认包装物的销售方式，区分其是否与应税消费品一同计价或单独计价。若包装物与货物销售一同计价，则需要核对包装物在会计上的处理是否与销售额相符，并确保包装物的成本在"生产成本"或"销售费用"等账户中的记录真实。若包装物单独计价，应特别关注"其他业务收入"账户与销售业务是否一致，并核实"包装物"明细账的贷方金额与"其他业务成本"账户的借方金额的一致性。

其次，需要检查包装物是否按适用的消费税税率计算并缴纳消费税，尤其是对逾期未退还的押金及已收取时间超过一年的包装物押金的处理。通过核对应税消费品的对应项目和税率，确保未出现错误的税率应用情况。应对"其他应付款"明细账进行核查，确认是否存在未按照规定计算消费税的逾期包装物押金收入。

（2）计税依据的分类在消费税征收中占据重要地位。根据现行法规，自产的应税消费品如果用于连续生产其他应税消费品，则不需缴纳消费税。这一规定旨在鼓励企业进行再生产，促进经济发展。然而，如果自产应税消费品被用于其他用途，这种情况则被视同销售，其计税依据为同类消费品的销售额。因此，在进行消费税计算时，企业需准确判断自产应税消费品的用途，从而确保其合规性。

在某些情况下，企业可能面临销售额缺失的情形。如果没有同类消费品的销售价格，纳税人应按照组成计税价格进行纳税。组成计税价格的计算方法十分重要，它不仅包括成本和利润，还需根据适用的消费税税率进行调整。从价定率计算时，组成计税价格的公式如下：

$$组成计税价格 = 成本 + 利润 \div （1-消费税税率） \qquad (2-2)$$

其中，利润是基于全国平均成本利润率计算的，成本则指应税消费品的生产成本。

在实际操作中，核查重点在于验证纳税人是否将自产自用的应税消费品视同销售处理，并确认其账务处理的准确性。企业在会计中通常会冲减"产成品"或"库存商品"，但应根据市场销售价格或组成计税价格计算应纳税额。因此，若发现计算不符的情况，纳税人需要重新核算以确保税务的准确性。

企业应定期核对自用于其他方面的应税消费品的会计记账数量与金额，确保与相应的应税消费品出库数量和金额一致。这一核对过程不仅有助于维护企业的财务健康，也能确保在税务上做到准确无误，从而有效防范税务风险。通过这些措施，企业能够在确保合规的基础上，提升自身的经济效益，推动可持续发展。这一核对过程有助于确认业务的真实性和应纳税额计算的准确性，确保税收政策的有效实施和税务管理的规范化。

（3）在检查过程中，需对生产环节中外购已税消费品的抵扣消费税额进行审查。纳税人依据相关规定，针对已缴纳消费税的应税消费品进行抵扣，旨在通过此措施有效减少最终应缴纳的消费税。这一政策旨在避免对同一消费品征收重复的税款，从而减轻纳税人的税负。纳税人将外购的已税消费品用于生产后，按照规定，生产过程中产生的应税消费品在计算税额时，可以扣除这些外购已税消费品中已缴纳的消费税。

在实施这一政策时，确保抵扣操作的合规性和准确性至关重要。检查过程中需确认生产领用的外购已税原材料是否在可抵扣范围内。这一过程涉及将当期抵扣的已税原材料与相关单据如"进料单"和"出库单"进行核对，以确保所抵扣的材料符合规定的抵扣范围。

计算当期抵扣的消费税额也需谨慎。抵扣的税额应以实际生产的数量为基础，因此必须验证抵扣的计算是否准确。余额核对方法主要通过"期初结存数量 + 本期购进数量 – 期末结存数量"进行核对，这一过程要求与纳税人自身核算的相关数据进行比对，以确保核对的准确性。通过此核对过程，可以有效防止纳税人虚列生产领用数量，从而减少应缴税款的行为。同时，这种方法增强了税额的公正性，提高了税收管理的透明度，促进了税务管理的规范化与有效性。

（二）委托加工环节中消费税的检查

1. 检查内容及规定

应税消费品的征税范围应明确界定，涵盖由委托方提供原料和主要材料的产品。此类消费品的定义清晰，同时受托方仅收取加工费用及部分辅助材料费用，确保税收政策的合理性与公平性。在这种情况下，受托方并不提供主要原料，税务处理上应将其视为委托加工而非自制品。若受托方提供原料或以其他形式涉及原材料供给，则此类情况不适用于委托加工的税收政策，而应按照自制应税消费品处理。确保委托加工应税消费品与自制应税消费品的明确区分是必要的，以防止因受托方未按照规定处理税款而导致税收流失。

委托加工应税消费品与自制应税消费品在税负方面存在显著差异。通常情况下，委托加工应税消费品的税收负担低于自制应税消费品。这一现象主要源于两者计税价格的构成差异。委托加工应税消费品的组成计税价格中包含了利润，而自制应税消费品则不包括。这种计税价格的构成差异直接影响了最终的税收负担水平，进而对企业的整体成本结构产生重要影响。因此，企业在进行生产决策时，应充分考虑税负的差异。在税务检查中，确保对委托加工和自制品的税收范围进行准确划分和计算至关重要。

代收代缴消费税的主体确认同样关键。在符合委托加工条件的情况下，受托方应在交货时代收代缴消费税。若受托方未履行代收代缴义务，则会根据税法规定承担相应法律责任。为了强化对代收代缴税款的管理，相关政策规定，若受托方未按照规定代收代缴税款，委托方需要补缴税款，并按规定处理罚款。这一政策体现了税收管理中的源头控制原则，旨在避免税款流失。

在组成计税价格及应纳税额的确认方面，税法要求按照受托方同类消费品的销售价格进行计算。该价格应基于当月的销售数据，如果销售价格波动较大，则应使用加权平均价格。在没有销售价格的情况下，则需使用组成计税价格计算。组成计税价格的计算公式明确了材料成本和加工费的组成，以确保税额计算的准确性。材料成本应基于委托方提供的实际成本，而加工费则包括所有受托方向委托方收取的费用（不包括增值税）。对这些费用的详细记录和准确申报是保证税务合规的基础。

对于委托加工收回的应税消费品，其已纳税款可以在连续生产中进行抵扣。税法允许将委托加工收回用于连续生产的应税消费品的已纳税款从应纳税额中抵扣，这一规定有助于避免重复征税，保障纳税人的合法权益。

2. 检查方法

在委托加工环节的消费税检查中，确保税务合规涉及以下重要方面：

（1）在开展加工业务之前，企业需首先确认其业务符合相关税法规定。这一过程要求审查加工合同，以核实原材料的来源。当原材料由受托方提供时，该业务应视为自制货物销售，按照自制品的规定处理，并需征收消费税。这一条款不仅保护了税收的完整性，还确保了市场的公平竞争。如果企业未能遵循此规定，可能会面临罚款和税务风险。因此，企业在签订合同和开展业务之前，应确保对原材料的来源有充分的了解和明确的书面记录，以避免后续的税务问题。

（2）在确认业务符合税法规定后，企业还需对计税依据的准确性进行详细检查。首先，应核查代收代缴消费税的计税价格，确保加工材料的成本计算准确无误。这包括比对委托方拨付的材料登记数据与实际计税价格，确保核算的透明性和合规性。如果缺乏同类消费品的市场价格，企业应依据组成计税价格进行计算，以保证计税基础的合理性。这一过程不仅有助于减少因数据错误引起的税务争议，也确保企业在纳税时具备充分的依据和合理性，从而维护自身合法权益。

（3）在核查完计税依据后，企业还需确保计算应纳税额的正确性。这包括核查"委托加工物资""生产成本"和"应交税费"的明细账目，以便全面了解企业的税务状况。此外，企业需确保已纳税款能够正确扣除，防止出现重复征收消费税的情况。通过细致的账务核查，企业可以清晰掌握税务负担，从而合理规划财务和税务策略，避免因不当操作导致的额外费用和法律风险。这不仅提升了企业的财务透明度，也有助于提高其市场竞争力。

（4）企业在代收代缴消费税的过程中，还需对相关核算进行全面检查。在会计处理中，消费税应从收入中扣除，确保收入的真实性与准确性。同时，受托方代收代缴的消费税与外购已税消费品的税务处理方式有所不同。企业需确保对已税消费品的会计处理准确合规，消费税的计入与核算必须符合规定。这一措施不仅是维护企业合法权益的必要手段，也为企业在复杂的市场环境中提供了稳定的财务基础。通过严格的核算制度，企业可以更好地应对税务审计和市场变化，实现可持续发展。

（三）进口环节消费税的检查

1. 检查内容及规定

确保消费税的正确计算和缴纳是税务管理中的核心任务，尤其是在海关代为征收进口应税消费品的消费税方面。根据相关规定，进口人或其代理人在报关时必须向海关申报并缴纳应缴税款。具体而言，消费税款应在海关填发税款缴纳书之日起15日内完成缴纳，以确保税务合规和资金及时到位。

在计算应纳消费税时，有两种主要的计算方式：从价定率和从量定额。

从价定率的计算公式为：应纳税额等于组成计税价格乘以消费税税率。其中，组成计税价格的计算为：（关税完税价格＋关税）÷（1－消费税税率）。而从量定额的计算方式则是应纳税额等于应税消费品数量乘以消费税单位税额。

在实际操作中，海关允许同时适用这两种计算办法，以确保税款的准确征收。具体计算方式为：（关税完税价格＋关税＋进口数量×消费税定额税率）÷（1－消费税税率），然后再乘以消费税税率，从而得出应纳税额。这种灵活的计算方式有效保障了不同类型应税商品的税负公平性。

对于进口卷烟等特定商品，其消费税的计算又有所不同。卷烟的组成计税价格为：（关税完税价格＋关税＋定额消费税）÷（1－消费税税率），随后再以此计算出应纳税额。因此，准确掌握这些计算方法和申报要求，能够帮助相关企业和个人更好地遵循税收法规，避免因误算而导致的税务风险，推动税收管理的高效与透明。

2. 检查方法

在进口环节，检查应纳消费税的过程涉及对进口货物的应税范围及其应缴纳税额的审查。审查的首要任务是确认进口货物的应税范围。应对纳税人进口的货物进行详细核对，以确保申报内容的准确性和完整性，防止隐瞒真实情况或漏报应税项目。为此，需要参照消费税的税目及税率表，检查申报的具体货物是否符合应税范围的要求。

对进口货物应缴纳的消费税额的核查，则要求对报关单及相关单据进行详细审阅。核对进口货物的买价、运输费和保险费等费用，确保所有应计入关税完税价格的支出被正确计算，并且不应计入完税价格的支出未被错误地纳入计算中。在检查过程中，应特别注意关税和消费税组成计税价格的计算，确保税率的应用准确无误。对比核定的数据与纳税人提供的数据，验证是否存在差错。

（四）零售环节中消费税的检查

1. 检查内容及规定

在零售环节中，消费税的检查内容及规定主要集中在对金银首饰等特定货物的管理上。根据现行法规，金银首饰的消费税由生产销售环节转至零售环节征收，旨在简化税收管理并优化税收征管结构。

在零售业务的定义上，金银首饰零售业务涵盖了向未获中国人民银行批准的单位和个人销售金银首饰的活动。该定义还包括一些视同零售的情形，如为非经营单位提供金银首饰的加工服务，或将金银首饰用于广告、样品、职工福利等非销售性质的活动。特别地，未经批准的金银首饰批发业务也应视同零售进行消费税征收。

在金银首饰的批发与加工业务中，相关单位需严格遵循证件要求。首先，获得中国人民银行批准的单位在销售或加工金银首饰时，必须保留"经营金银制品业务许可证"的影印件，以及"金银首饰购货（加工）管理证明单"，以备税务检查。这些证件的缺失将导致单位在零售环节被征收消费税，增加运营成本。此外，兼营生产、加工、批发及零售的单位，应分别核算各环节的销售额，确保业务透明度与合规性。若未能清晰地进行核算，单位将被视同于零售商，并面临按照零售环节征收消费税的后果。这些要求不仅保障了行业的规范发展，也促进了市场的健康竞争。

2. 检查方法

（1）在对以旧换新及翻新改制业务的消费税检查中，首先需审查纳税人的主营业务收入、库存商品及其他业务收入的相关明细账。这一步骤不仅能够清晰了解企业的经营状况，还能为后续的消费税核查提供基础数据。接下来，检查金银首饰零售发票是确认消费税申报与缴纳是否合规的重要环节。通过对发票的细致核对，审计人员能够及时发现纳税人是否存在申报漏缴的问题。同时，检查其他应付款和销售费用的明细账，可以确认加工费是否未申报消费税，这样的检查有助于进一步梳理企业的财务状况，防范税务风险。最后，应核定应纳税额与自行申报的对比，查找少缴消费税的问题，并按照会计处理规定，妥善处理以旧换新商品的相关会计科目，从而确保企业在此业务中的合法合规经营。

（2）针对带料加工业务的真实性检查，首先需对比原材料、生产成本及其他业务收入的明细账与会计凭证，确保信息的一致性与准确性。通过对比，审计人员能够有效识别出潜在的税务风险及不合规行为。同时，检查计税依据的准确性也至关重要，这不仅包括近期同类金银首饰销售价格的资料验证，还涉及对市场行情的深刻理解。在此过程中，审计人员需要保持警惕，确保所有原材料和加工成本均已如实申报，防止因不准确的计税依据导致的税务损失。最终，通过全面的真实性检查，能够有效维护市场的公平竞争环境，保护消费者和纳税人的合法权益。

（3）在检查馈赠、赞助等行为的过程中，审查库存商品明细账户是第一步，需确认馈赠和职工福利的消费税申报是否合规。这一环节直接影响到企业的税务成本和合规性，因此，审计人员必须对相关账目进行深入分析。同时，核对应付职工薪酬、管理费用等明细账，验证计税价格的准确性，也是确保消费税申报合规的重要措施。通过对馈赠及职工福利的检查，企业能够更加清晰地了解自身在消费税申报中的合规性，从而降低因违规而产生的税务风险。此外，审计人员在此过程中应当关注企业的整体财务管理水平，以提高其经营透明度，推动企业健康发展。

（4）在成套金银首饰销售行为的检查中，审计人员需重点关注纳税人是否存在成套金银首饰的销售，并深入专柜了解实际情况。这一环节的关键在于对销售模式及相关业务流程的全面了解，确保企业在成套销售中的消费税申报与缴纳是合法合规的。审查主营业务收入明细账和销售发票，可以有效确认消费税的申报与缴纳是否合规。通过细致的检查，审计人员能够识别出潜在的税务问题，及时提出改进建议。同时，企业在进行成套金银首饰销售时，需加强对相关税务法规的学习与遵守，确保销售行为的合规性，为企业的可持续发展打下坚实基础。

（5）针对旅游企业零售金银首饰的消费税检查，确保销售收入的会计处理正确是首要任务，所有销售收入应准确记入主营业务收入。审计人员需重点关注应纳税额的计算与收入的隐瞒，确保未遗漏应缴纳的消费税。通过对销售收入的全面审查，能够有效识别企业在消费税申报中的潜在风险，防止因信息不对称导致的税务问题。此外，旅游企业在销售金银首饰时，需关注消费税法规的变化，及时调整内部控制和财务管理流程，以保障企业的合法经营和税务合规。通过完善消费税检查机制，旅游企业不仅能提升自身的合规水平，还能增强市场竞争力，为其未来的发展奠定基础。

第四节 消费税对居民消费结构与税收均衡的影响

一、消费税对居民消费结构的影响

消费结构是指在一定时期内，居民消费中各类商品和服务的支出比例及其相互关系。它是居民消费行为的直观反映，也是衡量居民生活水平和消费质量的重要指标。消费结构的分类通常基于商品和服务的性质、用途以及消费的目的。消费结构可划分为生存型消费、发展型消费和享受型消费三大类。生存型消费主要包括食品、衣着和住房等基本生活需求；发展型消费涉及教育、医疗保健等服务，旨在提高居民的人力资本和社会地位；享受型消费则包括旅游、娱乐等非必需品，反映了居民对生活品质的追求。消费结构还可以根据消费的频率和时效性，进一步细分为日常消费、耐用消费和奢侈品消费等。①

当前，我国城镇居民消费结构呈现出以下特征：一是随着经济的持续增长和居民收入水平的提升，城镇居民的消费结构正逐渐由生存型消费向发展型和享受型消费转变；二是服务性消费的比重逐年上升，反映出居民对生活质量的更高追求；三是消费升级趋势明显，健康、环保、智能化等新兴消费领域迅速发展；四是城镇居民消费结构的区域差异依然存在，东部沿海地区与中西部地区在消费水平和消费模式上存在显著差异。

消费税作为一种重要的间接税种，在调节消费行为、引导消费结构优化方面发挥着重要作用。以下主要从消费税对消费选择的直接影响、消费税对消费者价格敏感度的影响，以及消费税对消费升级与结构优化的间接

---

① 周倩宇. 消费税对城镇居民消费结构的影响[D]. 济南：山东财经大学，2024：10-17.

效应三个方面进行详细探讨：

第一，消费税对消费选择的直接影响。消费税的征收直接增加了特定消费品的价格，从而对消费者的购买决策产生影响。根据经济学原理，商品的价格与其需求量之间存在负相关关系，即价格上升，需求量下降；价格下降，需求量上升。消费税作为一种价格工具，通过提高特定商品的价格，可以有效地抑制对这些商品的需求，促使消费者转向其他未征税或低税率的商品。例如，对烟草和酒精类商品征收较高的消费税，可以减少这些商品的消费，从而保护消费者的健康。对环保产品给予税收优惠，可以激励消费者选择更环保的商品，促进绿色消费。

第二，消费税对消费者价格敏感度的影响。消费者对价格变化的敏感程度，即价格弹性，是影响消费税效果的重要因素。一般来说，消费者对必需品的价格变化较不敏感，而对奢侈品和非必需品的价格变化较为敏感。消费税的征收可以通过提高商品价格，增加消费者对价格的敏感度，从而引导消费者减少对高税率商品的消费，转向低税率或免税商品。这种价格敏感度的变化，不仅影响消费者的即时购买决策，还可能改变消费者的长期消费习惯，促使其形成更为理性和可持续的消费模式。

第三，消费税对消费升级与结构优化的间接效应。消费税通过影响消费者的购买力和消费偏好，间接促进消费结构的升级和优化。首先，消费税可以调节收入分配，通过对高收入群体的消费行为征税，减少其购买力，从而降低社会总体的消费水平差距。其次，消费税可以促进产业结构调整，通过对某些行业或商品征收较高的消费税，抑制这些行业的过度发展，同时鼓励其他行业的发展，从而优化产业结构。此外，消费税可以促进技术创新和产品升级，通过对低质量、高污染商品征收较高的消费税，激励企业提高产品质量，减少环境污染，推动产业向更高端、更环保的方向发展。

综上所述，消费税作为一种有效的经济政策工具，通过影响消费者的购买决策、价格敏感度以及消费结构的升级和优化，对城镇居民的消费行为和消费结构产生重要影响。政府应合理设计和调整消费税政策，以实现促进消费结构合理化、保护消费者健康、促进经济发展等多重目标。

二、消费税对税收均衡的影响

税收均衡是指在一定时期内，各地区或各税种之间的税收负担和税收收益保持相对平衡的状态，是实现区域经济协调发展和财政公平的重要保障。探讨消费税对税收均衡的影响，分析消费税改革如何通过调整税收结构、优化税收分配、促进区域经济发展等方面，可以对税收均衡产生积极作用。[1]

首先，消费税的调整直接影响税收结构。消费税作为一种间接税，主要针对特定消费品征收，其税基广泛且具有明显的行业和产品特征。通过调整消费税的税率、税目和征收环节，可以有效调节税收结构，使之更加合理和公平。例如，提高对高污染、高能耗产品的税率，不仅能够促进环境保护和资源节约，还能够通过税收杠杆引导消费者行为，优化消费结构，进而影响税收收入的分布，减少税收负担在不同地区、不同行业之间的不均衡。

其次，消费税改革有助于优化税收分配。在现行的分税制下，中央与地方税收收入的分配比例往往固定，这可能导致地方政府在经济发展和公共服务提供上的财政压力。通过将部分消费税收入下划地方，可以增加地方政府的财政收入，提高其财政自主性，从而更好地满足地方公共服务的需求，促进区域经济的均衡发展。消费税收入的下划还能够缓解地方政府对其他税种的依赖，降低地方政府在税收征管上的过度竞争，有利于形成公平合理的税收环境。

再者，消费税改革对促进区域经济发展具有积极作用。税收政策是政府调控经济的重要手段之一，通过调整消费税政策，可以有效地促进区域经济结构的优化和产业升级。例如，对新兴产业和高科技产品给予税收优惠，可以激励企业加大研发投入，推动技术创新和产业升级，提高区域经济的竞争力。消费税政策的调整还能够促进资源在不同区域之间的合理流动，通过税收优惠吸引投资，促进落后地区的经济发展，缩小地区间的经济差距，实现税收均衡。

---

[1] 陈佳豪. 消费税改革对我国地区税收均衡的影响研究 [D]. 南昌：江西财经大学，2022：11-23.

然而，消费税改革在促进税收均衡的同时，也面临一些挑战。例如，消费税的征收环节后移可能会增加税收征管的难度，对税务机关的征管能力提出更高要求；消费税收入的地区间分配可能受到地方消费水平和产业结构的影响，需要综合考虑各种因素，制定合理的税收分配机制。因此，在推进消费税改革的过程中，需要加强税收征管能力建设，完善税收法律法规，确保税收政策的公平性和有效性。

在实施消费税改革时，应充分考虑各种因素，采取综合措施，以实现税收均衡的目标。通过合理的税收政策设计和有效的税收管理，消费税改革有望成为推动我国税收均衡和区域经济发展的重要力量。

第三章 多维视角下的消费税改革研究

第一节 "双碳"目标背景下消费税改革路径研究

一、"双碳"目标背景下消费税的相关概念与理论基础

（一）相关概念界定

1. "双碳"目标的概念

"双碳"目标即碳达峰与碳中和，这是我国绿色发展战略的核心内容。碳达峰意味着到 2030 年，国家碳排放总量将达到历史最高点后不再增长，而碳中和则指到 2060 年，通过各种措施实现碳排放与碳吸收的平衡，达到净零排放状态。实现"双碳"目标，对于推动经济结构的绿色转型、促进环境质量的持续提高，以及实现可持续发展具有重大意义。

在实现"双碳"目标的过程中，税收政策作为一种有效的调控手段，发挥着至关重要的作用。通过对化石能源产品征收消费税，可以有效提高其市场成本，抑制消费者对这些产品的过度需求，从而减少碳排放。引导消费者形成低碳消费习惯，也是减少碳排放的重要途径。通过税收优惠等激励措施，鼓励消费者选择低碳、环保的产品与服务，有助于形成绿色消费模式。

提升碳汇能力是实现"双碳"目标的另一关键途径。森林等自然生态系统作为重要的碳汇,通过吸收和储存大量的二氧化碳,对缓解气候变化具有不可忽视的作用。因此,通过税收政策保护和合理利用森林资源,减少对森林资源的不合理开发和消耗,对于增强碳汇功能、促进碳中和具有积极影响。

2. 绿色发展理念

绿色发展理念作为推动经济社会发展的重要原则,其核心在于实现经济增长与生态环境保护的和谐共生。该理念的提出标志着我国对传统发展模式的深刻反思与超越,强调在发展过程中充分考虑资源环境承载能力,倡导低碳、循环、可持续的发展路径。

在绿色发展理念指导下,产业结构的优化升级与绿色转型成为关键。通过政策引导和市场机制的双重作用,促进产业向高效率、低消耗、少排放的方向发展,构建绿色低碳循环发展的经济体系。建立和完善绿色发展的体制机制,为绿色转型提供制度保障,包括法律法规、标准体系、政策支持等,形成有利于绿色发展的长效机制。

绿色生活方式的倡导和实践,是绿色发展理念的另一重要方面。通过提高公众环保意识,鼓励和引导消费者选择绿色产品,减少资源浪费,实现消费模式的绿色转型。这种转型不仅体现在生产领域,也扩展到消费端,推动绿色发展理念在社会各个层面的深入实施。

绿色税收制度的建设,是实现绿色发展理念的重要经济手段。绿色税收通过税收杠杆,调节经济活动对环境的影响,促进资源的合理利用和环境保护。在狭义上,绿色税收是指为环境保护目的而设立的税种;在广义上,它包括了更广泛的税收政策和措施,旨在解决环境问题,支持可持续发展。

当前,我国的绿色税收体系以环境保护税为核心,辅以消费税、资源税、城镇土地使用税等其他相关税收政策,共同构成促进绿色发展的政策框架。消费税在这一体系中扮演着重要角色,通过对特定消费品征收税费,引导消费者行为,抑制过度消费和资源浪费,推动绿色消费模式的形成。

因此,进一步优化消费税制度,对于完善绿色税收体系,推动绿色发展具有重要意义。通过调整消费税的征税范围、税率和优惠政策,可以更有效地引导消费者选择环保产品,促进绿色消费,为实现绿色发展理念提供坚实的税收政策支持。

(二)理论基础框架

1. 公共物品理论的现代运用

公共物品理论在现代经济学中占据着核心地位,其研究揭示了公共物品与私人物品在消费特性上的根本差异。公共物品的两大核心特性——非竞争性和非排他性,为理解和分析公共资源的供给、消费和管理提供了理论基础。

非竞争性是指新增消费者对公共物品的享用不会降低其他消费者对该物品的享用程度,即边际成本趋近于零。非排他性则表明公共物品的消费难以排除未支付者的使用,即任何人都能享用该物品。基于这两大特性,公共物品可以被细分为纯公共物品、混合公共物品和私人物品。纯公共物品同时具备非竞争性和非排他性,而混合公共物品仅具备其中之一的特性,私人物品则同时具有竞争性和排他性。

生态环境作为典型的公共资源,其非排他性和非竞争性特征使其成为社会成员共享的公共物品。这种共享性质意味着所有社会成员无论其贡献如何,均可享受生态环境带来的益处。然而,这种特性也容易导致"搭便车"问题,即个体在不承担相应责任的情况下享受公共资源,从而可能引发资源的过度使用和环境的破坏。

在市场机制无法有效提供公共物品时,政府的介入便成为必要。政府可以通过征税等手段,增加公共物品的使用成本,以减少资源浪费和环境污染。税收政策不仅能够调节个体和企业的行为,促进资源的合理利用,还能为政府提供必要的财政收入,以支持公共物品的供给和管理。

政府在提供公共物品的过程中,还需考虑到公平性和效率性原则,确保公共资源的合理分配和有效保护。通过制定和实施相关政策,政府能够引导社会成员形成环保意识,促进可持续发展。

2. 外部性理论与市场调节

外部性理论是经济学中分析市场行为对第三方影响的重要工具。在市场经济体系中，个体或企业在追求自身利益的过程中，可能会产生对其他社会成员有利或有害的外部效应。这类效应如果不被内部化，即不纳入生产成本或收益中，将导致资源配置的非效率化，进而影响社会福利。

正外部性与负外部性是外部性的两种基本类型。正外部性是指经济行为给第三方带来的额外利益，负外部性则指给第三方带来的额外成本。在存在负外部性的情况下，如环境污染，私人边际成本低于社会边际成本，导致过度生产和资源的不合理使用。市场在这种情况下无法自行调节以达到社会最优，因此需要政府介入以纠正市场失灵。

庇古税是针对负外部性问题的一种政府干预手段，由英国经济学家庇古提出。庇古税的征收旨在使私人成本与社会成本相等，通过税收机制使污染者承担其行为的全部社会成本。这种税收的实施有助于减少负外部性的影响，促进资源的有效配置，提高社会福利。

在实现"双碳"目标的过程中，税收政策尤其是消费税扮演着关键角色。消费税通过对特定消费品的征税，可以影响消费者行为，抑制对环境有害产品的消费，同时鼓励环保产品的消费。这种税收的非中性特性使其成为推动绿色消费、促进环境保护的有效工具。

3. 双重红利理论的经济效用

双重红利理论在环境税领域的应用，旨在通过税收政策实现环境质量提高与经济增长的双重目标。该理论认为，通过对污染行为征税，不仅可以减少污染排放、保护环境，还可以通过税收收入的合理使用，降低其他税收的扭曲效应，促进经济效率和社会福利的提升。

在实施环境税时，第一重红利体现在环境质量的提高上。通过对污染排放征税，可以内化外部成本，激励企业和个人减少污染行为，从而降低环境污染，实现环境的可持续性。第二重红利体现在经济效率的提升上。环境税的收入可以用于减少劳动和资本的税收负担，从而激励更多的劳动供给和资本投资，促进经济增长和就业创造。

消费税作为绿色税收的一种形式，同样具有双重红利效应。通过对特定消费品如高耗能、高污染产品征收消费税，可以引导消费者选择更加环保的产品，减少对环境的负面影响。消费税的收入可以用于支持环保项目、补贴清洁能源和公共交通等，进一步促进绿色经济的发展。

在推进"双碳"目标的过程中，税收政策特别是消费税的改革，可以发挥重要作用。通过优化消费税的征税范围和税率，可以更好地引导消费行为，促进资源的合理配置和环境的保护。税收政策的调整也需要考虑到社会公平和经济效率的平衡，确保税收改革的顺利实施和社会的广泛接受。

二、"双碳"目标背景下完善消费税的改革建议

（一）国际经验在消费税顶层设计中的应用

在推动经济绿色转型和实现可持续发展的背景下，国际社会广泛采纳绿色税收政策，其中消费税作为关键的税收工具，对促进绿色生产和消费具有显著作用。特别是经济合作与发展组织国家的实践，为我国消费税体系的优化提供了宝贵的参考。

1. 扩大消费税的绿化范围

全球范围内，消费税的征收范围正逐步扩展，以适应环境保护和气候变化应对的需求。在税基设置上，各国趋向于将更多环境敏感型产品纳入征税范围。我国在能源税目方面，仅对成品油征税，而对煤炭、天然气等关键能源产品尚未征税，这限制了税收政策在环境保护方面的潜力。借鉴国际经验，我国应考虑将更多高污染、高耗能产品纳入消费税征收范围，以促进环境保护和可持续发展。

2. 优化消费税的计税方式

在计税方式上，一些发达国家采用价外税模式，使消费者能够清晰地感知税负，从而更有效地调节消费行为。我国消费税采用价内税形式，税款隐含在商品价格中，降低了消费者对税负变化的敏感度。为了更好地实现绿色发展目标，我国应考虑从价内税向价外税转变，提高税收政策的透明度和调节效果。

3. 借鉴消费税的专款专用制度

国际上许多国家实施了消费税的专款专用制度，将特定税收收入直接用于解决相关环境和社会问题。这种策略不仅提高了资金使用效率，还增强了政策的针对性。我国可以借鉴这一做法，通过设立专项基金，将部分消费税收入专门用于环境污染治理和资源节约项目，以强化消费税在环境保护方面的功能。

（二）消费税税收要素的优化路径

在推动经济绿色转型和实现"双碳"目标的背景下，优化消费税税收要素是实现环境与经济协调发展的重要策略。通过调整消费税的征税范围、税率、征税环节和计税方式，可以更有效地引导消费者和生产者的行为，促进资源的合理利用和环境保护。

1. 扩大绿色税目和征税范围

为了更有效地限制高碳排放和高耗能的消费行为，应考虑将更多环境敏感型产品纳入消费税的征税范围。这包括扩大对能源产品的课税范围，如将煤炭和电力产品纳入征税对象，以减缓资源消耗和碳排放。将一次性塑料用品等高污染消费品纳入征税范围，通过增加使用成本，降低其使用率，促进环境保护和绿色消费。

2. 提高绿色税目的税率和合理划分税率级次

针对部分税率偏低的消费品，应适当提高税率，以更好地发挥消费税的调节作用。对税率结构不合理的消费品，应合理划分税率级次，以反映其对环境的实际影响。例如，对成品油和卷烟等产品，应根据其对环境的影响程度设定差异化税率，以促进绿色生产和消费。

3. 调整征税环节

考虑将部分消费品的消费税征税环节后移至批发或零售环节，以提高消费者对消费税的感知度，引导消费者进行绿色消费。调整消费税的归属问题，将部分消费税收入作为中央和地方共享税，以增加地方政府的财政收入，促进地方绿色经济发展。

4. 改变计税方式

将消费税由价内税改为价外税，使消费者能够明确感知税负水平，从而做出更合理的消费决策。这种透明的计税方式有助于提高消费者对税收政策的理解和支持，促进消费税发挥其绿色职能，实现环境保护和可持续发展的目标。

（三）构建协同效应的绿色税收体系

在推进生态文明建设和实现绿色发展战略的背景下，构建一个全面且协调的绿色税收体系显得尤为重要。消费税作为该体系中的关键税种，其优化与完善对于促进资源节约和环境保护具有显著影响。为了加强消费税与其他税种的协调配合，本书提出以下建议：

1. 多税种共治的绿色税收体系构建

目前，我国绿色税收体系以环境保护税为核心，辅以消费税、资源税、城镇土地使用税等多元化税种，形成了一个综合性的税收政策框架。环境保护税通过直接对企业污染行为进行限制，激励企业采取绿色生产方式，优化产业结构。资源税的征收旨在促进资源的合理利用和保护，而在"双碳"目标背景下，将具有显著固碳效果的自然资源纳入税收征收范畴，为碳汇资源的保护提供了税收支持。车船税通过税收优惠政策鼓励新能源汽车的使用，引导消费者形成低碳、绿色的出行习惯。

2. 多策略组合的绿色税收体系优化

绿色税收体系的优化不仅依赖于单一税种的改革，还需要多策略地组合使用。企业所得税中的税收优惠政策可以激励企业采取环保措施，促进绿色发展。增值税中对清洁能源项目的即征即退政策，有效推动了清洁能源的高效利用和污染治理。这些税收政策与消费税等税种的协调配合，共同助力经济的绿色转型，为实现碳达峰和碳中和目标提供支持。

第二节　调节功能视角下消费税征税范围改革

一、消费税调节功能和理论基础

（一）消费税调节功能的作用

消费税在我国税制结构中占据着重要地位，其作用不仅在于有效组织财政收入，还能调节和优化消费结构，纠正产品带来的负外部性。通过调节收入分配，消费税有助于实现更公平的社会财富分配。同时，它引导产业结构升级，促进经济高质量发展。消费税的特殊调节功能使其在税种中独树一帜，为政府提供了灵活的手段来应对经济变化，从而增强财政政策的针对性和有效性。

1. 引导健康消费作用

消费税作为一种重要的经济调控手段，可以体现我国产业、消费等方面的政策导向。对某些特定消费品征税，可以显著影响生产者和消费者的经济利益，从而促使他们调整自己的行为。通过这种方式，才能真正实现对社会生产和消费的调控。实践中也发现，消费税的实施可以促使生产者提高生产效率、降低成本，推动产业升级和结构调整。

国家税务部门对不同的商品征收不同税率的消费税，从而对市场行为产生一定的调节作用，以体现其强制性和公平性。这是因为消费税的征税对象往往是非生活必需品，这些商品需求弹性较大，因此消费税的征收可以有效地引导消费者的消费行为、抑制过度消费，同时也有助于调节市场供需关系。因此，征收消费税不仅能在一定程度上引导消费方向，还有助于调整消费规模。

2. 矫正负外部性作用

在市场经济体系中，负外部性问题是一个不容忽视的经济现象。负外部性是指个体或企业在生产或消费过程中,对第三方造成的损害,而这种损害并未在市场交易中得到适当补偿。为了解决这一问题,税收政策尤其是消费税的运用,被证明是一种有效的经济调节工具。

消费税通过提高某些商品的价格,不仅能够反映这些商品的真正社会成本,还能够激励消费者和生产者改变其行为,从而减少对环境和社会的负面影响。这种税收政策的实施,实际上是对市场失灵的一种纠正,它通过增加那些产生负外部性商品的成本,促使市场参与者在决策时考虑到这些外部成本,进而促进资源的有效配置。

3. 调节收入分配作用

在市场经济环境下,因个人所占有资源比例差异导致不同的收益回报和利润水平,从而会导致过度不平等的收入分配。这不仅会给社会的安定带来威胁,也会对经济发展效益形成阻碍,有可能严重损害到整个经济体系。为了缓解这一问题,政府往往采取征收税收的方式,来调整人们的收入结构。通过提高高收入者的税收负担,可以推动更公正的社会收入分配。

消费税作为一种间接税种,对于平衡收入分配及减少贫富差距也具有显著效果,但其调节收入分配的作用相对较弱,因为它选择性地对消费品征税。首先,通过征收消费税的方式避免对满足基本生活需求的商品征税,这对确保低收入人群的基本生存条件产生了有利的效应;其次,针对一些高端奢侈品,如高级化妆品等实行较高的税收政策,从一定程度上来说,这种做法有助于调整社会的财富分配结构。部分消费税所得可以用于补贴财政支出,以此来减少贫富间的经济鸿沟,进而增强其在调节收入分配上的影响能力。

(二)消费税调节功能的理论基础

1. 税负转嫁理论基础

税负转嫁是指把一部分或者全部税费转移给其他方的经济行为。依据税负转移的路径,可以将其划分为向前、向后、混合转嫁以及消转,还有就是税收资本化。其中,向前转嫁是指纳税人提升产品定价,使其承担了更多的税务负担;向后转嫁则是纳税人下调采购成本,让销售商去承受税务压力；混合转嫁意味着企业既提高了产品的购买价格又压低了出售的价格，也就是前面提到的两种方式都发生了；税收资本化代表着纳税人预先支付未来的税金，以此减轻自身的税务负担。

通常情况下，如果商品价格或是工资水平有所波动，那么像增值税这样的间接税就更容易被纳入税务负担之中，但对于由所得税构成的直接税来说，这种情况就不太可能出现。因此，就消费税来说，主要是借助消费者的消费习惯及购物方式来实现税务负担的转移，这也是消费税调控功能的关键所在。

2. 税收效应理论基础

税收效应是指国家通过征税所达到的社会效果。传统的经济学主张税收应保持中立，仅用于满足国家的公众需求，反对税收干预市场。需要注意的是，这种税收中立的假设是在市场完全自由竞争的基础上成立的，实际情况是，在现代市场经济中，企业的最终目标是为了达到利润最大化，消费者的目标也为了获取最大的利益，国家在运用税收政策进行干预时，将会影响企业及消费者的有关决定。所以，税收并非绝对中立，从某种程度来说是"非中立"的，这种观点实际上是对税收经济效果进一步认识的深化。

根据税收对消费者选择和生产者决策的影响，任何税收对经济的影响都可分为收入效应和替代效应。税收的收入效应是指纳税人的消费量或消费水平，因税收导致的收入水平下降而减少，但两者的数量组合没有变化。替代效应是指当政府区分应税商品和非应税商品、高税率商品和低税率商品时，会影响商品的相对价格，使纳税人减少购买应税商品和高税率商品，增加购买非应税商品和低税率商品。

3. 外部性理论基础

外部性理论作为分析市场行为与社会福利之间关系的重要工具，其价值在现代经济体系中日益凸显。该理论源于对市场机制中个体行为与社会整体利益不一致现象的观察，旨在解释和解决市场失灵问题。外部性理论的核心在于识别和评估个体经济活动对第三方产生的非市场交易影响，这些影响可能正面也可能负面，对资源配置效率和社会福利产生深远影响。

市场参与者在追求个体利益最大化的过程中，可能会忽视其行为对外部环境和社会福利的影响。这种忽视导致市场机制无法完全反映所有相关成本和收益，从而产生市场失灵。在这种情况下，政府的介入被视为一种必要的调节手段，通过税收、补贴或其他政策工具，调整市场参与者的行为，以促进资源的有效配置和社会福利的最大化。

对于正外部性，即个体行为带来的社会福利增加，政府通常采取较为宽松的态度，因为这种影响有助于提高社会整体的福利水平。对于负外部性，即个体行为对社会福利产生的负面影响，政府的干预就显得尤为重要。通过征收税费或实施其他政策措施，政府能够促使生产者和消费者承担其行为的全部社会成本，从而纠正市场失灵，引导市场向更加公平和有效的方向发展。

外部性理论的应用不仅限于经济政策的制定，它还为理解市场与政府之间的关系、评估经济活动的社会影响，以及设计有效的经济激励机制提供理论基础。通过对外部性理论的深入研究，可以更好地理解经济活动中的复杂互动，为实现经济的可持续发展和社会福利的全面提升提供科学指导。

二、调节功能视角下消费税征税范围的优化策略

（一）加强健康消费引导策略

1. 烟酒类产品税收政策的持续强化

烟酒类产品的税收政策是全球范围内普遍采用的公共政策工具，旨在通过经济手段减少烟酒消费，降低由此带来的健康风险和社会成本。各国根据自身的经济发展水平和公共卫生需求，制定相应的烟酒税制，以实现对烟酒消费的调控。

在实施烟酒税政策的过程中，各国政府需综合考虑税收的公平性、有效性和简洁性。公平性体现在税收对不同收入群体的影响，有效性关注税

收对烟酒消费行为的实际抑制效果，简洁性则要求税收制度简单易懂，便于执行和监管。

随着经济社会的发展，烟酒税政策也在不断演进和完善。一方面，税率的调整反映了对烟酒危害认识的深化；另一方面，征税环节的优化，如从生产环节向零售环节转移，旨在提高税收的透明度和公平性。

中国自1994年引入消费税以来，烟酒消费税政策经历了多次调整，征税范围和税率逐步完善，体现了对健康消费的鼓励和对烟酒消费的抑制。这种政策导向得到了广泛的社会认同，并被视为提升公民健康水平的有效手段。

2. 含糖饮料征税政策的加强

一些广泛消费的不健康产品，对人体健康潜在的危害不容忽视。过度消费这些产品会引发身体疾病，给消费者带来额外的医疗开销，同时也会增加社会的医疗负担。这些产品往往价格不高，市场已经达到平衡状态，仅靠市场和政策导向很难控制消费。通过税收干预，可以纠正负面影响，有效抑制消费需求，促进企业生产结构和消费结构的升级，帮助市场实现新的平衡，推动消费者消费习惯朝着更健康的消费方向发展。

在设定含糖饮品的征税对象时，首先需要精确测量市场上各种饮品中的糖分含量，并按照这一指标进行排序；随后需要深入调研消费者对各类含糖饮品的喜好程度及购买频率，并依据调研结果进行排序。

借鉴其他与我国发展相似的国家或地区的成功案例至关重要，这将有助于我们确定符合国情的含糖饮品消费税征收范围。将市场上所有含糖饮料不加区分地纳入消费税征税范围既不现实，也不符合税收适度原则。这种一刀切的做法不仅可能导致巨大的征管成本，而且不利于引导企业调整产业结构。因此，有必要设立一个合理的最小含糖标准。只有当含糖量超过这一标准时，才应征收相应的税费；反之，若其含糖量低于这一标准，则无须缴纳任何费用。通过这样的设计，可以确保含糖饮料税的实施既全面又具有针对性，从而有效减少人们的糖分摄取，促进健康消费习惯的形成。这也有助于引导企业研发和生产更多低糖或无糖的健康饮品，推动整个行业的健康发展。

（二）提升矫正负外部性策略

1. 增加对高耗能产品的征税范围

在提升矫正负外部性方面，针对其高耗能产品缺位的问题，提出以下三个完善建议。

（1）为促进电力资源的合理利用与节能减排，可以将电力产品纳入其中。提出实施差异化的电费政策，对超出规定标准的用电量进行额外收费，旨在激发形成节约用电的良好习惯。鼓励减少燃煤发电项目的投资，同时积极推广风力和光伏发电技术，以实现能源节约和减排目标。通过这一系列措施，期望能够有效树立节约意识，推动向更环保、更可持续的能源利用方式转型，促进社会的绿色发展。

（2）将煤炭列入征税范围，随着现代社会对化石燃料的依赖日益加深，煤炭的消耗与应用已显著增长，不仅用于日常供暖，还广泛用于工厂生产和电力供应等领域。然而，煤炭的不可再生性，使其无法满足日益增长的需求，且其储量正逐渐减少。过度的开采活动不仅加速了资源的枯竭，还导致严重的生态环境破坏。特别值得关注的是，煤炭燃烧过程中释放的二氧化碳和二氧化硫等有害物质，已引发了气候异常现象和气温上升的趋势。这些问题不仅恶化了大气质量，更是推动地球温度持续升高的关键因素之一。因此，在消费税征税范围的改革中，将煤炭纳入征税范畴显得尤为必要，以通过经济手段引导社会减少煤炭的使用，促进可持续发展。

（3）针对那些采用高级木材制作的高档实木地板、高档家居用品等商品，有必要考虑将其纳入消费税征收的范围内。这些商品不仅带有奢侈品的特性，而且在制造过程中消耗了大量的自然资源。因此，有必要采取措施，限制并减少这些商品的使用量，以更好地保护自然环境和资源。这样的税收策略不仅有助于引导消费者理性消费，也能促进企业在生产过程中更加注重资源的合理利用和环境保护。

2. 增加对高污染类产品的征税范围

我国消费税中高污染类税目也不完善，建议通过以下三点，完善消费税征税范围的税目。

（1）扩大对运输工具类商品的征税范畴。这些商品，包括航空器、卡车、商业巴士及巨型客船，不仅在使用过程中造成了巨大的能源浪费，还释放了大量的有害物质。特别是那些既昂贵又具高度破坏性的运输工具，如私家喷气式飞艇或豪华渡轮，更应成为优先征税的对象。这些高能耗的运输工具在运作时，过度消耗了石油和其他化石原料，并排放了大量的温室气体及其他有毒废物，对生态环境造成了严重的负面影响。因此，将这些运输工具列为需要缴纳税费的产品类别，既有助于控制能源消耗，也能有效减少有害物质排放，从而推动环保事业的发展。

（2）扩大对一次性塑料使用产品的税收。例如单用的一次性塑料包装和一次性的食品器具等。近年来，由于物流快递业务和餐饮服务业的发展，这类一次性塑料商品的使用量不断增加，虽然它们为我们的生活带来了很多便利，但同时也对环境保护工作产生了严重的负担。因为大部分的生活垃圾是由塑料制成的，我们通常采用填埋的方式来处置它，然而绝大多数的塑料并不能被自然分解掉，反而会污染土地的酸碱平衡，造成严重的生态问题。因此，可以在后续的消费税征税范围改革中，扩大对一次性塑料使用产品的税收。

（3）将化肥、农药、含有磷酸盐的清洁产品以及有损臭氧的产品列入征税对象。尽管化肥和农药在农业生产中受到广泛欢迎，并为农民带来了一定的收益，但它们对环境的负面影响不容忽视。近年来，过量使用化肥导致土地碱化的问题日益严重，使得部分土地无法再用于耕种；农药毒性的增强和残留物数量的增加，不仅增加了人们误食中毒的风险，还污染了水体，对水生生物造成了危害。因此，虽然这些产品在一定程度上满足了农业生产的需求，但它们对生态环境和食品安全的潜在威胁不容忽视。为了平衡经济发展和环境保护之间的关系，应将包括化肥、农药、含有磷酸盐的清洁产品，以及有损臭氧的产品在内的这些产品纳入税收范围，通过经济手段来引导消费者和生产者减少使用这些对环境和健康有害的产品。

第三节　构建地方主体税种视角下消费税改革

一、构建地方主体税种与消费税改革理论基础

地方主体税种的确立，不仅能够改变地方财政事权与支出责任不匹配的现状，提升地方政府的经济调控能力，还能实现地方在治理体系和治理能力建设中的积极作用。①

（一）公共产品理论

公共产品理论是经济学中的一个重要概念，用来解释公共产品的性质和特征，公共产品通常具有两个主要特征，分别是非排他性和非竞争性。

公共产品的非排他性意味着一个人的消费或使用并不会影响其他人的消费或使用。一个人无法排除其他人使用公共产品，如空气或公共广播。公共产品的非竞争性是指一个人的消费或使用并不会减少其他人的消费或使用。这意味着公共产品的供给不会因为一个人的消费而减少其他人的获得机会，如太阳光或防御性国防。

地方公共产品在具有非排他性、非竞争性的同时，也具有特定的地域属性，地方公共产品由各级地方政府以公共产品或服务的形式提供，以此满足某一地域居民特定的需求。地方公共产品可分为纯公共产品与准公共产品，纯公共产品提供的主体为地方政府，准公共产品提供的主体可以是地方与市场两个主体，或由市场单独提供。地方提供公共产品的资金来源包括税收收入、中央对地方的转移支付，或者是地方专项收入等其他非税收入。

---

① 郭维真，尚亿慧. 地方主体税种的确立：反思与路径 [J]. 税务研究，2021（10）：26.

(二)财政分权理论

财政分权理论是指国家政府将财政权力下放到地方政府或其他下属机构的理论。这种财政分权的做法是为了实现更有效的资源配置、提高公共服务的质量和效率,提升地方政府的责任感和创新性。

在推进市场经济发展过程中,处理好政府之间的财政关系十分重要。改善政府间财政关系,必然涉及政府间财政权限的集中与分散的处理问题。① 财政分权可以提高资源配置的效率,地方政府更接近并且更了解当地的经济、社会和文化等情况,因此能够更有效地配置资源,满足当地的需求;财政分权可以提高地方政府的责任感,使地方政府更加负责任地管理财政,因为地方政府需要对当地的财政状况和政策的结果负责,这种责任感可以促使地方政府更加注重效率、透明度和公共服务的提升;财政分权可以促进不同地区之间的竞争和创新,地方政府在经济决策、公共服务提供等方面拥有更大的自主权,从而鼓励地方政府寻求更有效的解决方案和创新的政策措施。

尽管财政分权理论有以上多种优势,但也需要注意协调好中央和地方政府之间的关系,在税种划分方面,要围绕税基的流动性与受益性等方面做好协调,避免造成资源浪费、税收竞争等其他负面影响。

二、构建地方主体税种的必要性

(一)满足地方财政需求

第一,增加地方财政收入。地方主体税种能够长期稳定地在地方财政收入中占据较大份额,为地方政府提供坚实的财力支持。这有助于满足地方政府在公共服务、基础设施建设、教育、医疗等方面的支出需求。

第二,提升地方财政自给能力。通过构建地方主体税种,可以增强地方政府的财政自给能力,减少对上级政府转移支付的依赖,提高地方财政

---

① 李齐云.西方财政分权理论及启示[J].山东科技大学学报(社会科学版),2003(3):74.

的自主性和灵活性。

（二）促进地方经济发展

第一，优化资源配置。地方主体税种可以引导资源向地方优势产业和重点领域流动，促进地方经济结构的优化和升级。例如，对环保、科技、教育等行业的税收优惠可以激励企业加大投入，推动地方经济可持续发展。

第二，增强经济调控能力。地方政府通过地方主体税种可以更好地发挥税收对经济的调控作用，弥补市场失灵，促进地方经济持续健康发展。例如，在经济增长放缓时，地方政府可以通过减税降费等措施来刺激投资和消费，促进经济增长。

（三）规范政府间财政关系

第一，明确权责划分是构建地方主体税种的重要意义之一。这一举措有助于清晰界定中央与地方政府以及地方各级政府之间的权责关系，从而促进财政关系的规范化和法治化。通过权责划分，财政资源的配置与使用更加高效，减少财政摩擦和冲突的发生，增强各级政府之间的协作效率。明确的权责划分有助于提升政府的透明度和问责机制，使财政管理更加公开、公正，有助于建立健全的治理体系，从而为地方经济的发展提供良好的政策环境。

第二，促进财力与事权的匹配是建立地方主体税种的另一个关键方面。通过合理的税种设计，可以构建稳定、科学的财政关系，确保在分税制的框架下，实现基本公共服务的均等化以及主体功能区的有效建设。地方政府的财力与其事权之间的匹配，有助于实现区域协调发展，提升公共服务的质量与效率。地方政府能够更好地履行其职能，促进社会的公平与正义，为人民提供更优质的生活条件。这种匹配也有助于引导地方政府优化资源配置，推动经济可持续发展。

（四）推动税制改革和现代化

第一，完善税收体系。构建地方主体税种是完善税收体系的重要组成部分。通过优化税种结构、提高税收征管效率等措施，可以推动税收体系的现代化和科学化。

第二，提高税收征管水平。地方主体税种的构建需要地方政府加强税收征管能力建设，提高税收征管水平。这有助于减少税收流失、提高税收征管效率、降低税收征管成本等。

三、消费税作为地方主体税种的可行性分析

（一）理论层面

在理论层面上，地方主体税种的确立需综合考量税收收入的稳定性、充足性，以及税种是否具备经济调节功能和税源分布的均匀性。消费税以其独特的属性，成为地方主体税种的理想选择。

地方主体税种的特点在于，其能够为地方政府提供稳定且充足的财政收入，同时具备一定的经济调节功能。税收的稳定性和充足性是选择地方主体税种的首要考量，这直接关系到地方政府能否有效履行其职能，满足公共物品和服务的需求。税种的经济调节功能同样重要，它允许地方政府通过税收政策影响经济行为，促进地方经济的健康发展。税源分布的均匀性则有助于减少地区间的财力差距，推动区域经济的均衡发展。

消费税作为一种潜在的地方主体税种，具有显著的特点：首先，消费税的收入潜力巨大，随着社会经济的发展和居民消费水平的提高，其收入规模有望进一步增长。其次，消费税具有显著的经济调节功能，能够通过影响消费品的市场价格来调节消费结构和生产结构，进而引导市场健康发展。最后，消费税在调节收入分配和生态保护方面显示出其独特的作用，有助于缓解社会贫富差距和促进环境的可持续发展。

在税源分布方面，消费税在零售环节的税源相对均匀，这有助于避免地区间的税收竞争和财力差距的扩大。税基的流动性较低，地域性较强，这使得地方政府更容易对税源进行掌控和管理，从而提高税收征管的效率。

（二）技术和经验层面

在技术和经验层面，我国消费税的改革作为地方主体税种具有可行性。目前，我国消费税主要在生产环节征收，这一做法便于管控，因为生产商

的数量相对较少。随着经济社会的发展和税收征管技术的进步,将消费税改革为地方主体税种并后移征税环节至零售阶段,已成为可能。

我国税收征管体系的不断深化,特别是金税工程的实施,为消费税的改革提供了坚实的技术支撑。金税工程通过增值税防伪税控系统和信息化建设,有效提升了税收征管的效率和准确性。我国税收征管进入数字化新时代,实现了税务系统内以及与其他部门间的高效联动。这些技术进步为消费税征税环节的后移提供了可能,使得税务机关能够更有效地管理和监控税源。

我国在部分消费品零售环节征收消费税的经验,也为其他消费品征税环节后移提供了宝贵的参考。例如,金银首饰、钻石、铂金、超豪华小汽车和高档手表等消费品已在零售环节征收消费税,这些实践不仅增强了地方财政收入,也为引导合理消费和促进节能减排提供了政策工具。

(三)地区间财政均衡层面

消费税作为潜在的地方主体税种改革显得尤为重要。鉴于中国地域辽阔,各地区的资源禀赋、经济发展水平及居民消费习惯存在显著差异,这些差异不可避免地导致了地区间经济发展的不均衡。在此背景下,消费税的改革设计必须兼顾税收收入的稳定性和充足性,同时确保改革能够促进地区间财力的均衡分配,避免进一步加剧现有不平衡现象。

泰尔指数作为评估地区间财力差异的关键指标,其数值直观地反映了地区间财力差距的程度。该指数的计算依托于各地区财政收入与人口分布的关系,为我们提供了一个量化分析改革对地区间财政均衡影响的工具。通过运用相关数据和科学的测算方法,我们可以模拟改革后消费税在零售环节可能产生的潜在税收收入,进而评估其对地方财政的具体影响。

特别是在弥补地方财政缺口方面,零售环节消费税的改革展现出了显著的优势和潜力。这一改革不仅有助于为地方政府开辟新的稳定税收来源,还能在一定程度上缓解地方财政面临的压力,为地方公共服务和基础设施的建设提供更加坚实的资金保障。

从规模上看,零售环节消费税对地方财政的潜在贡献是不容忽视的。

地方政府可以充分利用这一税收来源，更加高效地满足公共物品和服务的需求，进而推动地方经济和社会的全面发展。因此，从地区间财政均衡的角度出发，将消费税改革作为地方主体税种来推进是完全可行的。这一举措不仅能为地方财政带来稳定的收入来源，还能在一定程度上缓解地方财政压力，同时促进地区间财政均衡水平的提升。

四、地方主体税种视角下消费税的改革建议

（一）征税环节后移

征税环节后移至零售阶段，是在充分考虑地方财政需求与税收管理效率的双重需求的必然选择。在当前的税制结构中，消费税主要在生产环节征收，尽管这种做法在监管与成本控制方面具有一定的优势，但随着经济结构的深化调整，其局限性逐渐显现，特别是在地方税种需求日益增长的背景下，消费税的改革显得尤为迫切。

将征税环节后移，可以有效地解决生产环节征税所带来的一系列问题。首先，全国范围内的税基分布不均问题将得到改善，减少中央对地方的转移支付压力。其次，后移征税环节有助于减轻企业的资金压力，这对促进企业的资本运作和创新活动具有积极意义。最后，生产环节征税可能为逃税行为提供可乘之机，而后移至零售环节可以在一定程度上遏制此类行为，确保税收收入的稳定。

零售环节的征税更符合受益原则，即税收收入与消费者的行为更为紧密地联系在一起，这有助于地方政府根据本地居民的消费模式来合理调配税收资源，进而提升公共服务的质量和效率。

尽管后移征税环节具有诸多优势，但其实施过程需要谨慎和有序。政策制定者应充分考虑税收征管的可行性和稳定性，逐步推进征税环节的后移。在此过程中，可以优先选择条件成熟的税目进行调整，并利用现代信息技术，如"金税工程"，来提高税收管理的效率和透明度，确保税收政策的顺利实施。

（二）扩大征税范围

在当前的经济环境下，扩大消费税的征税范围是提升税收调节功能、优化税基结构的重要途径。消费税作为一种间接税，其征税范围的设定直接关系到税收收入的稳定性及税收政策的调节效果。目前，我国消费税的征税范围涵盖了烟酒、高档化妆品、成品油等十五类应税消费品，但与部分国家相比，这一范围仍显有限，不利于充分发挥消费税的调节作用。

从地方主体税种的角度来看，消费税的征税范围应与地方经济的发展水平和居民消费行为的变化相适应。因此，对消费税征税范围进行科学调整，以适应经济发展的新常态，是构建地方主体税种体系的重要一环。在奢侈品领域，将高档服饰、皮草、皮包、私人飞机等纳入征税范围，不仅能够引导居民形成理性消费习惯，遏制不必要的攀比心理，还能在一定程度上调节居民收入分配，促进社会公平。

借鉴国际经验，将消费税的征税范围从单纯的消费品扩展到消费行为，如高档娱乐场所、高档酒店、高档餐饮等，可以更全面地反映消费行为对地方经济和社会环境的影响。将塑料袋、洗衣用品、染色剂等对环境有害的产品纳入征税范围，不仅有助于引导公众形成绿色消费理念，还能通过税收手段矫正消费行为对环境造成的负外部性。

（三）优化税率结构

优化消费税税率结构是实现税收政策多重目标的关键措施。

一方面，通过提高对环境有害或对人类健康有负面影响的消费品税率，可以更有效地利用税收工具促进环境保护和公共健康。例如，提高烟草和酒精类消费品的税率，不仅能够为政府带来稳定的财政收入，还能通过提高价格来抑制这些产品的过度消费，从而减少与之相关的健康问题和社会成本。

另一方面，通过对消费税税率结构进行优化，设置不同级别和档次的税率，可以更精确地对不同类型的消费品进行调节。对于税基较宽、调节效果明显的消费品，可以设置相对较低的税率，以减少对公众基本生活的影响。对于高档消费品和某些消费行为，则可以设置较高的税率，以引导社会消费习惯，促进资源合理配置和收入再分配。

细化消费税的税目，根据不同产品的特点和消费层次设置差异化的税率，也是优化税率结构的重要方面。例如，可以根据白酒的酒精度数设定不同级别的税率，或者对不同能耗和环保标准的小汽车设定差别化的税率。这样的措施不仅能够提高税收政策的公平性和有效性，还能更好地体现税收政策的导向性和灵活性。

在实施税率结构优化的过程中，还需要考虑到税收政策的国际协调和国内经济发展的实际情况。通过科学合理的税率设计和税目调整，可以促进消费税政策在促进经济发展、保护环境和提高社会福利等方面的综合效应。税收政策的调整也需要与税收征管能力的提升相匹配，确保税收政策的有效实施和税收的稳定增长。

（四）实行价外计税

在现代税制体系中，消费税的计税方式对于税收政策的实施效果具有重要影响。目前，我国的消费税制度采用的是价内计税方式，即税款包含在商品售价中，这种方式在一定程度上降低了消费者对税负的直接感知，有助于减少消费者对税负的抵触情绪。然而，随着公民税务意识的增强和税制体系的完善，转向价外计税方式的改革显得日益迫切。

价外计税是指将消费税税款单独列示，不包含在商品售价之内，这种方式有利于提升消费者对税负的认知度，增强其纳税意识。在商品标签上明确标注消费税税款，可以使消费者在购买决策时更加理性，考虑到商品的税负因素，从而对消费行为产生正面的引导作用。这种透明度的提高，不仅有助于消费者做出更为明智的消费选择，也有利于政府通过税收手段实现对市场的调控，促进资源的合理配置和消费结构的优化。

价外计税方式还有助于提高税收的公平性。税款的明确标注使得消费者能够清楚地了解每一项消费的实际税负，从而对生产者和销售者的价格行为进行监督。这有助于防止商家通过提高商品价格来转嫁税负，保护消费者权益，维护市场的公平竞争。

实行价外计税的改革，将使消费税制度更加完善，税收政策的调控功能得到更好发挥。这种改革不仅有助于提高税收的透明度和公平性，还能够促进消费者行为的合理化，推动经济的健康发展。随着税制改革的不断深入，价外计税将成为提升税收治理能力、实现税收政策目标的重要途径。

（五）税收归属逐步过渡

在税制改革的进程中，消费税的税收归属问题是一个复杂且敏感的议题。自我国确立消费税制度以来，其主要目的是增强中央政府的宏观调控能力。随着时间的推移，为了促进地方政府的财政自主性和经济发展，提出了将消费税改为地方税的建议。然而，这一改革需要谨慎进行，以避免对中央与地方财力格局造成不利影响。

在考虑税收归属的改革时，可以借鉴国际上的经验，采取渐进式过渡的策略。具体而言，可以实施"分成型共享税"模式，即按照一定比例将消费税收入在中央和地方之间进行分配。这种模式既保证了中央政府的宏观调控能力，又能够在一定程度上缓解地方财政收入不足的问题。还可以考虑"税基型共享税"模式，将某些特定税目的税收完全划归地方，以增强地方政府对本地经济和社会发展的调控能力。

在实施共享税模式的同时，还需要配套其他税制改革措施，以确保中央政府的财政收入和调控能力不受影响。例如，可以通过提高直接税的比重来增强中央的财政实力。在这一过程中，必须确保改革的稳定性和可持续性，避免因改革而引发的财政风险。

随着改革的深入，当条件成熟时，可以考虑将消费税的全部税收划归地方。这将有助于地方政府更好地根据本地实际情况，调整产业结构和引导居民消费行为，同时也能够更充分地体现消费税的受益性原则，使地方政府能够利用本地消费税收入为居民提供更适宜的公共物品和服务。

（六）加强税收管理

在税制改革的背景下，加强税收管理是确保消费税作为地方主体税种顺利实施的关键。随着消费税征收环节向零售端转移，税收管理面临新的挑战，特别是在税源分散和征管难度增加的情况下。为此，采取一系列措施以提高税收管理的效率和效果显得尤为重要。

对于特定消费品，如小汽车，可以利用现有的车辆登记管理制度，将车辆购置税与消费税结合起来，实现地方政府的统一征收。烟草类产品可以通过烟草专卖机构实行代收代缴的方式，以简化征管流程。对于成品油，安装税控系统并通过网络上传涉税信息，可以实现对税源的精细化监控。现有的增值税征收监管系统，如"金税四期"，为其他应税消费品的征收监管提供了技术基础和经验。

电子商务交易中的消费税征收问题同样不容忽视。随着线上交易的增多，纳税人身份、纳税地点和纳税时间的确定变得复杂。为了解决这些问题，需要从立法入手，明确电子商务平台纳税人的纳税义务，完善相关法律法规，为消费税的征收提供法律依据。

营造良好的纳税环境需要政府、社会和纳税人的共同努力。除了提升技术"硬实力"，还应加强"软实力"建设，如建立全方位的监督举报制度，鼓励社会监督；建立消费税纳税信用体系，提高税收违法行为的惩罚力度；加强税收宣传，普及税法知识，提高纳税人的税收遵从度。通过这些措施，可以提高纳税人对税收重要性的认识，促进税收的公平性和透明度。

第四节　数字经济背景下从生产增值税到消费生产税

数字经济的快速发展深刻改变了居民的消费方式，同时影响了企业的生产、投资和交易方式。生产力的变化决定了生产关系，而生产关系又反作用于生产力，形成相互影响的动态体系。因此，研究增值税制度的价值显得尤为重要。作为上层生产关系的组成部分，增值税制度应顺应数字经济时代的需求，以促进经济的高质量发展。

一、数字经济对生产增值税的挑战

（一）纳税主体多元化与流动性增强

在数字经济蓬勃发展的浪潮中，纳税主体的范畴显著拓宽，不再局限于传统的制造业、服务业等实体企业。互联网企业以其独特的商业模式和高速的发展态势，成为纳税大军中的重要一员；电商平台通过搭建线上交易平台，连接了消费者与商家，其交易规模迅速扩大，对税收的贡献不容忽视；网络自媒体、数字内容创作者等新兴业态的兴起，更是为税收体系带来了新的挑战。这些新兴业态凭借互联网技术的力量，打破了传统商业模式中的时间和空间限制，使得纳税主体呈现出前所未有的分散性和流动性。企业可以轻易地跨越地域界限进行经营，个人也可以在全球范围内提供服务和产品，这无疑增加了税收征管的复杂性和难度。

（二）交易方式与课税对象的复杂化

数字经济背景下的交易方式日新月异，从传统的面对面交易转变为线上交易、跨境交易等多种形式。在线广告、电子商务、云计算等新兴交易方式，不仅改变了人们的消费习惯，也对税收制度提出了新的要求。这些交易往往涉及多个主体和环节，如电商平台、支付平台、物流公司等，使得交易链条更加复杂化。数字产品和数字化服务的兴起，更是对传统增值税制度构成了严峻挑战。数字产品如电子书、音乐、软件等，其形态和交付方式与传统商品截然不同，如何准确界定其课税对象并合理征税成为一个难题。此外，数字化服务如云计算、大数据分析等，其服务内容和价值难以直接衡量，也给税收征管带来了诸多不便。

（三）税收地域管辖权认定困难

数字经济下的交易活动往往跨越多个地区甚至国家，使得税收地域管辖权的认定变得异常复杂。传统的税收地域管辖权原则主要基于物理位置和交易地点来确定税收管辖权，但在数字经济时代，这一原则受到了严重冲击。跨境交易和离岸贸易的频繁发生，使得税收管辖权的划分变得模糊不清。企业可以通过在低税率地区设立分支机构或利用税收协定来规避税收，从而导致税基侵蚀和利润转移现象的出现。这不仅损害了国家的税收利益，也破坏了税收的公平性和公正性。

（四）税收征管模式滞后

面对数字经济的快速发展和交易方式的不断创新，传统的"以票控税"增值税征管模式显得力不从心。数字交易的高频性和复杂性使得传统的发票管理和纳税申报方式难以适应。一方面，数字交易的电子化和无纸化特点使得传统的纸质发票失去了用武之地；另一方面，数字交易的频繁发生和交易数据的海量增长，对税收征管系统的数据处理能力和分析能力提出了更高要求。当前的税收征管系统往往存在信息孤岛、数据共享不畅等问题，难以实现对数字交易的有效监管和准确征税。这不仅增加了税收征管的成本和难度，也降低了税收征管的效率和准确性。

二、构建消费生产税体系

面对数字经济带来的挑战，提出了一种创新的税收体系改造方案，即将现行的增值税转型为一种新型的复合税制——消费生产税。该税制以消费者消费税为主体，生产者生产税为补充，税款分配机制是现代税收体系的重要组成部分，通过第三方支付平台实时分配税款至相应国库，保障了交易过程的税务透明性。这一机制不仅提升了税收的可追溯性，还增强了纳税人的信任度。在此基础上，抵扣制度的建立，使消费者和生产者可以利用缴纳的消费生产税抵扣应纳的所得税等税额，有效降低了实际税负。此外，建议将消费生产税的税率与现行增值税税率保持一致，以确保税收体系的平稳过渡。

在纳税义务的划分上，消费生产税体系将纳税义务、主体和税额划分为消费者消费税与生产者生产税两个独立部分，这种设计能够清晰明确各方的责任。在理论与实践的平衡上，应努力寻找促进生产与消费平衡发展及提高税收遵从度之间的最佳比例。最后，通过确保税收在生产者和消费者之间的公平分配，分别考虑价值创造地与实现地，进一步推动税收制度的合理性。同时，赋予消费者和生产者各自的抵扣权，不仅激励双方相互监督，也简化了税收征管流程，使税收管理更加高效。

为了实现区域财力的均衡分配,以及确保宏观税负的平稳过渡,在消费生产税体系中,消费者消费税的比例应占主导地位(不低于90%),生产者生产税则作为辅助部分。这样的比例分配不仅有助于促进区域间的财力均衡,还能与当前增值税进项税额全额抵扣的趋势相适应,从而确保税收体系的顺利转型。

(一)消费生产税的征管实施

在现代税收征管体系中,消费生产税的征收管理是确保税收政策有效执行的关键环节。该机制涉及多个参与主体,包括购买者、销售者、支付平台、税务机关以及国库,其运作流程对税收的准确性和及时性具有重要影响。

在B2B交易中,购买者通过支付平台向销售者支付商品价款及相应的消费税和生产税。支付平台作为中间枢纽,不仅负责资金的流转,还需将税款分别划转至相应的国库,并及时向税务机关发送发票信息。税务机关根据发票信息与国库部门进行核对,确保税款的准确无误。购买者和销售者均可将所支付或收到的税款作为抵扣项,用于未来的税务申报。

在跨境进口B2C交易中,支付平台的角色进一步凸显。购买者通过支付平台支付商品价款及消费生产税,平台代扣代缴税款后,直接将税款转入国库,并通知税务机关。购买者可依据发票所载的消费税部分进行个人所得税等抵扣,而生产税部分则直接列为中央级税款,由税务机关统一管理。

在跨境出口B2B交易中,销售者通过支付平台收到境外购买者的价款,并取得出口发票。税务机关通过支付平台获取发票信息,为销售者未来的税务抵扣等提供依据。这一流程不仅简化了税收征管程序,也提高了税收征管的效率。

(二)消费生产税的特征分析

1. 征税特征

在分析征税特征时,首先可以观察到消费生产税与增值税之间的相同点和不同点。两者在课税对象上都针对货物、劳务、数字产品以及数字化服务，且都在销售（交易）环节进行征税。然而，二者在纳税主体上存在明显差异。消费生产税的纳税主体为消费者和生产者，而增值税仅限于生产者，这一变化反映了税负的合理分配。纳税地方面，消费生产税直接确认税收归属地，使得纳税地的重要性降低。此外，抵扣规则也有显著变化，消费生产税实现了从生产者的生产抵扣转变为消费者和生产者所得抵扣，且抵扣方式从异地连环抵扣变为本地直接抵扣。这种变化不仅提高了税收的透明度，也提升了税款的收缴效率。税收分享地的调整同样值得关注，消费生产税实现了生产者所在地与消费者所在地各自分享税收，从而在一定程度上平衡了各方利益。征缴方式方面，消费生产税由生产者按期缴纳改为第三方义务人直接划转缴纳，这种方式简化了纳税流程，降低了企业的合规成本。此外，缴款期限也由定期申报变为实时分缴纳税，进一步提高了税收的时效性和流动性。

2. 课税本质

课税本质方面，消费生产税的主要目的在于放弃对生产征税，通过采用所得扣除的方式来避免重复征税，从而促进货物流通和社会分工。在计税基础的设定上，消费生产税、增值税和营业税之间也存在显著差异。营业税的计税基础为全部价值（包括资本和劳动），而增值税的计税基础则为增加值（即劳动价值和剩余价值）。相比之下，消费生产税的计税基础为企业的最终利润，这一设计不仅反映了对企业经济效益的关注，也有助于减轻纳税负担。实际上，消费生产税的税负相较于增值税更为轻盈，其纳税方式显得更加合理，实质上具备了所得税和直接税的特征。在形式与实质结合上，消费生产税在交易消费环节预征税款，表面上呈现流转税和间接税的特征，但从本质上看，它的目的在于征收所得税，实现消费税基与所得税基的有效结合。因此，消费生产税不仅是税制改革的重要组成部分，更为现代经济提供了新的税收思路。

（三）消费生产税对数字经济挑战的应对

1. 解决税收地域管辖权的挑战

在数字经济背景下，税收地域管辖权的挑战得到了有效应对。随着电子商务的兴起，传统的 B2B、B2C 模式以及新兴的 C2B、C2C 模式均在网络环境下进行，包括数字产品和数字化服务的交易。这些交易通过支付平台完成，使得税款能够直接划入消费者和生产者所在地的国库。这种机制简化了税款的分配流程，确保了税收的透明性和公正性，同时消除了因销售地难以确认而产生的矛盾。通过支付平台的介入，税收的地域管辖变得更加明确，从而为税收征管提供了一种创新的解决方案，这对于促进税收体系的现代化和提高税收效率具有重要的参考价值。

2. 缓解地区间财力分配的不均衡

在数字经济时代，消费生产税的提出是对传统增值税体系的一次重要创新。该税制将税收义务和纳税主体明确划分为消费者消费税和生产者生产税，旨在实现税收的公平性和效率性。在这一体系下，消费者和生产者通过第三方支付平台完成税款的实时缴纳，其中消费者消费税归属于消费者所在地，生产者生产税归属于生产者所在地，这样的分配机制有助于缓解地区间财力分配的不均衡问题。

消费生产税体系的实施，不仅能够确保税收在价值创造地和价值实现地之间的公平分配，还能够提高税收遵从度和简化税收征管流程。消费生产税体系的实施，有助于促进区域财力的均衡分配，通过将消费税归属于消费者所在地，使得消费税占更大比例，有利于区域财力均衡，同时也与当前增值税进项税额全额抵扣的趋势相适应，确保宏观税负的平稳过渡。

3. 优化离岸贸易的增值税监管

在数字经济时代，传统的税收模式面临诸多挑战，特别是在离岸贸易领域。消费生产税的提出，为优化离岸贸易的增值税监管提供了新的解决方案。这一税制明确区分消费者的消费税与生产者的生产税，使得各自能够在其缴纳税款的范围内进行有效抵扣。通过这样的抵扣机制，能够有效避免对其他区域产生负面溢出效应，从而维护税收的公平性。此外，该机制还确保了税收的合理分配，提升了整体税收体系的有效性，具有重要的参考价值和实际应用意义。

通过第三方支付平台的介入，消费生产税能够实现税款的实时监控和分配，从而提高了税收征管的透明度和效率。这种实时的税款分配机制，使得税务机关能够更加精确地追踪和监管税收流动，减少了税收逃避和避税行为的可能性。这也为税务机关提供了更加丰富的数据资源，有助于深化对数字经济税收问题的研究和理解。

4. 提升个人 B2C、C2C 跨境购物纳税的遵从度

在数字经济时代，个人跨境 B2C、C2C 购物的税收遵从度问题日益凸显。传统的税收模式在应对电子商务交易时显得力不从心，特别是在个人消费者通过网络平台进行的跨境购物活动中。为了提升纳税遵从度，提出了消费生产税的概念，该税制将消费者消费税和生产者生产税相结合，通过第三方支付平台在交易时实时征收税款，并分别划入消费者和生产者所在地的国库。这种机制不仅提高了税收征管的效率，还增强了消费者的纳税意识。

在消费生产税体系下，消费者在购买商品或服务时支付的消费者消费税部分，将被计入其个人税务账户，并在未来用于抵扣个人所得税等税款。这种安排使得消费者在纳税时有了更多的参与感和获得感，从而提高了他们的纳税遵从意愿。由于税款的实时划转，税务机关能够更有效地监控和管理税收流动，减少了税收逃避和避税行为的可能性。

三、消费生产税税制与增值税税制的融合

（一）一般纳税人：消费生产税与增值税抵扣及退税的协调

在现行增值税制度下，一般纳税人通过进项税额抵扣销项税额的方式进行税务管理。随着政策的不断完善，对无法抵扣的进项税额退税限制也在逐步放宽。为了维持宏观税负的稳定性，并促进税收制度的公平与效率，

提出了一种新的税收协调机制：抵扣机制的实施为一般纳税人提供了将缴纳的消费生产税抵扣企业所得税的便利，这一措施不仅有助于减轻企业税负，还能有效优化资源配置。当企业的抵扣余额仍然存在时，可以继续用于抵扣房产税和土地使用税等财产行为税，甚至在余额超过时，企业可以申请直接退税。这一机制的优势在于减少了地区间税收与退库之间的不匹配，进而激励纳税人提升会计核算标准，逐步向一般纳税人的标准靠拢。此外，这种政策调控有效实现了税收政策的目标，为纳税人营造了一个清晰、公平的税收环境，促进了税收的公平性与透明度。

这种模式的优势在于，它减少了地区间税收收入与退库之间的不匹配问题，并且鼓励更多的纳税人提高会计核算标准，向一般纳税人的标准靠拢。通过这样的措施，可以更有效地实现税收政策的调控目标，同时为纳税人提供更加清晰和公平的税收环境。

为了进一步优化税收服务，对增值税一般纳税人的登记管理办法也进行了调整，简化了办税流程，减少了所需的办税资料，使得办理一般纳税人登记更加方便快捷。这些措施有助于提高税收管理的效率，同时也为纳税人提供了更多的便利。

在税收优惠政策方面，一般纳税人还可以享受增值税小规模纳税人标准的加强、增值税期初留抵退税政策的延续等优惠，这些优惠政策有助于减轻企业的税收负担，促进企业的健康发展。

（二）小规模纳税人：消费生产税与增值税免征额的整合

在现行税制下，小规模纳税人的增值税政策是税收优惠的重要组成部分。小规模纳税人在特定条件下可以享受增值税的免征优惠，这通常适用于月销售额在一定标准以下的情况。在税收政策的设计与实施中，整合消费生产税与增值税免征额是一项重要的建议，这不仅有助于提升税收政策的公平性，还能提高税收效率。针对小规模纳税人，建议其缴纳的消费生产税可以抵扣企业所得，若抵扣后仍有余额，这部分余额则可用于抵扣房产税、土地使用税等财产行为税。此外，对于超出部分，可以实施直接退税，进一步减轻小规模纳税人的税收负担。从社会治理的角度来看，将小规模纳税人缴纳的消费生产税作为申请贷款和获取其他社会资源的信用凭证，能够有效激励其履行纳税义务，促进其健康发展。通过这些政策措施，能够增强小规模纳税人的税收遵从性，推动其可持续发展，最终实现经济与社会的双重效益。这种整合机制有助于确保税收政策的连续性和稳定性，同时为小规模纳税人提供更多的发展空间。通过税收优惠的引导作用，可以促进小规模纳税人增强自身的竞争力，进而推动整个经济体系的繁荣和进步。

（三）个人消费者：消费生产税与个人所得税免征额的对接

个人消费税的扣除比例应设定为消费生产税的60%，与企业所得税中业务招待费的扣除比例保持一致，这一设计旨在防止避税等非法行为的发生。考虑到个人所得税的法定年度扣除额为六万元，建议在个人消费税与个人所得税之间建立"孰高原则"的衔接规则，以较高的额度作为扣除标准。这不仅有助于简化税收制度，还能维护宏观税负的稳定性。此外，个人缴纳的消费生产税，可作为其个人及家庭成员在常住地获取教育、就业、信用贷款和社会救助等社会资源的信用凭证，进而促进社会资源的有效配置。通过这些措施，能够激励个人积极缴纳消费生产税，为社会治理提供新的激励机制，从而实现税收公平与社会和谐的良性互动。综上所述，这一系列建议将有效推动税收制度的优化和个人社会责任的增强，具有积极的现实意义和指导价值。

四、推进消费生产税的策略建议

（一）消费生产税的试点实施方案

1. 试点主体的选择

在税收政策的试点实施中，选择试点主体是一个关键步骤。采用"强制与自愿相结合"的方式进行选择，可以确保广泛性和代表性。通过在全国各省市初步筛选一定数量的企业参与试点，逐步扩大试点范围，可以更有效地解决跨省交易中的税收管辖权不明确和区域税收分配不均的问题。

这种选择方式不仅提高了企业的参与度，而且有助于增强消费者对本地纳税企业的信任，从而可能促进销售增长。将小规模纳税人缴纳的消费生产税作为申请贷款和其他社会资源的信用凭证，可以激励小规模纳税人积极履行纳税义务，进一步提升税收政策的社会治理效能。通过这种方式，可以确保税收政策试点的顺利进行，并为后续的政策推广和完善，提供有力的数据支持和经验积累。

2. 抵扣主体与抵扣对象

在抵扣主体与抵扣对象的设置中，确保宏观税负的稳定性是关键考量。为此，消费生产税的适用税率应与现行增值税税率保持一致。这一策略不仅有助于简化税务管理流程，还能有效降低企业在税负方面的波动性，从而增强企业的财务稳定性。

抵扣主体明确界定为参与消费生产税试点的增值税一般纳税人，确保了税收政策的针对性和适用性。通过将抵扣对象限定为参与试点企业的企业所得税，可以有效提升税收管理的效率。这种清晰的界定不仅有助于减少税务操作中的不确定性，还能增强税收政策的透明性和可预见性。通过这样的设置，企业能够更好地理解和遵循税收政策，从而在经营决策中做出更为合理的安排。这种结构化的抵扣机制为企业提供了稳定的税收环境，促进了企业的可持续发展，进而推动整体经济的健康运行。

（二）试点期间的消费生产税与增值税纳税人交易协调

在试点期间，消费生产税与增值税纳税人的交易协调是税制改革的关键环节。消费生产税作为一种新兴税制，旨在适应数字经济的发展需求，其设计理念与现行的增值税制度存在差异。在两者并行的背景下，交易处理规则的选择对于确保税收政策的连贯性和效率至关重要。

在处理消费生产税纳税人与增值税纳税人之间的交易时，可以采纳消费生产税的处理规则作为主导。这一规则的适用性体现在其能够直接反映数字经济背景下交易的即时性和透明性，有利于简化税收流程，提高税收征管的效率。在交易过程中，消费生产税纳税人所缴纳的税款可用于抵扣所得税等，而增值税纳税人则可将其支付的进项税额和缴纳的消费生产税继续用于增值税销项税额的抵扣,从而实现税负的合理分配和税收激励的双重效果。

消费生产税的实施还需要税收征管体系的相应调整,包括明确税收征管流程、优化税收征管技术和提升税务人员的专业能力。通过这些措施,可以确保消费生产税与增值税纳税人之间的交易协调顺畅,为税收政策的平稳过渡和有效实施提供坚实基础。

(三)消费生产税的配套措施

为确保消费生产税政策的有效实施,配套措施的必要性不言而喻。这些措施需在制度、税务管理和基础设施建设等多个方面同步推进。首先,在制度层面上,必须明确支付平台及第三方支付服务机构的代扣代缴义务,要求其自动计算并扣除消费生产税,以确保税款的及时和准确征收。其次,在税务管理方面,完善发票管理系统显得尤为重要。发票中需清晰列示价款及消费生产税,同时包含消费者与生产者的相关信息,这将提高操作的准确性,并简化税务检查的流程。最后,基础设施建设同样不可忽视。通过加强信息互联共享系统,能够实现购买者、销售者、支付平台、税务部门与国库之间的信息互通,从而有效支持消费生产税的管理。这些配套措施的落实将有助于提高政策执行力,促进税收的合理与有效管理,为经济的健康发展奠定坚实基础。这种信息共享机制有助于提高税收征管的效率和准确性,同时为税收政策的调整提供数据支持。

第四章 不同领域下的消费税改革研究

第一节 烟草消费税控烟功能的改革与完善

一、完善烟草消费税税制

（一）提升烟草消费税税率

我国作为全球最大的烟草生产和消费国之一，烟草行业在经济发展中占有重要地位，但烟草的危害不容忽视。为了减少因吸食烟草导致的健康问题，政府应采取更加严格的控烟措施，其中，提高烟草消费税税率是实现这一目标的有效途径。

从整体角度看，要实现控烟目标，烟草消费税税率必须随经济发展水平不断进行动态调整。以英国、加拿大等国家为例，它们会根据国家经济状况定期调整烟草税率，以应对通货膨胀和居民收入水平的变化。这种灵活调整机制保证了税收政策的长期有效性。我国应借鉴这一经验，逐步提高烟草税率，并根据经济增长和居民收入水平变化，定期进行更新和调整，以确保烟草税收能够持续有效地抑制烟草消费。具体而言，首先可以在短期内对生产环节的两档税率进行合并，将现有的低档税率提升至较高档次，并同时提高批发环节的税率，以在短期内对卷烟的销售和消费数量产生抑制作用。在此基础上，逐步调整计税方式，通过减少从价税比例、增加从量税比例，进一步提高综合税负率。这一调整将直接增加卷烟价格，使消费者的负担加重，从而有效减少吸烟量。

从长期角度看，实施烟草消费税税率的指数化管理是确保政策稳定性和持续性的有效方法。烟草税率可以依据通货膨胀率、居民可支配收入增长率或人均GDP增长幅度进行定期调整。通过这一方式，确保卷烟的价格持续上涨，而消费者的可负担性逐步下降。随着可支配收入的提升，税率的动态调整能够有效应对经济变化，避免卷烟价格与收入脱节，进而使烟草消费税在长期内发挥更大的控烟作用。

（二）采用以从量税为主的计税方式

我国当前的烟草消费税征收方式以从价税为主，这种税制在一定程度上体现了税收的公平性。但烟草消费税的设计不仅要考虑税收公平，还需实现引导居民消费行为、调控烟草需求的目标。从目前的执行效果来看，以从价税为主的征税方式未能有效发挥控烟作用，反而在一定程度上扩大了不同价位卷烟的价格差距，促使低收入群体通过购买低价卷烟来替代高价卷烟。较高的从价税负担也对高价优质卷烟生产商构成压力，使其为维持利润而不得不采取降低生产成本的策略，这不利于烟草行业的产品结构升级。因此，我国有必要转变现行的烟草消费税征收方式，逐步由从价税为主转向从量税为主，甚至可以考虑最终实行单一的从量税制。当然，税制改革需要循序渐进，在现阶段的改革过程中，复合计征仍是较为可行的过渡形式。在维持从价税的基础上，我国应当大幅提高从量税税率，确保其在卷烟零售价中的占比逐步增加，使得从量税能够对烟草消费产生更大的影响。当从量税对控烟效果达到预期目标后，政府可以考虑逐步降低甚至取消从价税，最终实现以从量税为主的计税方式。

（三）加强烟草消费税税负透明度

第一，在烟草商品的价格标签、购物小票以及包装盒上标示出消费税的税额和税率。通过这一举措，消费者能够在购买烟草时明确知道自己承担的税款，进而提高其对税负的认知度。税负的透明化有助于提升控烟政策的有效性，因为当消费者了解到卷烟价格中的税额时，可能会对其购买行为产生重新评估，从而减少烟草消费。

第二，加强税收意识的培养。政府应加大税收常识的宣传力度，使公众尤其是吸烟者，能够理解烟草消费税的作用，并意识到税收的变动如何影响卷烟价格。这种税收意识的提升，不仅有助于公民更好地理解税制改革，还可以使居民在卷烟价格变化时能够及时将其与税收政策的调整联系起来，进一步增强控烟政策的引导作用。税收知识的普及，特别是与烟草消费相关的税收知识，将使公众对价格和税额变化产生更为敏锐的反应。

第三，逐步将烟草消费税由价内税改为价外税，可以借鉴增值税的税制模式。价外税能够使消费者在购买商品时直接看到税款的金额，避免了价内税可能导致的税款隐匿问题。这不仅能够提高税负透明度，还能防止税收的重复征收问题。价外税的实施将使烟草税负更加直观、明确，进一步增强消费者对税收的敏感性和认知能力，从而减少卷烟购买，达到控烟的目的。

（四）将烟草消费税征收环节转移至零售

我国现行烟草消费税分别在生产环节和批发环节进行征收，零售环节并未对其进行课征，这不利于烟草消费税发挥其控烟功能。在生产环节和批发环节征收的消费税，由于我国独特的定价机制，使其很难传递到零售价格中，大部分被烟草企业内化，无法实现"以税控烟"的目的。

尽管在零售环节征收烟草消费税会产生较大的征管成本，但其优点更加突出。首先，零售环节是距离烟草消费者最近的环节，在这一环节征收消费税能有效减少税收内化，并且通过价税联动机制能更好地提高卷烟价格，进而刺激消费者减少对卷烟的需求，从而充分发挥烟草消费税控烟功能。其次，零售环节课征烟草消费税能加强税负透明度，相较于过去在前两个环节征税，消费者能更直观地感知到烟草消费税税负的变化，从而在一定程度上加强烟草消费税的控烟功能。如果将零售环节征收的烟草消费税划入地方政府，则可弥补当地政府因承担吸烟行为带来的负外部性而造成的损失，这部分收入可以用来完善公共场所控烟措施、提供戒烟服务等方面。

（五）烟叶税并入烟草消费税

在论述烟草相关税种时，除了卷烟消费税外，烟叶税也是一个与其密切相关的税种。烟叶税是以纳税人收购烟叶的金额为计税依据征收的，主要针对晾晒烟叶和烤烟叶。作为地方税种，烟叶税的收入完全归地方财政所有。这种财政结构使地方政府的财政收入与烟叶种植的规模直接挂钩，烟叶的种植数量越多，地方政府的税收收入就越高。为了保障财政收入的稳定，地方政府往往会出台鼓励农民种植烟叶的政策，甚至为农户提供补贴，支持烟叶种植的基础设施建设。然而，在个别地区，这种政策演变为强制性措施，迫使农民不得不种植烟叶，导致烟叶种植规模不正常地扩张。这种扩张不仅加剧了烟草原材料的过剩问题，也使得控烟难度增加。

烟草公司在收购烟叶时，通过压低收购价格，将税负转嫁给烟农，增加了烟农的经济负担。这种税负转嫁机制进一步削弱了烟叶税的公平性，使原本处于弱势地位的农民承受了不应承担的税负压力。因此，当前的烟叶税制度不仅在经济上不公平，也在控烟政策的执行中产生了不利影响。基于此，可以将烟叶税并入烟草消费税，作为消费税中的一个单独税目进行征收。具体操作上，可以在烟草公司收购烟叶时取消烟叶税的征收，改为在烟叶销售给其他单位时征收烟叶消费税。通过这种调整，烟叶消费税可以依据烟叶的等级划分，不同等级对应不同的从量税额，以每公斤为单位征收。这种计税方式有助于防止烟草公司通过压低收购价格将税负转嫁给烟农，从而减轻农民的经济负担。

将烟叶税并入消费税能够切断地方财政收入与烟叶种植规模之间的直接联系。地方政府将不再通过鼓励甚至强制农民种植烟叶来增加财政收入，这一改革将有助于减少烟叶的种植面积，进而减少烟草制品的原材料供应，从源头上抑制烟草消费。农民也可以根据市场需求和自身经济情况选择种植其他农作物，而不再因为政策压力不得不种植烟叶。

对于那些烟草产量较大的地区，地方财政收入在短期内可能会受到一定影响。为了缓解这一问题，在一定年限内，中央政府可以从消费税的收入中划拨固定比例，设立专项转移支付基金，支持这些地方政府的财政稳定。通过这种财政支持机制,地方政府能够逐步适应财政收入结构的变化,同时不会因财政收入的骤减而继续依赖烟叶种植作为主要收入来源。

二、优化烟草消费的市场制度

(一)改革烟草专卖制度

我国的烟草专卖制度是基于一定历史条件下,为了规范烟草行业和稳定国家财政收入而设立的。随着时代的发展,这一制度在发挥规范行业作用的同时,也成为限制烟草消费税控烟功能的关键因素。烟草专卖局与烟草公司在现行体制下,既是行业的监管者,又是行业的重要参与者。烟草专卖局掌握了从烟叶采购到烟草销售的全流程,不仅为国家提供了稳定的税收来源,还有效避免了跨国烟草公司的冲击。然而,这种"政企合一"的体制模式导致对烟草行业的过度干预,限制了市场机制的正常运行,进而阻碍了烟草消费税发挥其控烟功能。

2009年,我国调整了烟草消费税,税负有所上升,但烟草的零售价格和销量却没有显著波动。这一现象可以归因于烟草专卖局通过调整企业的毛利率,将增加的税负在内部进行消化,避免将其直接传递到零售价格上。烟草消费税未能有效传导至消费者层面,也就无法通过提高价格来抑制烟草消费。因此,改善烟草专卖制度,特别是实现"政企分离",成为当务之急。

改善烟草专卖制度的核心在于实现"政企分离",即将烟草专卖局的监管职能与烟草企业的经营职能进行明确分离。烟草专卖局应当将自身定位为市场的监督者,减少对市场的直接干预,专注于政策制定和市场监管,确保市场的公平竞争。烟草生产企业应当被赋予更多的自主经营权,特别是应当享有直销的权利。通过允许企业直接面对消费者,企业可以更灵活地调整其经营策略,更好地适应市场需求,这不仅能够促进企业的转型升级,还能使价税联动机制更加顺畅地运行。

在现行体制下,价税联动机制未能充分发挥作用,主要原因在于专卖制度对价格的干预过多,使得消费税的调整未能有效传导到终端价格上。

通过改革专卖制度，尤其是减少烟草专卖局对价格的直接操控，可以使烟草消费税的调整更直接地反映到市场价格上，从而通过价格机制引导消费者的行为。当烟草的零售价格因税负上升而提高时，消费者的购买意愿将受到抑制，这将有助于减少烟草消费，实现控烟目标。

当然，实现"政企分离"是一个循序渐进的过程，不能一蹴而就。改革过程中，烟草专卖局应逐步将更多的自主权下放给企业，允许市场机制在价格形成和供需调节中发挥更大的作用。政府还应加强对市场的监管，确保税收政策的顺利实施和市场的公平竞争。通过合理的政策引导，可以逐步减少烟草专卖局对市场的干预，使市场机制和税收调控功能共同作用于控烟目标的实现。

（二）设立卷烟最低价格制度

第一，卷烟最低价格制度可以有效限制青少年吸烟。大多数青少年初次吸烟并非因为成瘾，而是由于好奇或受到外界影响。如果卷烟的最低价格超出了他们的经济承受范围，许多青少年可能不会轻易尝试吸烟。因此，通过设置合理的卷烟最低价格，可以提升青少年获取卷烟的经济门槛，降低他们开始吸烟的可能性。特别是在我国当前青少年吸烟率较高的情况下，这一措施能够起到遏制青少年吸烟的显著效果。

第二，最低价格制度能够限制低价烟草的生产与消费。低价烟草通常以低质低价的形式销售，面向低收入群体。然而，当卷烟最低价格提高后，低价卷烟的优势不再显著，消费者会更倾向于选择质量较高的中高档卷烟。烟草生产企业也将减少低档卷烟的生产，转而投入更多资源于中高档卷烟的生产和销售。这种变化不仅能够减少低档劣质卷烟的供应，还能促使部分消费者逐渐减少烟草消费，甚至戒烟，从而实现控烟效果。

第三，最低价格制度的实施还将促进消费者的消费习惯转变。对于经常购买低价卷烟的消费者来说，短期内可能会选择价格更高的中档或高档卷烟，但随着价格持续提高，消费者为减少日常开支，可能会通过减少吸烟次数或戒烟来应对。这种消费习惯的改变将进一步推动控烟目标的实现，进而有助于提升公众健康水平。

三、加强公共场所控烟的配套措施

（一）完善控烟相关法律法规

到 2021 年为止，我国已经出台了关于烟草包装以及控烟措施的相关规定，但仍存在改进空间。例如，我国规定烟草包装正反面上必须各有一句警示语，均位于包装下部，且面积不得小于所在面的 35%[①]。然而，国外要求比例通常在 50% 以上，且并非单纯警告语，而是各种病变的图案，这样使其对吸烟者的威慑力更大。国外控烟成功的国家还对哪些公共场所需要禁烟、烟草合法购买年龄等出台了相关法律，以此辅助烟草消费税政策达成控烟禁烟目的。

借鉴相关经验，我国应该制定更加全面且严格的法律法规，可以从以下方面考虑：

第一，禁止烟草零售商向 18 岁以下的未成年人以任何形式销售卷烟，违者对商家处以严厉处罚。

第二，全面禁止在医院、学校、幼儿园、餐馆等场所吸烟，在这些地方必须严格张贴显著禁烟标志。

第三，在烟草包装上增加警示图，并提高相关标志的面积比例，对于包装不达标的产品禁止销售。

此外，我国还应加大对卷烟非法走私行为的监督力度。这是因为走私烟中包含大量的假烟，这些假烟由于使用各种劣质材料以及各种落后的制造设备与生产工艺，导致含有大量焦油，会对人体造成严重危害。在 2013 年我国签署了《消除烟草制品非法贸易议定书》，其核心是通过加强烟草供应链的监管与国际相互合作，打击烟草走私等违法犯罪行为，努力实现全面消除烟草非法贸易的目的，从而保护公众健康。

[①] 国家烟草专卖局，国家质检总局. 中华人民共和国境内卷烟包装标识的规定 [OL]. http://www.tobacco.gov.cn/gjyc/scjy/20160701/da6914d3d2194032abdb0499684ae0da.shtml, 2016.

(二）宣传烟草危害，促进全民控烟氛围

第一，大力宣传烟草的危害，培养居民禁烟意识。政府可以借助网络媒体、电视报纸等途径，将烟草的危害以及我国相关控烟条例进行宣传。卫生管理部门可以定期在社区、街道开展科普教育活动，积极地向人们发放与烟草危害有关的宣传手册。在一些有大屏幕的公共场所如地铁站、火车站、飞机航站楼等，可以持续播放各种关于烟草危害、控烟条例的宣传视频，即使人们对此并未投入过多关注，也能在潜移默化之中给居民种下吸烟有害健康、创建无烟社会理念的种子，并使居民感受到我国对控烟行动的重视，最终有助于形成全民控烟的风气。

第二，加强青少年的无烟观念。当下，诸多电影、电视节目中都会出现吸烟的情况，其中部分是为了还原历史人物的生活习惯。然而，这些场景更多地出现在偶像剧、都市剧中，是为了展现社会精英的潇洒气质，很容易吸引那些心智不健全的青少年对吸烟行为的追捧和模仿，将它视为体现生活品质的必需品。这些都与当下倡导的控烟理念背道而驰，政府部门应对违反规定的媒体进行警告并罚款，必要的时候可以责令其改正，对于那些情节严重的要进行通报批评并停止其相关活动。

第三，纠正我国不良的吸烟文化。在当今社会，卷烟已经成为一种人与人之间的社交工具，高档卷烟在当下是送礼的常见物品，特别是那些价格高昂的烟草制品。对于那些烟瘾重的人，日常生活中"见面递烟""饭后吸烟"也成为一种生活习惯。由于吸食烟草时会给人带来短暂的快感，导致部分人在工作压力或精神压力过大时，通常会通过抽烟来舒缓精神、缓解压力。因此，政府部门要营造一种全民禁烟控烟的社会风气，让烟草不再成为一种社交工具，让居民在日常生活中自发地抵制烟草制品，在观念上将烟草与其他对身体有害的商品等同。面对周围亲朋好友的吸烟行为能进行劝阻，在禁烟场所看到他人吸烟时能进行制止，只有全社会居民共同参与进来，才能创建一个真正的无烟社会。

（三）联合社会各界共创无烟环境

第一，加强政府部门配合，形成联动执法机制。当前的控烟执法部门

权力分散,各部门大多各自为政。因此,控烟执法应采取多部门联合管理的方式,加强部门之间的合作,形成合力共同实现控烟目标。其中,要明确卫生部门的牵头地位,但在控烟工作中遇到重要问题不能仅由卫生部门决定,而是与其他相关部门相互协商,共同制定解决措施。组建联合执法监督队,由各部门人员组成,对控烟工作进行监督,保证工作的有序进行。构建控烟成果评价体系,由主管部门以及监管人员定期对成果打分,将分数列入各部门年度绩效考核指标中。如此联合执法,各部门相互监督、相互配合,真正将控烟工作落到实处。

第二,团结社会各方力量,完善控烟组织。当前我国控烟工作多是由政府部门的人员完成,但由于人数较少,在控烟方面力有未逮。因此,政府应该在全国范围内,广泛动员各地民间控烟组织,让社会各阶层人员积极参与到全国控烟活动中,组建一个由社会各行各业人员都参与其中的控烟组织。组织建成后,要积极吸纳社会各方人士加入其中,扩大执法与宣传队伍。这些人通过组织专业的培训之后,如对控烟条例的了解、对烟草的危害认知,以及如何有效劝导他人话术等,就能以志愿者的身份积极参与各项控烟工作中。这样既能有效减少政府为开展控烟禁烟工作而增加的成本,也加强了社会各方对控烟行动的关注,将"公共场所控烟"渗透到社会的每个角落,最终达成无烟社会的目标。

第二节 成品油消费税的消费效应与改革

一、扩大征税范围,增强引导作用

(一)扩大成品油消费税的征税范围

成品油消费税一直是我国财政收入和调控市场的重要工具之一。然而,随着市场的发展,部分化工品由于未被列入消费税征收范围,成为逃避税收的"灰色地带"。这种情况不仅导致税收流失,更使得市场竞争秩序受到了严重破坏。尤其是在成品油价格波动较大的背景下,企业为了降低成本,往往通过调和油的形式规避消费税,从而扰乱了市场的公平竞争环境。因此,扩大成品油消费税征税范围,堵塞税收漏洞成为亟须解决的问题。2023年,政府发布了《关于提高成品油消费税税率的通知》及相关执行口径的公告,显著扩大了成品油消费税的征税范围。这一举措旨在将那些原本游离于消费税体系之外,但实质上具有成品油属性的化工品纳入征税范围,以减少税收流失,引导市场健康发展。

本次政策调整将多个化工品纳入成品油消费税的征收范围,具体包括烷基化油、石油醚、粗白油、轻质白油、部分工业白油、混合芳烃、混合碳八、稳定轻烃以及轻质煤焦油等。这些化工品在过去未被纳入消费税的管理体系中,往往被广泛用于成品油调和,成为不法企业规避消费税的重要手段。通过调和油形式销售的成品油,其价格较低,打破了市场的公平竞争原则,同时严重影响了合法经营企业的市场份额。新政策的推出确保了这一税收漏洞得到有效遏制,增加了税收覆盖面,提升了成品油市场的透明度和公正性。

扩大征税范围后,调和油市场的规范性显著提升。调和油长期以来是税收流失的主要来源,部分企业利用其逃避消费税的性质在市场上获取不正当竞争优势。新政策通过对化工品的有效管控,防止企业利用这些产品规避税收,修复了市场的竞争秩序。税收公平性也得到了明显改善,确保市场参与者之间的竞争处于一个更加公平的环境下。合法经营的企业不再面临来自逃税行为的竞争压力,市场的健康发展得以维持。

除了税收公平性外,扩大成品油消费税征税范围还有助于促进环境保护和资源的合理配置。成品油作为高污染产品,其生产与使用对环境的影响较为显著。通过对其调和产品的严格监管,政府能够进一步引导企业使用更加环保的生产工艺和资源配置方式,减少对环境的负面影响。税收政策的调整,也在一定程度上推动了企业对清洁能源的关注和研发,进一步促进我国能源结构的优化和环保事业的持续推进。

（二）逐步恢复对航空煤油的消费税征收

航空煤油作为航空运输的主要燃料，长期以来由于其行业的特殊性而未被列入消费税征收体系。随着我国航空运输业的快速扩张，航空煤油的消耗量也在逐年攀升，导致能源消耗和环境污染问题日益严重。根据相关统计，航空煤油的使用不仅加剧了能源供需矛盾，还对大气环境造成了较大的污染。因此，恢复对航空煤油的消费税征收是治理能源浪费、减轻环境压力的必要手段之一。

从全球视角来看，许多发达国家已经开始针对航空燃料采取不同形式的税收措施，以推动绿色出行和低碳经济的发展。在这一背景下，我国逐步恢复航空煤油消费税的征收，不仅与全球环保趋势接轨，还可以借助税收杠杆作用引导航空企业提升能效，减少燃油消耗，进而推动整个行业向更加可持续的方向发展。

对航空煤油恢复征税的核心目标之一是通过税收手段促进环保。航空煤油作为高耗能、高污染的燃料，其大量使用对空气质量的影响不容忽视。恢复征税后，航空企业势必面临更高的运营成本，这将促使它们寻求技术创新，提高燃油利用效率，或转向更加环保的替代能源。税收增加也会传导至消费者层面，促使公众更加注重绿色出行，选择低碳出行方式。消费税的恢复征收还具有一定的经济调节作用。通过税收增加燃料成本，市场将自发调节航空运输的供需关系，避免因低成本燃料带来的过度使用和浪费。从长期来看，这一政策能够对航空运输业的发展产生正向引导，推动企业更加注重能源的节约与利用，促进行业的绿色转型。

尽管恢复对航空煤油的消费税征收具有诸多正面效益，但政府在制定相关政策时仍需格外谨慎，充分考虑航空运输业的特殊性。航空业不仅是国民经济的重要支柱，还承载着国际交流、物流运输等关键职能。恢复消费税的征收若处理不当，可能导致行业成本骤增，从而对整个市场产生冲击。为此，采取渐进式的政策推进方式显得尤为重要。政府可以根据航空煤油的市场需求、价格波动以及行业发展趋势，逐步提高税率，避免一次性增加过多税收负担。政府还可以采取灵活的税收减免或优惠政策，对于特殊时期或特定条件下的航空运输活动，如国际航班或紧急物资运输等，给予适当的税收减免,以确保航空业的正常运营不受过大影响。

在推动航空煤油消费税恢复征收的过程中,政府需要对市场反应保持密切关注。航空业作为对成本高度敏感的行业,政策的调整会直接影响到票价、航线安排以及企业的经营决策。因此,税收政策的制定不仅要考虑到环保目标,还需平衡企业的承受能力,避免因税收过高而导致航班减少、票价上涨,从而影响民众的出行体验和物流运输效率。政府可以通过政策试点、数据分析等手段,在逐步推进征税的同时,及时评估市场反应,调整政策力度与实施节奏。这种灵活的政策调整机制,既能确保环保目标的实现,又能避免对行业发展造成不必要的冲击,从而实现经济与环境效益的双赢。

二、科学设置税率,增强调节作用

成品油消费税作为调节消费、促进资源节约和环境保护的重要税收政策,其税率的科学设置对于实现税收政策的既定目标至关重要。当前,我国成品油消费税的征收主要按照油品分类进行征收,难以有效发挥税收弥补负外部效应的功能。因此,科学设置税率,增强税收的调节作用,成为成品油消费税改革的重要方向。

(一)用途不同,设置不同税率

成品油作为重要的能源产品,其使用目的多种多样,包括机动车动力提供、工业和商业燃料、加热燃料等。不同用途的成品油对环境和资源的影响程度也不同。因此,根据成品油的不同用途设置不同的消费税税率,是实现税收公平与效率的重要举措。

借鉴国际经验,尤其是欧洲国家在成品油消费税设置方面的成功案例,可以为我国的税制改革提供有益参考。为打破一刀切的征收方式,应根据成品油的具体用途,设定差异化税率。对用于生活和加热的成品油,应实施较低的税率,以减轻消费者的经济负担,提升民生福祉;而对于用于提供动力的成品油,则应设定较高的税率,以强化税收的调控作用。这种税率差异化不仅有助于促进资源的节约使用,还能够推动环境保护,实现可持续发展目标。

（二）污染程度不同，设置不同税率

近年来，随着机动车数量的不断增加，成品油燃烧带来的空气污染问题日益严重。因此，根据成品油的污染程度设置不同的消费税税率，成为引导消费者选用清洁成品油、促进环境保护的重要手段。

在推动可持续发展的背景下，打破消费税限制、按环保标准和污染物排放指标分级征收成品油消费税的建议具有重要意义。通过对成品油的污染等级进行设定，可以根据其二氧化碳和硫化物等污染物的含量，合理划分不同的税率。具体而言，对于污染度高的成品油，建议实施高税率，而对低污染成品油则适用较低税率。这一措施不仅有助于提高消费者的环保意识，还能通过税收杠杆引导消费者选择更清洁的成品油，进而减少环境污染。

同时，在设置税率时，需充分考虑行业的依赖程度，以避免对相关行业的发展造成过大负担。尤其是在能源结构转型过程中，部分行业可能对传统成品油存在较强依赖，因此，合理的税率设计应在促进环保和保障经济可持续发展之间取得平衡。通过科学的政策设计，既可以推动消费者向绿色选择转型，又能为相关行业提供适应性调整的空间，确保经济的平稳过渡。总体而言，这一系列措施将有效促进资源的合理利用，推动社会向更加清洁和可持续的未来迈进。

三、转变计税方式，明确调节导向

当前的成品油消费税为从量税，这一税制便于征收并能保持相对稳定的税收收入。然而，消费税收入与成品油价格的变动不同步，导致其对消费的调控作用减弱。为增强调节消费的效果，建议在成品油价格变化时及时调整税负，以更好地反映市场状况。具体而言，可以考虑将成品油的计税方式改为从量和从价相结合，类似于卷烟消费税的模式，这不仅能够更精准地调节消费需求，还能在一定程度上提升税收的公平性与灵活性，从而实现税制的优化与升级。

（一）生产环节从量计征

在全球范围内，大多数国家选择从量计征的方式征收成品油消费税。这种方法的优势在于一次性征税额度较大，能够有效地简化税款管理，降低漏征风险。同时，成品油消费税的管理应重视税基的建设，包括对消费品数量和销售收入的有效监管。在这方面，销售数量的监管显得相对简单且直观，便于税务部门及时获取准确的数据，从而确保税收的公平性与透明度。

从量定额征收的方式，不仅保证了税收的稳定性，还有助于有效筹集国家财政收入。在当前经济形势下，稳定的税收来源对于国家的财政政策和经济发展至关重要。因此，继续沿用这种征收方法，将有助于提升税收管理效率，增强财政政策的可持续性。

基于以上分析，我国应坚定不移地继续采用从量计征的成品油消费税征收方法。这一措施不仅能确保税收的稳定和充足，还能为国家的经济发展提供坚实的财政保障。在未来的发展过程中，加强对税基的监管、完善相关政策，将进一步提升税收管理的科学性和有效性，为经济的持续健康发展奠定基础。

（二）零售环节从价计征

从价税是指基于课税对象的价格或金额进行征税的一种税种，显著区别于从量税。它以商品或服务的实际市场价值为基础，体现了经济交易中的实际情况。在当前税制改革中，从价税的应用逐渐受到重视，尤其是在成品油消费税的改革过程中，展示了其独特的优势。

从价税具有明确的税率，这为国际间的税收比较提供了便利。同时，它符合税收公平原则，确保不同经济能力的纳税人根据其支付能力承担相应的税负。此外，从价税的征收程序相对简便，降低了行政成本和征收难度，尤其是在市场价格波动的情况下，税款与商品价格直接挂钩，使得税收收入能够随着价格的增长而相应增加，从而促进了财政收入的稳定性和可持续性。

以成品油消费税为例，改为从价计征后，税款与油品价格紧密相连，这不仅提高了税收的弹性，也使得税收能够在不同市场环境中更有效地进行收入再分配。在高油价时期，税负随之增加，而在物价上升的情况下，税收的增长则体现了量能纳税原则，使得经济负担能够合理分摊。

从消费调节的角度来看，从价税相比于从量税，更能有效地反映市场价格变动对消费的影响。从量税由于其固定税率的特性，往往在消费调节能力上显得不足。而从价税则增强了消费税与油品价格之间的联系，提高了调控效果。通过合理的税制设计，从价税能够更有效地引导消费行为，促进资源的合理配置，最终实现社会经济的可持续发展。

四、实现多环节征收，强化调节功能

我国现行的成品油消费税征收主要集中在生产环节，这会导致消费者难以理解成品油征收的真正意图是为了限制成品油的消费。消费者也难以了解到成品油价格的组成，冲击了消费税对成品油消费行为的调控作用，弱化了其对消费需求的引导作用，也难以实现国家通过消费税征收调节成品油消费的目的。当前可以后移征税环节的消费税税目有许多个满足条件，其中包含成品油。所以，可以增加成品油消费税改革在零售环节征收消费税的制度设计。

（一）保持生产、进口环节征收不变

1. 生产、进口环节的税收作用

成品油作为国家能源战略的重要组成部分，其生产和进口环节是能源流入市场的第一个关键节点。在这些环节征收消费税，能够有效覆盖能源供应链的上游阶段，确保国家对能源资源的税收管理从源头上进行调控。生产环节的税收征收有助于对国内石油生产企业的产量进行规范，而进口环节的征税则是对外部能源输入的有力调节，确保进口石油在税收方面与国内生产保持相对平衡，避免因价格差异导致的市场失衡。生产和进口环节作为成品油流通的起始点，是税收征管相对固定和明确的环节。相比于流通环节的复杂性和不可控性，生产和进口环节更容易进行税收管理和监控，这使得在这些环节征税能够更好地保障税收的足额征收和及时入库。

2. 确保财政收入的稳定性

保持生产、进口环节的税收征收，对于确保财政收入的稳定性具有重要意义。在全球经济下行压力增大的背景下，国家需要通过多种途径确保财政收入的持续增长。成品油消费税作为财政收入的重要组成部分，尤其是在国家实施大规模减税降费政策的背景下，其稳定性显得尤为重要。生产和进口环节的税收具有相对固定的税基和可靠的征管制度，保持这两个环节的税收政策不变，可以为国家财政收入提供重要保障，防止因税制调整导致的财政收入大幅波动。成品油消费税的大部分收入归中央财政所有，而部分收入通过转移支付形式下发至地方政府，用于支持地方经济建设和公共服务。保持生产、进口环节征税不变，既能确保中央财政的稳定性，也有助于维持地方财政的平衡发展，避免地方政府因财政收入减少而出现财力不足的局面。

3. 政策调整的现实需求与挑战

虽然后移成品油消费税征税环节是未来税制改革的方向，但在现阶段，直接废除生产、进口环节的税收征收是不切实际的。这主要基于以下方面的考虑：

（1）成品油作为国家经济命脉的重要资源，其消费税政策调整必须审慎进行。生产和进口环节的税收不仅涉及税基的调整，还关系到整个市场的价格机制。一旦这些环节的税收被取消，成品油的市场价格可能出现大幅波动，进而影响市场供需关系，给宏观经济稳定带来潜在风险。

（2）后移征税环节意味着将更多税收压力转移至消费环节。消费环节的税收征管难度相对较大，尤其是在国内成品油市场结构复杂、流通渠道多样的情况下，消费环节的税收容易出现监管漏洞，增加了偷逃税行为的风险。因此，在税制改革的过程中，必须考虑到税收征管的实际难度，确保财政收入的稳定增长。

（二）增加零售征收环节

在成品油的消费税征收中，将税款在零售环节的征收纳入考量，能够有效提升税款的透明度。借鉴国外的成功做法，可以在消费者的购物小票上明确标注税额，这一措施不仅有助于消费者直观地了解自己为成品油支付的税款，还能增强其对税负的认知和理解。通过这种方式，消费者对承担税款的"痛感"得以加深，进而提高其节约意识。这一过程有助于国家节能减排政策的落实与推广，促进绿色消费的深入理解和实践。

我国消费税的征收方式较为集中，主要依赖于生产环节。这样的税收结构不仅加重了生产企业的负担，也使得税收的公平性受到质疑。因此，有必要考虑将部分消费税下放至零售环节，以减轻企业在生产过程中的经济压力。这一转变将有助于构建更加合理的税收体系，促进经济的健康发展。

值得注意的是，过重的零售税负可能引发偷逃税现象，给税收征管带来挑战。因此，在调整征收方式时，需要谨慎考量税负对市场的影响，确保新政策的实施能够在不增加逃税风险的情况下，优化税收结构。适度下放税收至零售环节，不仅能够增强市场的规范性，打击走私油等违规市场行为，还能让消费者明确消费支出的用途，从而增强对国家税收政策的信任。

通过增强消费者对成品油定价机制的理解，税收政策得以更好地融入消费者的日常生活中，使其在消费时考虑到节能和环保的因素。

第三节 奢侈品消费税改革的完善策略

一、调整奢侈品征税范围

奢侈品征税作为调节收入分配、引导消费结构的重要手段，其征税范围的合理设定，对于实现税收公平与效率具有重要意义。随着我国经济的持续发展和居民生活水平的提高，奢侈品市场呈现出新的变化。因此，适时调整奢侈品征税范围，以适应市场变化和社会发展的需要，成为当前税收政策调整的重要议题。

(一)剔除旧税目的考量

在当前的奢侈品征税体系中,部分税目已不再适应新时代的市场规制需要。具体而言,金银首饰、铂金首饰、钻石及钻石饰品,以及其他贵重首饰和珠宝玉石等传统税目,由于市场普及度的提高和消费者偏好的变化,已不再具备奢侈品的高昂价格和稀缺性特征。因此,可以将这些税目统一合并为"高档首饰珠宝"这一新税目,以更准确地反映当前奢侈品市场的实际情况,同时保持税收政策的连续性和稳定性。

(二)增加新税目的必要性

随着奢侈品市场的不断发展和消费结构的升级,新的奢侈品类型不断涌现,成为消费者追求高品质生活的重要象征。因此,有必要将这些新兴奢侈品纳入征税范围,以充分发挥税收的调节作用。

第一,A类奢侈品的增设。私人飞机和豪华别墅作为顶级奢侈品的代表,不仅价格昂贵,而且象征着极高的社会地位和财富水平。将这些产品纳入奢侈品征税范围,可以有效调节高收入群体的消费行为,促进资源的合理配置。

第二,B类奢侈品的扩展。高档定制服装、高档腕表、高档箱包及配饰、高档鞋类等商品,近年来在全球奢侈品市场中表现出强劲的增长势头。这些商品不仅具有高昂的价格,而且代表着时尚潮流和品位追求。将它们纳入奢侈品征税范围,可以引导消费者理性消费,同时增加国家财政收入。

第三,奢侈服务的征税。奢侈服务作为奢侈品市场的重要组成部分,其消费行为和消费场所也应纳入征税范围。高档酒店、豪华游轮、私人包机、高端旅游、高端运动等服务项目,不仅价格昂贵,而且往往与特定的社交圈层和身份地位相关联。对这些服务征收奢侈品消费税,可以抑制过度消费,促进社会的公平与和谐[①]。

第四,奢侈消费场所的征税。高尔夫球场、私人飞机场、高档酒店、游轮俱乐部、赛车俱乐部等奢侈消费场所,是提供奢侈服务的重要载体。

---

① 黄国龙,汪松玲. 对我国完善奢侈品消费税的思考[J]. 税务研究,2011(11):52-54.

对这些场所征税，不仅可以弥补仅对服务征税的不足，而且可以确保税收的公平性和完整性。这些场所的经营者往往拥有较高的盈利能力，对其征税有助于实现税收的调节功能。

二、调整奢侈品税率

我国奢侈品消费税税率存在显著不均衡，亟需优化调整，以实现更为合理的税收分配。为此，建议实施差异化税率策略，根据不同阶层的消费能力，特别是针对富豪阶层、富裕阶层和中产阶层，设定不同的税率，以促进税收公平。富豪阶层主要消费顶级奢侈品，如私人飞机、游艇和超豪华汽车，其消费能力远高于其他阶层。针对这一特征，适度提高富豪阶层奢侈品的税率，不仅有助于增加国家税收，还能引导消费向更为可持续的方向发展，从而推动社会资源的合理配置与经济的均衡发展。通过这种调整，既能体现税收的公平性，也能促进社会财富的合理再分配。这一建议基于两点考虑：一是抑制过度消费，二是通过增加税收来助力缩小贫富差距。当前，我国对游艇和超豪华小汽车征收10%的消费税，与珠宝玉石等商品的税率相同，这显然忽视了它们之间的巨大价值差异。因此，可以将这类顶级奢侈品的税率提升至15%～20%，这样的调整对于富豪阶层而言影响甚微，却能更有效地调节收入差距。

富裕阶层的消费主要集中在中档奢侈品，如高档手表、珠宝及金银首饰。对于这类商品，应实施分层次的税率策略。当前，我国高档手表的税率为20%，相对较高，甚至超过了某些顶级奢侈品的税率，这可能导致消费外流和税源损失。因此，可以将高档手表的税率适度降低至15%，以与顶级奢侈品税率保持一致。而珠宝玉石及金银首饰的税率则较为合理，可维持现状。

中产阶层主要消费高档化妆品，这类商品已逐渐普及，成为日常用品。考虑到这一变化，我国政府已将化妆品的消费税税率从30%降低至15%。随着消费者购买力的进一步提升，15%的税率仍显偏高。因此，可以将其进一步降低至10%，以避免抑制消费并防止消费外流。为了保持经济稳定和政府税收的平稳，不宜一次性大幅降低税率。

对于奢侈服务，如高尔夫球场、私人飞机场、高档酒店等场所的消费，可以根据消费场所的不同，征收 50 元至 500 元不等的税款。这种税率设计既能体现税收的公平性，又能确保政府税收收入的稳定性①。

三、改价内征收为价外征收

将奢侈品消费税的征收方式由价内税转变为价外税，具有多方面的积极意义。提升税收透明度是当今经济体系中的一项重要举措。通过引入价外税，纳税人对所承担的税额有了更清晰的认识，增强了纳税意识。这种透明性不仅让消费者明确了解商品的真实价格构成，还有效保护了消费者的权益，消除了信息不对称现象，防止商家在不透明环境中随意涨价。此外，价外税的实施也为监督商家行为提供了有力工具。透明的价格和税率促使商家在定价时更加谨慎，有助于降低成本和推动创新，避免了过度涨价的情况。借鉴增值税的实施方式，在奢侈品销售中开具详细发票，并在价格牌上注明税额，不仅提升了交易的透明度，还在一定程度上约束了商家的销售行为。这些措施共同构成了一个更加公平、透明的市场环境，最终实现了对消费者和商家的双重保护，促进了经济的健康发展。举例来说，在价内税模式下，即使商品税负降低，商家也可能维持商品价格不变或趁机涨价，导致消费者无法享受到降税带来的实惠。然而，在价外税模式下，由于税和价被明确列明，消费者能够清晰地了解税额和税率，从而有效管理商家的销售行为，确保自身权益得到保障。

四、调整部分奢侈品的征税环节

奢侈品税的征收环节是当前税制改革中的重要议题，主要设定在生产、进口及委托加工环节。这一设计具有明显的优势：首先，通过集中在这些环节征税，可以提高税收效率，降低征收的难度，进而节省管理成本。当前，除了金银首饰和超豪华小汽车外，其他奢侈品主要是在生产销售或委

---

① 杨鑫. 我国奢侈品消费税改革的完善研究 [D]. 上海：华东政法大学，2020：31-33.

托加工环节进行征税。这种单一环节的征税模式虽然在一定程度上简化了税务管理，但也暴露出了一些不足之处，尤其是可能导致税收流失的问题。

针对这一现状，改革建议主要集中在增加奢侈品在零售环节的征税。这一措施可以有效缓解目前单一环节征税所带来的问题。首先，增加税目可以防止因税收基础过于狭窄而导致的收入流失。其次，随着税务机关征收能力的不断增强，现有的体制已经能够支持对部分零售环节奢侈品的征税。因此，在零售环节进行税收征管，将有助于全面覆盖奢侈品消费的各个环节，提高整体税收的公平性和有效性。

在借鉴国际经验方面，可以参考其他国家在奢侈品税收方面的做法。例如，某些国家将私人飞机、游艇等高端消费品纳入零售环节征税，形成了相对全面的税收体系。此外，韩国将奢华酒店、高端旅游等"奢侈服务"纳入零售征税的实践，也为我国的奢侈品税收改革提供了有益的借鉴。这些国际经验表明，扩大征税范围不仅有助于提高税收收入，还能够对奢侈品消费形成一定的约束，从而促进社会的可持续发展。

在征收方式上，借鉴增值税的操作模式是一个切实可行的选择。在各个环节开具消费税发票，并在发票中明确标示奢侈品消费税款，实施凭发票抵扣制度，将形成一个完整的监督链条。这一措施不仅能够有效减少偷逃税现象，还能提高税收的透明度和公正性，为税务机关提供更为可靠的征收依据。通过在各环节开具消费税发票并实行抵扣制度，可以形成对奢侈品生产和销售全过程的监督，有助于维护市场秩序和消费者权益。因此，调整部分奢侈品征税环节的策略是完善奢侈品税改革的重要举措之一。

五、优化奢侈品消费税的征收征管

随着奢侈品消费税扩围的实施，征收对象由原来的六大类增加至十几类，工作量显著增加。这一改革将私人飞机、游艇等奢侈服务的征税环节调整至零售环节，导致纳税人数量大幅上升。这不仅提升了税收的覆盖面，也使得征税过程更加复杂。面对这一变化，征税机构需要提高税收征管水平，以应对增加的工作量和纳税人需求，从而实现低成本、高效率的征管效果。这一系列措施的实施，旨在推动奢侈品消费税制的完善，促进公平税负，进一步优化社会资源的配置。具体做法有以下方面：

（一）利用现代计算机技术监管纳税人账户信息

在奢侈品消费税改革后，纳税环节的增多和后移使得纳税人的数量有所增加。这一变化要求税务部门能够更加高效地管理纳税人信息。利用现代计算机技术进行纳税人账户信息的监管，是提升税收征管水平的关键手段之一。

第一，税务部门可以通过现代信息技术，实现对奢侈品零售商销售应税奢侈品数量的实时监控。零售商作为代扣代缴人的角色，可以有效减少纳税过程中的漏税和偷税行为。通过对零售商销售数据的自动化分析，税务机关能够及时发现异常情况，并迅速采取相应措施。这不仅提高了税收征管的效率，还减少了人为干预可能带来的风险。

第二，现代计算机技术还可以帮助税务机关实现税收数据的整合与分析。通过对大数据的深入挖掘，税务部门可以掌握奢侈品市场的消费动态，并据此调整税收政策。这种动态调整有助于保持税收政策的灵活性，使其更好地适应市场变化。实时数据的分析与反馈也为税务部门提供了更多决策支持，帮助其优化税收征管的具体操作。

（二）强化销售环节的监督机制

奢侈品税的改革可能引发一些不良现象，如税涨价涨、税降价不降等问题。这些问题不仅会损害消费者的利益，还可能削弱国家奢侈品消费税的权威性。因此，加强对销售环节的监督，成为确保税收政策顺利实施的重要环节。在奢侈品税改革中，税务监督部门必须加强对销售者的监管，确保销售者严格按照税收政策执行价格调整，避免借机牟取暴利。税务部门还需要建立完善的举报机制，鼓励消费者积极参与监督。一旦消费者发现销售环节存在价格不合理波动，或怀疑销售者存在偷税漏税行为，应该有相应的渠道进行举报。通过设置相应的奖励措施，可以进一步激励消费者和社会各界积极参与税收监督，共同维护税收秩序。税务部门还可以定期对奢侈品市场进行抽查，检查销售者是否按照规定进行纳税申报。这样的抽查不仅可以起到震慑作用，还能帮助税务部门及时发现市场中的违规行为，确保税收征管的公平性和透明度。

（三）加强进口环节税收征管

在奢侈品消费市场中，进口奢侈品是我国奢侈品消费的主要来源之一。伴随着全球化的加速与跨境电商的发展，许多消费者通过海外购物、代购等方式购买奢侈品，导致消费税外流严重。为应对这一问题，必须加强对进口环节的税收征管，确保国家税收政策的有效落实，堵住税收流失的漏洞。进口奢侈品是奢侈品消费税的一个重要来源，若未能在进口环节严密把控，后续征税环节中的管理将面临巨大困难。因此，海关作为奢侈品进口的第一道关口，其职责显得尤为重要。通过在进口环节加强税收征管，能够有效阻止逃税、漏税等违法行为的发生，确保奢侈品的税收收入得到全面收缴。为确保奢侈品税收的应收尽收，海关部门需采取多项措施加强对进口环节的监管。

第一，通过技术手段加强对进口奢侈品的查验工作。现代化的海关监管系统，如X光机、智能识别系统等，能够有效提升货物查验的效率与准确性，减少漏报和瞒报行为。通过精准的技术监测，海关能够实时掌握奢侈品的进口数据，为后续的税收征管提供有力支持。

第二，建立严格的申报制度，要求进口商在通关时详细填写商品信息，尤其是涉及奢侈品类目时，必须如实申报其品牌、数量及价值等关键信息。一旦发现申报不实或刻意隐瞒行为，海关应严格按照相关法律法规追究其责任，给予处罚。这不仅能够有效遏制偷漏税行为，还能够形成强大的震慑效应，促使进口商主动合规。

第三，加强部门协作，形成打击合力。进口奢侈品税收征管的加强，不仅仅依赖海关部门的单独努力，还需要相关部门的通力协作。①海关与税务部门应建立紧密的合作机制，及时共享进口奢侈品的数据，确保各部门在税收征管过程中能够相互配合，共同推进税收政策的实施。通过实时数据共享，税务部门可以依据海关提供的数据及时掌握进口奢侈品的流通情况，并据此进行后续的税务审核与征管。②市场监管部门也应与海关密切配合，共同对奢侈品市场进行监管。市场监管部门在国内销售环节具有较强的监管职能,可以通过检查销售商的进货渠道、销售记录等方式,确保进口奢侈品的合法性。一旦发现未按规定申报税收的奢侈品,市场监管部门可以及时与海关及税务部门沟通,依法追缴税款,打击违法行为。③通过与金融机构的合作,海关和税务部门可以进一步加强对奢侈品交易资金的监控。尤其是在跨境交易中,金融数据的透明化能够有效遏制逃税行为,为税收征管提供更全面的信息支持。

第四节 小汽车消费税征税模式改革

一、优化小汽车消费税征收环节与征管措施

(一)小汽车消费税征收移至零售环节

将小汽车消费税移至零售阶段,以零售价格为依据,能够有效扩增税基,促进税收的公平性与合理性。这一举措有助于避免整车概念模糊所导致的消费税分散问题,从而提高税收管理的效率。通过在零售环节征税,可以显著降低中间商因库存积压和销售不达标所产生的资金成本,使整个产业链的运营更加顺畅。

小汽车零售商的数量相对固定,且多集中于特定的区域,因此这一税收征收模式在操作上更为可行。此外,随着机动车管理技术的日益成熟,以及网络平台的广泛应用,征收管理的难度大幅降低,有助于实现精准征税和高效监管。

建议将纳税义务人设为消费者,而将零售商作为扣缴义务人,这一安排不仅能够简化税收收集的流程,还能增强消费者的税务意识,提升税收合规性。整体而言,以上措施的实施不仅能提高小汽车消费税的征收效率,优化税收结构,还能为国家财政提供稳定的支持,促进汽车市场的健康发展。

(二)在零售环节增设反避税征管机制

在当前的税收征管法和消费税立法中,缺乏针对消费税的一般反避税条款,限制了税务机关有效行使反避税权力,导致税收流失的风险增加。因此,建议在消费税法中引入覆盖所有税目的整体反避税条款,特别是针对小汽车税目的消费税。这一举措不仅能够提高税务机关的执法效率,还能在一定程度上遏制税收规避行为。

为防止小汽车零售中通过不合理价格和销售量进行避税,税务机关应根据市场平均价格设定合理的计税价格区间。这一措施可以有效减少因价格操纵而造成的税收损失。此外,当商家申报的价格低于设定的最低值时,需进行计税价格核定,以调整不合理价格,从而确保计税的公平性和准确性。

已有的相关政策,例如卷烟和白酒消费税,已根据销售价格和毛利率确定最低计税价格,为小汽车消费税的核定提供良好的参考。这些政策的成功经验表明,设定最低计税价格不仅能有效防止税收流失,还能确保国家税款应收尽收,进一步促进税收的公平与合理。通过综合考虑以上因素,建立健全的消费税反避税机制,将有助于实现税收管理的最终目标,确保国家财政的稳定与可持续发展。

(三)税收归属随征税环节调整下放至地方政府

在当前的税收体制改革中,小汽车消费税的收入主体变更为地方政府,体现了税收收入的地方化趋势。这一调整不仅符合国际通用的属地原则,即按消费地征税,还能够通过豪华汽车消费税的调节功能兼顾属人主义,确保税收政策的公平性与合理性。地方政府在管理汽车消费所带来的负外部性,例如污染和交通拥堵方面,将更具针对性和有效性。财权与事权的匹配,能够提升地方公共服务的供给,进而增强地方政府对公共事务的治理能力。

营改增后的财政缺口问题依然严峻。地方政府在失去营业税支持后,虽然获得了增值税的共享,但仍面临巨大的财政压力,尤其是对于中央转移支付的依赖度较高,这可能导致地方财政的可持续性受到影响。此外,税源分布的变化也会对地方政府的财力造成显著影响。课税环节的调整，使得各地政府在税收来源上存在差异，这在一定程度上反映了不同地方的治理能力和财力水平的不均衡。

如何有效监督税款的收支，将是保障地方政府财政健康发展的重要环节。通过量化地方小汽车消费税的收入与支出效率指标，可以实现上级政府与中央政府的有效监督，确保地方政府在财务管理上的透明度与合理性。这不仅有助于提升税收使用效率，还能增强公众对地方政府财政管理的信任感。综上所述，小汽车消费税收入归地方政府的改革，既是对税制优化的积极探索，也是对地方治理能力提升的有效促进。

（四）调整零售环节小汽车消费税的纳税地点

小汽车消费税的纳税地点应进行相应调整，以适应零售环节课税方式的变化。这一调整将使得税收收入划分至地方政府，从而增强地方政府在税收征管方面的能力和效率。为了确保税款的合理分配，自主完税的纳税人需向车辆登记注册地或居住地的税务机关申报缴纳，这样不仅有助于实现税款与车辆实际使用地点的紧密关联，还能提高税务管理的便利性。此外，对于扣缴义务人代为完税的情况，应向其机构所在地的税务机关进行申报。这种做法进一步保障了税款的透明度与可追溯性，有利于地方税收的规范化管理。通过以上措施，小汽车消费税的征收管理将更加科学合理，为促进地方经济发展和社会公平贡献积极力量。对于无机构所在地的扣缴义务人，则应向其居住地的税务机关进行申报纳税。这一方式能够确保扣缴义务人的税收责任得到明确，并便于税务机关对其进行监管。

通过以上调整，可以确保小汽车消费税在零售环节的纳税地点更加合理、便于征收管理，同时也有助于提高税收的公平性和效率性。在实施过程中，还需加强与相关部门的协作配合，确保政策的顺利实施和税收的稳定增长。

二、科学设定小汽车消费税税率

（一）针对奢侈性消费小汽车制定合理的消费税税率

奢侈性消费，尤其是超豪华小汽车的购买，不仅体现了消费者的经济实力，也往往伴随着炫耀性消费的心理。现行税制中，对超豪华小汽车在零售环节加征10%的附加消费税，虽在一定程度上抑制了奢侈性消费，但单一税率和价格档次的设定存在局限性。因此，有必要对超豪华小汽车消费税税率进行精细化设计，以更好地发挥其调节作用。

具体而言，可根据小汽车的不含税价格区间，设置阶梯式税率。例如，对于不含税价格在100万元～130万元之间的小汽车，可设定5%的税率；130万元～200万元区间内，税率提升至10%；200万元～500万元区间内，税率为20%；500万元～1000万元区间内，税率为30%；而超过1000万元的小汽车，则适用40%的税率。这种阶梯式税率设计，既体现了对不同消费水平的差异化调节，又避免了"一刀切"带来的不公平感[1]。

（二）对产生一般外部性的小汽车设定合理的消费税税率

除了奢侈性消费带来的外部性，小汽车的使用还普遍存在环境污染、交通拥堵、道路损坏等一般外部性。现行税制中，按照排量区分计税的小汽车消费税税率，虽在一定程度上反映了汽车对环境的影响，但其调节力度和效果仍有待提升。因此，有必要对一般外部性小汽车消费税税率进行优化。

首先，应普遍提高小汽车消费税的税率水平，以增强其消费调节导向作用。具体而言，可将汽缸容量在1升及以下的小汽车税率由1%提升至3%；1升～1.5升区间内，税率由3%提升至5%；1.5升～2升区间内，税率由5%提升至10%；2升～2.5升区间内，税率由9%提升至15%；2.5升～3升区间内，税率由12%提升至20%；3升～4升区间内，税率由25%提升至30%；汽缸容量超过4升的小汽车，则维持40%的税率不变。这样的税

---

[1] 余文静. 中国小汽车消费税征税模式改革研究[D]. 上海：上海财经大学，2022：38-39.

率调整，既考虑了消费者的承受能力，又体现了对不同排量汽车环境影响的差异化调节。

其次，应加强对新能源汽车的税收优惠力度。新能源汽车作为未来汽车产业的发展方向，其推广使用对于减少环境污染、缓解交通压力具有重要意义。因此，在优化小汽车消费税税率时，应给予新能源汽车更多的税收优惠，如降低税率或免征消费税等，以鼓励消费者购买和使用新能源汽车。

三、增强小汽车消费税的透明度

（一）将消费税由价内税转为价外税

在当前我国税制中，消费税被纳入小汽车的价值，这一做法使得税法的计税模式变得复杂。根据商品价值理论，税收应当剔除在商品价值之外，才能更好地符合无差别的人类劳动理论。因此，针对这一现状，建议将价内税改为价外税，以简化消费税的计税模式。这样的改革不仅可以使税收结构更加清晰，也有助于提高税收的透明度，增强纳税人的遵从意愿。对于非专业消费者而言，价外税的设计更易于理解，从而减少了商家借机抬价的风险。这一改革方案不仅符合经济学理论的要求，还有助于保护消费者权益，促进公平的市场环境。

（二）在购车发票上详尽列明消费税征收情况

消费者对小汽车消费税的认知普遍较低，缺乏理性选择所需的信息，导致购车时的决策不够理性。因此，建议在购车发票上明确标注消费税的征收模式和具体税额，以提高消费者的知晓率。同时，国家税务网站、购车网站和实体店应积极提供消费税相关的信息。这些措施将有助于消费者有效筛选和比对不同车型的消费税，从而增强消费税的引导作用，促进理性消费，提高市场透明度。

（三）确保税款专款专用并公开透明

小汽车消费税的设立旨在有效弥补交通运输所带来的外部性影响，促进可持续发展。因此，建议建立专款专用的财政体系，以确保税收的合理分配和使用。具体而言，税款应当进行明确区分：排量部分可用于道路建设与环境改善，以减轻交通对环境的负担；而豪华车税款则可用于低收入群体的补贴，缓解社会不平等现象。此外，定期公开税收的收支明细，将有助于保障纳税人的知情权，增强公众对财政运作的信任。提高财政透明度并接受公众监督，能够促进政府部门的责任感与公信力，从而实现更高效的资源配置与社会福利的提升。

四、明确新能源小汽车的税收优惠政策

在当前全球能源转型的大背景下，推动新能源小汽车的市场发展显得尤为重要。新能源小汽车不仅有助于节能环保，还能促进相关技术的提升，推动产业链的绿色化转型。这种转型不仅是应对气候变化、实现可持续发展的需要，更是国家经济结构调整的重要组成部分。随着环保意识的增强，消费者对新能源小汽车的接受度不断提高，这为市场的发展提供了良好的基础。

然而，尽管国家和地方政府已经出台了一系列政策来支持新能源小汽车的发展，如工信部和财政部发布的发展规划以及消费税优惠政策，但在具体执行过程中却面临许多挑战，导致政策效果并不理想。其中，不仅涉及政策宣传和普及的问题，还包括在执行层面缺乏相应的落实机制。为了增强政策的有效性和执行力，立法建议显得尤为重要。在未来的消费税法中，应当明确新能源小汽车的税收减免条款，提升政策的权威性与稳定性。这样，既能增强消费者的信心，又能鼓励企业加大对新能源小汽车的投资。

为确保这些政策真正惠及消费者和企业，税务部门应负责制定具体的实施细则。这些细则不仅要清晰明了，还需考虑到不同地区、不同类型新能源小汽车的实际情况，以确保优惠政策能够精准落地。此外，针对新能源小汽车的外部性问题，建议在税收政策中进行合理调节。一般来说，新能源小汽车的推广有助于减少环境污染和能源消耗，但不同类型的车型在外部性影响上存在差异。因此，针对不同类型的新能源小汽车，实施差别化的消费税优惠政策，将更能体现政策的科学性和合理性。

具体而言,建议对一般类外部性的新能源小汽车实施减半的消费税率,以激励更多消费者选择环保型车型。与此同时,对于豪华型新能源小汽车,考虑到其市场定位和消费群体,保持现有税率也显得合适。这样的税率政策既能促进普通消费者的购买意愿,又不会对高端市场造成过大冲击,确保市场的多样性和竞争力。

第五章　增值税及其制度解析

第一节　增值税的征税范围

一、销售货物

在中华人民共和国境内，销售有形动产的行为指销售货物的起运地或所在地位于境内，且该销售行为为有偿转让货物所有权，即从购买方获得货币、货物或其他经济利益。有形动产包括电力、热力和气体等物品。根据增值税法律规定，凡在境内销售有形动产并有偿转让所有权的，应当依法征收增值税。

二、提供加工、修理修配劳务

第一，在中华人民共和国境内提供的应税劳务，凡符合增值税征收标准的均应征收增值税。这一界定明确了税收的适用范围，即所有在境内发生的加工、修理和修配服务，均被纳入增值税的征收范围。无论是企业还是个人，只要符合条件，就必须依法缴纳增值税。

第二，有偿提供劳务是增值税征收的基础条件。提供加工、修理和修配劳务的单位或个人需以取得货币、货物或其他经济利益为前提，这意味着非营利性质或内部员工为雇主提供的劳务，则不在增值税征收范围之内。这种界定确保了征税的合理性与公平性，避免了对内部事务的重复征税。

第三，对劳务的具体类型进行了明确规定。加工指受托对货物进行加工,即对原材料或半成品进行改造或增值;修理和修配则是指修复已损坏或丧失功能的货物。此分类为税务机关准确评估和征收增值税提供了清晰的指引,同时也为企业遵守税收规定提供了明确的依据。

第四,供电企业提供的电力并网服务费也被视为加工劳务,需征收增值税。这表明,电压调节等供电服务本质上是一种对电力资源的技术性处理,应视同于加工行为,从而保障税收的全面覆盖及税制的一致性。

第五,经销企业在售后服务过程中取得的"三包"收入,即维修或更换零部件的收入,也应按"修理修配"进行增值税征收。这确保了增值税在商品销售和售后服务全链条上的一致性和完整性,有利于维护市场的公平竞争。

凡在中华人民共和国境内有偿提供加工、修理和修配劳务的行为,应依法征收增值税,以确保税收制度的全面性和公平性。

三、进口货物

增值税主要由税务机关征收,进口货物和个人携带或邮寄的自用进境物品增值税由海关代为征收,并与关税一并计征。

四、销售服务、无形资产或者不动产

销售服务、无形资产或不动产,指以有偿形式提供服务或转让无形资产、不动产,实现价值交换。

(一)服务

服务种类涵盖交通、邮政、电信、建筑、金融、现代和生活服务,涉及基础设施、金融及日常生活等领域。

1. 交通运输服务

交通运输服务是指利用各种运输工具将货物或旅客送达目的地的业务活动。其类型包括陆路运输、水路运输、航空运输和管道运输等。

其中,出租车公司向自有出租车司机收取的管理费用需按陆路运输服务的相关规定缴纳增值税。在水路运输方面,程租和期租业务均属于水路运输服务范畴。

无运输工具承运业务也需要按照交通运输服务的规定缴纳增值税。交通运输服务涵盖多种运输方式,相关费用及业务须依照增值税规定进行相应纳税,以确保合法合规经营。

2. 邮政服务

邮政服务是中国邮政集团公司及其所属企业提供的一系列基本服务,包括邮件寄递、邮政汇兑和机要通信等。根据服务类型的不同,邮政服务可分为三大类。

(1)邮政普遍服务涵盖函件和包裹的寄递、邮票及报刊的发行以及邮政汇兑,旨在满足大众的基本需求。

(2)邮政特殊服务专门为特定群体提供,如义务兵信函、机要通信、盲人读物和革命烈士遗物的寄递,以体现对社会特定群体的关怀。

(3)其他邮政服务则包括邮册等邮品的销售和邮政代理等业务。这些多样化的服务不仅满足了公众的基本需求,也关注了特定群体的特殊需求,展示了邮政服务在社会生活中的重要角色。通过这一系列服务,邮政系统能够更好地服务于社会,促进信息和物资的流通。

3. 电信服务

电信服务是利用电磁系统或光电系统等通信网络资源,提供语音通话、图像和短信等电子数据和信息的业务活动。根据服务内容的不同,电信服务可以分为基础电信服务和增值电信服务。

基础电信服务包括通过固网、移动网、卫星和互联网提供的语音通话服务,以及出租或出售带宽和波长等网络元素。而增值电信服务则是利用各种网络提供的短信和彩信服务、电子数据传输、信息应用服务和互联网接入等多种服务类型。

值得注意的是,在增值电信服务中,某些特定服务如卫星电视信号落地转接服务是需要缴纳增值税的。

电信服务不仅涵盖了基础服务的基本功能,还通过增值服务丰富了用户的选择和体验,从而推动了整个通信行业的发展与创新。

4. 建筑服务

建筑服务是一个综合性的业务活动,涵盖各类建筑物和构筑物的建造、修缮和装饰。该服务不仅包括线路、管道、设备和设施的安装,还主要分为工程服务、安装服务、修缮服务、装饰服务以及其他建筑服务。通过这些多样化的服务,建筑服务有效满足了不同建筑需求,确保建筑物及其附属设施的安全和美观。

5. 金融服务

金融服务是指经营金融和保险业务的各种活动,涵盖了广泛的金融功能与服务。这些服务不仅促进了资金的流动,也为经济的发展提供了必要的支持和保障。其中,贷款服务作为金融服务的重要组成部分,通过将资金贷与他人使用,金融机构能够获得利息收入。这种服务的形式多种多样,包括个人贷款、企业贷款及抵押贷款等,满足了不同客户的资金需求。在贷款过程中,资金的占用和拆借收入成为金融机构盈利的主要来源,推动金融市场的活跃。

直接收费金融服务则是指为货币资金融通及其他金融业务提供服务,并收取相应费用的活动。这类服务包括货币兑换、账户管理、电子银行以及信用卡等,旨在为客户提供便利的金融体验。通过这些服务,客户不仅可以方便地管理自己的资金,还能够进行国际交易和资金转移,从而提升金融服务的整体效率。例如,电子银行的兴起,使得用户能够随时随地进行金融操作,改变了传统银行服务的方式。

保险服务是金融服务中不可或缺的一部分,投保人通过向保险人支付保险费,获得相应的赔偿责任。这类服务主要分为人身保险和财产保险,旨在为客户提供风险保障。人身保险可以为投保人及其家人提供意外发生时的经济支持,财产保险则保障了客户的资产安全,降低了潜在的经济损失。保险服务不仅增强了人们的安全感,还在社会经济中发挥了重要的稳定作用。

金融商品转让也是金融服务的一个重要方面,涉及外汇、有价证券、期货等金融商品的交易。通过转让这些金融商品,投资者能够灵活地配置自己的资产,实现盈利目标。金融商品转让不仅包括传统的股票和债券交易,还涵盖了基金、信托和金融衍生品等复杂金融工具。这些交易活动为市场提供了流动性,同时也为投资者提供了多样化的投资选择,帮助其实现财富的增值。

6. 现代服务

现代服务是指围绕制造业、文化产业、现代物流产业等领域所提供的技术性和知识性服务,涵盖多种业务活动。这一概念不仅包括直接的服务供应,还涉及多项支持和促进相关产业发展的服务类型。研发和技术服务是现代服务的重要组成部分,涵盖研发服务、合同能源管理服务、工程勘察勘探服务和专业技术服务等。这类服务旨在提升企业的创新能力和技术水平。

信息技术服务也是现代服务的重要类型,涉及信息的生产、收集和处理等环节,包括软件服务、电路设计及测试服务、信息系统服务等。随着信息技术的迅速发展,这些服务对各行业的数字化转型和信息化建设起到了至关重要的作用。

文化创意服务同样是现代服务的一部分,涵盖设计服务、知识产权服务、广告服务和会议展览服务等。这些服务不仅促进了文化产业的发展,也为经济增长注入了新的活力。物流辅助服务则包含航空服务、港口码头服务和货运客运场站服务,旨在提高物流效率,支持现代物流产业的运作。

租赁服务也是现代服务的重要内容,主要包括融资租赁服务和经营租赁服务。这类服务为企业提供了灵活的资金运作方式,帮助其更好地应对市场变化。

现代服务涵盖多种类型的技术性和知识性服务,旨在支持和促进制造业、文化产业及现代物流产业的发展,从而推动经济的全面增长与转型。

融资租赁和经营租赁是现代商业中重要的服务形式,其根据标的物的不同,可以进一步细分为有形动产和不动产的融资租赁与经营租赁。在融资租赁服务中,有形动产融资租赁与不动产融资租赁各自发挥着不同的功能，值得注意的是，融资性售后回租服务则具有不需缴纳增值税的优势，这为企业提供了更为灵活的融资渠道。

在经营租赁服务方面，同样存在有形动产经营租赁与不动产经营租赁的细分。广告位出租及相关服务需按经营租赁缴纳增值税，而车辆停放、道路通行等服务，则按不动产经营租赁的规定缴纳增值税。水路和航空运输的光租、干租业务也被纳入经营租赁的范畴。这些细致的划分反映了不同租赁形式在税务处理上的复杂性。

除了融资租赁与经营租赁，现代服务领域还包含其他多样化的服务类型。其中，鉴证咨询服务涵盖了认证、鉴证及咨询等专业服务，提供了企业在运营过程中所需的专业支持。而广播影视服务则包括节目制作、发行及播映等环节，满足了文化传播的需求。商务辅助服务领域则聚焦企业管理、经纪代理、人力资源及安全保护等多个方面，为企业的运营提供了有力的支持。此外，其他现代服务则指那些未包含在上述分类中的新兴服务形式，展现了现代服务行业的广泛性与多样性。

融资租赁和经营租赁服务根据标的物的不同可进一步细分，各自涉及的增值税政策亦有所不同。现代服务领域则丰富多彩，涵盖了鉴证咨询、广播影视、商务辅助服务以及其他多种服务形式，反映了当今经济活动的多样性与复杂性。这些细分与分类有助于企业在不同的业务领域内，合理规划和合规操作，以达到更高的经济效益和市场竞争力。

7. 生活服务

生活服务是指满足城乡居民日常生活需求的各类服务活动，其范围涵盖文化体育、教育医疗、旅游娱乐、餐饮住宿、居民日常服务及其他生活服务。在众多服务类别中，居民日常服务尤为重要，主要满足个人及家庭的需求。这些服务包括市容市政管理、家政服务、婚庆服务、养老服务、殡葬服务、照料与护理、救助救济、以及美容美发等。按摩、桑拿、氧吧、足疗、沐浴、洗染和摄影扩印等服务，也属于居民日常服务的范畴。生活服务不仅提供了多样的选择，还旨在提升居民的生活质量，促进社会和谐发展。

（二）销售无形资产

销售无形资产是指转让无形资产的所有权或使用权的业务活动。无形资产没有实物形态，但能够带来经济利益，因而在现代经济活动中具有重要地位。无形资产主要包括几种类型：首先，技术类资产涵盖专利技术和非专利技术；其次，商标和著作权则保护品牌及原创作品的权益；再次，商誉代表企业的声誉和客户信任。此外，自然资源使用权包括土地、海域、探矿、采矿和取水等权利。而其他权益性无形资产则更加多样化，涉及基础设施资产经营权、公共事业特许权、经营权（如特许经营和连锁经营）、经销权、分销权、代理权、会员权、网络游戏虚拟道具、域名、名称权、肖像权、冠名权以及转会费等。无形资产的销售活动涵盖广泛，涉及多种类型的资产，通过转让其所有权或使用权，企业能够实现经济利益的获取，从而增强市场竞争力。

（三）销售不动产

销售不动产是指转让不动产所有权的业务活动。不动产是指无法移动或移动后性质、形状会发生改变的财产，主要包括建筑物和构筑物。在销售过程中，转让的情况可以包括有限产权或永久使用权的建筑物，正在建设中的建筑物或构筑物的所有权，以及在转让建筑物或构筑物时一并转让的土地使用权。

需要注意的是，销售不动产的行为需按照相关规定缴纳增值税。

五、视同销售货物

在税收管理中，单位或个体工商户的某些行为被视同于销售货物，需依法缴纳相应的增值税。

这些行为包括将货物交付他人代销、销售代销的货物，以及纳税人将货物从一个机构移送至其他机构用于销售（同县市内除外）。

自产或委托加工的货物若用于非增值税应税项目、集体福利或个人消费，均被视为销售。

若纳税人将自产、委托加工或购进的货物作为投资提供给他人，或者将其分配给股东或投资者，也被视同于销售行为。

任何无偿赠送自产、委托加工或购进货物的行为，亦需承担相应的增值税义务。

纳税人应充分了解并遵守这些规定，以确保合法合规，避免因未依法纳税而导致的法律责任。

六、视同销售服务、无形资产或者不动产

根据相关规定，单位或个体工商户向其他单位或个人无偿提供服务，以及无偿转让无形资产或不动产（不包括用于公益事业或社会公众的情况），均被视为特定的经济行为。财政部和国家税务总局还规定了其他类似情形。在这些情况下，这些无偿行为被视同于销售服务、无形资产或不动产，相关单位和个人需要依法承担相应的税务责任。这一规定旨在确保税收的公平性和合理性，防止税基的流失。

第二节　增值税纳税人的类型

在中华人民共和国境内，所有从事销售货物、提供加工和修理劳务、进口货物，及销售服务、无形资产或不动产的单位和个人，均为增值税纳税人。这里的"单位"包括企业、行政单位、事业单位、军事单位及社会团体，"个人"则涵盖个体工商户和其他个人。无论是企业还是非企业性单位，所有发生增值税应税行为的主体都需承担相应的纳税义务，且行政单位、事业单位、军事单位及社会团体并没有享有特殊待遇。在实际操作中，非企业性单位通常统称为行政单位、事业单位、军事单位和社会团体，而其他个人则被称为自然人。在营改增试点期间，按照相关办法缴纳增值税的纳税人被称为试点纳税人。可以得出结论，所有在中国境内发生增值税应税行为的单位和个人都需依法缴纳增值税，没有特权单位的存在。

一、承包与承租经营纳税人

在增值税政策的演变中，传统增值税政策与营改增政策在承包和承租经营的纳税人规定上存在显著差异。传统增值税政策明确规定，承包或承租经营的纳税人主要是承租人或承包人。然而，营改增政策则展现出更为严密和复杂的特点。根据营改增政策的规定，当承包人、承租人或挂靠人以发包人的名义进行对外经营，并且由发包人承担相应法律责任时，纳税人被认定为发包人。这种情况下，承包人并不作为纳税人。如果不符合上述条件，承包人则被认定为纳税人。营改增政策对承包和承租经营的纳税人规定更加严格和复杂，明确要求在特定情形下厘清发包人和承包人的纳税责任。这一变化不仅提升了税务管理的规范性，也增强了对纳税人行为的监管力度。

二、小规模纳税人与一般纳税人

增值税纳税人根据经营规模分为一般纳税人和小规模纳税人。财政部和国家税务总局对各类行业的小规模纳税人标准进行了规定。对于超过小规模纳税人标准的纳税人，需向主管税务机关办理一般纳税人资格登记，除非另有规定。增值税纳税人应依据自身经营规模进行分类，超出小规模标准的纳税人必须完成一般纳税人资格登记。

（一）小规模纳税人标准

小规模纳税人的标准因行业的不同而有所差异。从事货物生产或提供应税劳务的纳税人，其年应税销售额应在 50 万元以下；而从事货物批发或零售的纳税人，其年应税销售额的上限则为 80 万元。营改增试点纳税人的年应税销售额不得超过 500 万元。这些标准旨在为小规模纳税人提供适当的税收政策支持，促进其发展。财政部和国家税务总局拥有对营改增试点纳税人的年应税销售额标准进行调整的权利，以应对市场变化和行业发展需求。这一调整机制不仅为小规模纳税人的管理提供了灵活性，也确保了税收政策的合理性和有效性。

小规模纳税人的标准根据行业类别和应税销售额的不同而有所区别，相关部门在此框架内具备调整销售额标准的权利。

（二）一般纳税人标准

增值税一般纳税人资格的申请制度采用登记制，要求纳税人向主管税务机关进行登记。对于年应税销售额超过小规模纳税人标准的纳税人，除非选择按照小规模纳税人进行纳税，否则必须申请一般纳税人资格登记。年应税销售额未超过小规模纳税人标准的新开业纳税人，在会计核算健全的情况下，也可以申请一般纳税人资格。此类纳税人在填写申请表时需承诺其会计核算符合规定。

增值税一般纳税人资格的申请分为两类，分别适用于超标和未超标的纳税人。这一设计确保纳税人能够根据自身的实际经营情况和会计能力，选择适合的纳税身份，提升税务管理的灵活性和适应性。

三、进口货物的纳税人

在进口货物的过程中，收货人或办理报关手续的单位和个人被认定为增值税和消费税的纳税义务人。对于代理进口货物的行为，则属于增值税代购货物的范畴，需遵循相关的征税规定。在增值税的征收中，海关完税凭证的开具对象对纳税义务的确定具有重要影响。如果完税凭证是开具给委托方，则代理方不需要承担增值税的责任；反之，若完税凭证是开具给代理方，则代理方需承担增值税的征收义务。

代理进口货物的增值税征收是依据海关完税凭证的开具对象来明确的，这一做法确保了纳税义务的清晰划分与税收政策的公平执行，进而维护了市场的规范与稳定。

第三节 增值税进项税额内容

进项税额是纳税人在购进货物、劳务、无形资产或不动产时支付或负担的增值税额。增值税的核心特征在于税款抵扣机制，使纳税人能够抵扣进项税额。要合法抵扣，纳税人必须满足特定条件：购进项目不得用于不可抵扣范围，需取得合法的扣税凭证，并且扣税凭证须在规定的时限内经过认证、申请稽核比对和申报扣除等程序。进项税额的抵扣机制确保了税收制度的规范性与合理性。

一、增值税进项税额的扣税凭证

增值税扣税凭证主要包括增值税专用发票、海关进口增值税专用缴款书、农产品收购发票、农产品销售发票以及完税凭证。若纳税人取得的扣税凭证不符合相关法律、行政法规或国家税务总局的规定，其进项税额将不能从销项税额中抵扣。增值税扣税凭证的合规性对于进项税额的抵扣至关重要。

（一）增值税专用发票

增值税一般纳税人购进服务、无形资产或不动产时，取得的增值税专用发票上注明的增值税额即为"进项税额"。这些进项税额可以从其销项税额中进行抵扣。增值税一般纳税人可以合法抵扣购进服务、无形资产或不动产所取得的进项税额。

1. 增值税专用发票抵扣时限

自2010年1月1日起，增值税一般纳税人需在180日内对新开具的增值税专用发票和机动车销售统一发票进行认证。认证通过后，纳税人必须在下一个申报期内向主管税务机关申报抵扣进项税额。若未在规定期限内办理认证和申报的发票，则不得作为合法增值税扣税凭证，进项税额也无法抵扣。自 2005 年 1 月 1 日起，纳税人需在申报所属期内完成当月申报抵扣的专用发票抵扣联认证。

增值税一般纳税人务必按照规定期限及时办理发票的认证和抵扣申报，否则将面临无法合法抵扣进项税额的风险。

2. 逾期扣税凭证抵扣的规定

（1）自 2007 年 1 月 1 日起，增值税一般纳税人若未在规定期限内办理增值税扣税凭证的认证，仍可在特定条件下申请抵扣。为了维护税收的公平性与合理性，国家制定了相应的逾期认证规则。这些规则不仅规定了逾期凭证抵扣的条件，还明确了客观原因、审核流程、税务机关责任和复查机制等关键要素。

逾期认证的可抵扣条件与客观原因密切相关。逾期可能是由于自然灾害、社会突发事件、凭证被盗或丢失、司法机关扣押、经济纠纷或纳税人变更地点等多种原因导致的。面对不可抗力因素，税务机关应从人道与公平的角度出发，给予纳税人一定的抵扣便利。这些客观原因必须在申请时得到充分说明，以便后续审核。

审核流程是确保逾期凭证抵扣合规的重要环节。纳税人在申请抵扣时，需向主管税务机关提交相关证明材料，税务机关在收到申请后，需对纳税人提交的资料进行仔细审核，确保交易真实且逾期原因符合客观标准。审核结果将逐级上报至国家税务总局，以便进行更高层次的审核与确认。这一审核机制既体现了对纳税人合法权益的保护，也为税务机关提供了有效的管理手段。

国家税务总局在收到上报资料后，将进行认证和稽核比对。只有符合条件的申请，才能允许纳税人继续抵扣逾期凭证的税额。这一过程不仅要求对资料的真实性进行严格审核，还需确保所有资料的完整性与合规性。若发现任何不符合规定的情况，税务机关有权拒绝纳税人的抵扣申请，从而维护税收制度的严肃性。

税务机关在逾期认证审核过程中，肩负着重要的责任。如果因税务机关自身原因导致逾期，相关情况需在上报文件中予以说明。这种责任的划分，有助于增强税务机关的透明度和公信力，同时也能减少纳税人与税务机关之间因信息不对称而产生的误解。

复查机制也是维护税收公正性的重要手段。主管税务机关可对已抵扣的逾期凭证进行复查，确保之前的抵扣行为符合相关政策和法律法规。如发现纳税人存在虚假信息，税务机关应要求其转出已抵扣的进项税额，并依法对其进行处罚。这一机制不仅有助于震慑潜在的弄虚作假行为，还能够提升纳税人对税务工作的信任感。

增值税一般纳税人在遇到逾期认证的扣税凭证时，若能够提供符合条件的客观原因，并经过主管税务机关与国家税务总局的审核，仍可合法抵扣进项税额。这一政策设计在维护纳税人合法权益的同时，也增强了税务系统的公正性和透明度。税务机关需对逾期情况负责，确保审核过程的公正性，并有效防范弄虚作假行为，实现税收的公平与正义。

（2）自2012年1月1日起，国家税务总局实施了逾期申报抵扣政策，为增值税一般纳税人提供了新的政策依据。这一政策的核心在于允许纳税人在特定的客观原因下，对未按期申报抵扣的增值税扣税凭证进行抵扣。这项政策旨在减轻企业在突发情况下的负担，确保其正常经营和财务流动。

根据政策规定，符合条件的增值税扣税凭证包括已认证或上报但未按期限申报的凭证。这些凭证在纳税人向主管税务机关提出申请后，需经过审核才能继续申报抵扣。这一审核过程不仅是对凭证真实性把关，也是对企业逾期申报原因的审查。因此，企业需准备充足的资料，以证明其逾期申报的合理性。

在逾期申报的情况下，"客观原因"是关键因素。根据税务部门的规定，客观原因包括自然灾害、社会突发事件、司法或行政机关对账簿资料的扣押或封存、税务机关的信息系统故障以及企业内部的人事问题，如人员伤亡、突发重病或离职未交接等。此外，国家税务总局还可能根据实际情况规定其他可接受的客观情形。只有在符合这些条件的情况下，企业的抵扣申请才能被认可。

需要指出的是，除上述客观原因外，其他逾期申报仍需遵循现行规定。这意味着，在没有符合条件的客观原因的情况下，企业无法申请继续抵扣，仍需承担逾期申报的后果。因此，企业在日常经营中，应当重视申报工作，确保按时完成增值税申报，以避免不必要的损失。

审核流程的建立是为了确保申报的真实性与合法性。主管税务机关需对交易的真实性、资料的完整性以及逾期原因的合理性进行审查。这一过程包括对抵扣凭证的稽核比对结果核查，确保每一笔抵扣的合法合规。同时，在审核通过后，税务机关会发放《未按期申报抵扣增值税扣税凭证允许继续抵扣通知单》，以便纳税人进行后续的抵扣操作。

税务机关在审核和复查中应保持严格的标准。对于已办理抵扣手续的纳税人，税务机关有权进行复查。如果在复查中发现纳税人存在虚假信息，则需将已抵扣的税额转出，并对相关责任人进行处罚。这一措施旨在维护税收制度的公正性与诚信，防止弄虚作假行为的发生，确保整个抵扣流程的透明和规范。

增值税一般纳税人若因客观原因未按期申报抵扣增值税扣税凭证，则可以通过申请继续抵扣来保护自身权益。在主管税务机关的审核与国家税务总局的管理下，合法的客观原因将得到认可，从而保障纳税人的权益不受侵害。同时，税务机关的严格审核与复查程序，也确保了抵扣申请的真实性和合法性，为税收制度的公正与诚信提供了坚实保障。因此，企业在享受政策便利的同时，也应当履行相应的责任，确保其申报行为的真实合规，以维护自身的合法权益。

3. 三方发票的抵扣问题

在增值税抵扣的过程中，纳税人需遵循一系列严格的条件，以确保合法合规。抵扣条件要求纳税人在购进货物或应税劳务时，支付运输费用的单位必须与开具抵扣凭证的销货单位或劳务提供单位一致，只有在这一前提下，纳税人才可以申报抵扣进项税额。如果支付单位不一致，则不予抵扣，这一点至关重要。在期货交易的特定情况下，增值税一般纳税人在商品交易所通过期货交易购进货物时，能够通过商品交易所转付货款的方式，视同向销货单位支付货款，因此对其取得的合法增值税专用发票也允许进行抵扣。这为从事期货交易的纳税人提供了灵活的抵扣方式。项目运营方在利用信托资金融资进行项目建设开发期间，其获得的增值税专用发票和其他抵扣凭证，同样被允许按现行增值税规定进行抵扣。纳税人在进行增值税抵扣时，必须确保支付单位与开具抵扣凭证的单位一致，而在特定情况下，如期货交易和项目运营方融资建设中获得的增值税专用发票，则可在符合相关税收政策规定的前提下进行抵扣。

4. 丢失已开具发票的处理

（1）在实际操作中，当一般纳税人丢失已开具的专用发票时，需要根据发票的认证状态采取相应的处理程序。对于抵扣联的丢失，若该发票已认证且与销售方的记录相符，购买方则可以使用销售方提供的专用发票记账联复印件，及主管税务机关出具的证明单作为抵扣凭证。此类文件的妥善保管至关重要，确保能够顺利进行税务抵扣。如果抵扣联尚未认证，购买方应凭销售方提供的专用发票记账联复印件进行认证，认证完成后，复印件和证明单同样可以作为抵扣凭证，相关文件也需留存备查。

针对发票联的丢失处理，若该发票已认证且信息相符，企业可以使用专用发票抵扣联的复印件留存备查。而在未认证的情况下，企业应首先进行认证，随后也要留存专用发票抵扣联的复印件。综上所述，一般纳税人在丢失已开具的专用发票时，需根据是否已认证而采取相应措施进行抵扣，并妥善留存相关复印件及证明文件，以备后续查验。这样不仅能保障税务处理的顺利进行，也能减少因发票丢失带来的损失。

（2）自2010年1月1日起，增值税一般纳税人丢失已开具的增值税专用发票时限为180天。办理此类业务需依据《国家税务总局关于修订〈增值税专用发票使用规定〉的通知》及相关规定进行。增值税一般纳税人应在开具发票后180天内办理丢失的专用发票抵扣手续，以确保遵循相关税务规定。

（二）海关进口增值税专用缴款书

纳税人购进货物时，从海关取得的海关进口增值税专用缴款书上注明的增值税额，可以从其销项税额中进行抵扣。纳税人可有效利用这一增值税额，减轻税负。

1. 海关进口增值税专用缴款书抵扣时限

（1）自 2013 年 7 月 1 日起，增值税一般纳税人进口货物所取得的海关缴款书，须经过税务机关的稽核比对相符后，才能作为进项税额抵扣。这一规定的实施，旨在加强对进项税额抵扣的管理，确保纳税人的抵扣凭证符合税务要求。纳税人需在海关缴款书开具之日起 180 天内向主管税务机关报送《海关完税凭证抵扣清单》（电子数据），以申请稽核比对。逾期提交申请将导致该海关缴款书无法进行抵扣，增加了纳税人的财务负担，因此必须重视申请的时效性。

税务机关将按月对纳税人申请的海关缴款书进行稽核比对。具体的稽核周期会因申请时间的不同而有所变化，税务机关在每月的纳税申报期内，会向纳税人提供上月的稽核比对结果。对于那些符合抵扣条件的海关缴款书，纳税人需要在当月的申报中及时进行抵扣，错过申报时间则无法享受进项税额的抵扣优惠。这一机制鼓励纳税人认真对待每一个抵扣凭证的申请与申报，确保自身合法权益的实现。

纳税人在进行增值税抵扣时，必须严格遵循相关规定，及时申请海关缴款书的稽核比对，并在规定的纳税申报时间内完成抵扣申报。通过合理规划与安排，可以有效避免因逾期而失去进项税额抵扣的机会，确保自身的财务健康与合规性。

纳税人要高度重视增值税抵扣的相关流程，确保每一步都符合税务机关的要求，以维护自身的合法权益并促进税务管理的规范化。

（2）纳税人进口货物后，只要缴纳了进口环节的增值税，所获得的海关完税凭证便可作为增值税进项税额的抵扣凭证。这一抵扣不以支付货款为前提，体现了税收政策的灵活性。纳税人需在规定期限内申报抵扣进项税额，以确保合法合规。只要在进口环节缴纳增值税，纳税人即使未支付货款，仍可利用海关完税凭证进行进项税额抵扣，但需注意按时申报。

2. 海关进口增值税专用缴款书准予抵扣的进项税额

在增值税的征收与抵扣过程中，纳税人应高度重视海关进口增值税专用缴款书的使用。根据相关规定，纳税人从海关取得的海关进口增值税专用缴款书上注明的增值税额，能够直接从其销项税额中抵扣，这是计算增值税进项税额的唯一合法凭证。因此，确保获得并妥善保存这一凭证是纳税人履行增值税义务的基础。任何未能提供合法的海关进口增值税专用缴款书的情况，都将影响增值税的抵扣，进而导致纳税人的税负增加。

纳税人还需注意与境外供应商的资金往来。如果境外供货商向国内进口方退还资金，或进口货物向境外实际支付的货款低于进口报关价格的差额，这些因素都不会影响进项税额的计算。这意味着，即使实际支付的金额低于报关价格，纳税人依然可以根据海关提供的合法凭证，准确计算出应抵扣的增值税额，确保其合法权益不受影响。

值得一提的是，在与周边国家的易货贸易中，虽然相关规定允许减征增值税税款，但这一部分税款是不得抵扣进项税的。这一政策旨在维护增值税体系的完整性，避免因易货交易而产生的税收损失。因此，纳税人在进行国际贸易时，需特别留意相关政策，以确保在享受减税政策的同时，合理合规地处理增值税的抵扣问题。

在处理增值税抵扣时，纳税人还需关注税率的不一致问题。当进口环节与国内环节或不同地区之间的增值税税率存在差异时，纳税人必须按照增值税专用发票和海关进口完税凭证上注明的增值税额进行抵扣。遵循这一规定，不仅有助于纳税人准确核算应缴纳税额，也能有效避免因税率不一致而导致的法律风险。

纳税人需依赖合法的海关进口增值税专用缴款书来计算增值税进项税额，确保其抵扣资格的合法性。同时，境外供应商退还资金或减征税款均不影响抵扣的有效性。在面对税率不一致的情况时，纳税人应严格遵循相关规定，以便妥善处理增值税抵扣问题，保障自身合法权益。

3. 申请抵扣人

在海关代征进口环节增值税专用缴款书上标明代理进口单位和委托进口单位名称时，只有其中一个单位能够抵扣税款。申报抵扣税款的委托进口单位必须提供海关代征增值税专用缴款书原件、委托代理合同及付款凭证，缺一不可，否则将无法抵扣进项税款。

只有持有专用缴款书原件的单位才能进行增值税抵扣。委托进口单位在申报抵扣时需要确保提供完整的证明文件，以符合海关的相关规定，确保合法合规地享受税收优惠。

4. 丢失海关进口增值税专用缴款书的处理

自 2010 年 1 月 1 日起，增值税一般纳税人在丢失海关缴款书后，必须在开具之日起 180 日内申请抵扣。申请时，需凭报关地海关出具的已完税证明向主管税务机关提出。主管税务机关在受理申请后，会进行审核，并将海关缴款书的电子数据纳入稽核系统进行比对。只有在稽核比对无误后，才能计算进项税额抵扣。增值税一般纳税人在规定时间内提供相关证明材料后，经过审核和比对，方可享受进项税额抵扣。

（三）农产品收购发票或销售发票

在购进农产品时，企业需取得增值税专用发票或海关进口增值税专用缴款书，以确保合法合规。进项税额的计算应依据农产品收购发票或销售发票上注明的买价进行，适用的扣除率为 13%。进项税额的计算公式为：

$$进项税额 = 买价 \times 扣除率 \qquad (5-1)$$

根据相关规定，国务院负责决定准予抵扣的项目和扣除率。对于购进农产品的进项税额抵扣，除了依据《农产品增值税进项税额核定扣除试点实施办法》的情况外，还需遵循其他相关规定。此举确保了农产品增值税抵扣的合规性与规范性。

1. 农产品销售发票

销售发票的定义规定，小规模纳税人在销售农产品时，按照 3% 征收率自行开具或委托税务机关代开的普通发票，可以视为可抵扣的进项税额。相对而言，批发和零售纳税人在享受免税政策后开具的普通发票，不能作为抵扣进项税额的凭证。销售发票的定义明确了小规模纳税人开具可抵扣增值税发票的方式，而免税政策下的普通发票则缺乏抵扣资格，二者在税务处理上存在显著差异。

2. 农产品收购凭证的管理

为有效防范农产品收购凭证的偷骗税行为，国家税务总局强调了多个关键措施。

（1）各级税务机关需深入企业，了解其生产经营特点、采购规律及纳税申报情况。这一过程有助于税务机关全面掌握企业的运作状况，从而为后续的税务管理提供依据。

（2）在有条件的地区，税务机关应利用信息化手段，促进农产品收购凭证的使用。通过信息化管理，可以提高凭证的透明度和追溯性，从而有效降低虚假收购的可能性。

（3）税务机关还应引导纳税人通过金融机构支付货款，尤其对大额现金结算进行重点审核。这一措施旨在防止因现金交易带来的虚假收购和逃税行为。同时，定期对农产品经销和生产加工企业进行增值税纳税评估也是不可或缺的一环。通过定期评估，税务机关能够及时发现问题，并迅速将问题移交给稽查部门处理，确保税务管理的高效性和及时性。

（4）税务机关应有计划地对相关企业进行重点稽查，对偷骗税行为依法处理。这不仅能有效打击逃税行为，还能形成震慑效应，促使企业自觉遵守税法，提升纳税意识。综合来看，通过加强增值税管理、利用信息化手段、引导支付方式、定期纳税评估和重点稽查，国家税务总局旨在堵塞征管漏洞，强化税务管理，从而提升农产品流通领域的税务合规性。

3. 农产品增值税进项税额核定扣除办法

（1）增值税进项税额核定扣除办法的本质。试点纳税人购进农产品增值税进项税额，不再凭增值税扣税凭证抵扣增值税进项税额，而是按税务机关确定的方法和审定的扣除标准，计算当期允许抵扣的农产品增值税进项税额。农产品是指列入《农业产品征税范围注释》的初级农业产品。

试点纳税人购进除农产品以外的货物、应税劳务和应税服务，增值税进项税额仍按现行有关规定抵扣。

（2）农产品增值税进项税额核定方法。

试点纳税人以购进农产品为原料生产货物的，农产品增值税进项税额可按照以下方法核定：

省级（包括计划单列市，下同）税务机关应根据下列核定方法顺序，确定试点纳税人适用的农产品增值税进项税额核定扣除方法。

投入产出法：参照国家标准、行业标准（包括行业公认标准和行业平均耗用值）确定销售单位数量货物耗用外购农产品的数量（以下称"农产品单耗数量"）。

当期允许抵扣农产品增值税进项税额依据农产品单耗数量、当期销售货物数量、农产品平均购买单价（含税，下同）和农产品增值税进项税额扣除率（以下简称"扣除率"）计算。扣除率为销售货物的适用税率。

对以单一农产品原料生产多种货物或者多种农产品原料生产多种货物的，在核算当期农产品耗用数量和平均购买单价时，应依据合理的方法归集和分配。

平均购买单价是指购买农产品期末平均买价，不包括买价之外单独支付的运费和入库前的整理费用。

如果期初没有库存农产品，当期也未购进农产品的，农产品"期末平均买价"以该农产品上期期末平均买价计算；上期期末仍无农产品买价的依此类推。

成本法：依据试点纳税人年度会计核算资料，计算确定耗用农产品的外购金额占生产成本的比例（以下称"农产品耗用率"）。当期允许抵扣农产品增值税进项税额，依据当期主营业务成本、农产品耗用率以及扣除率计算。

"主营业务成本""生产成本"中不包括其未耗用农产品的产品成本。扣除率为销售货物的适用税率。农产品外购金额（含税）不包括不构成货物实体的农产品（包括包装物、辅助材料、燃料、低值易耗品等）和在购进农产品之外单独支付的运费、入库前的整理费用。

对以单一农产品原料生产多种货物或者多种农产品原料生产多种货物的，在核算当期主营业务成本以及核定农产品耗用率时，试点纳税人应依据合理的方法进行归集和分配。

农产品耗用率由试点纳税人向主管税务机关申请核定。

年度终了，主管税务机关应根据试点纳税人本年实际，对当年已抵扣的农产品增值税进项税额进行纳税调整，重新核定当年的农产品耗用率，并作为下一年度的农产品耗用率。主管税务机关重新核定试点纳税人农产品耗用率，也应按程序报经省级税务机关批准。

参照法：新办的试点纳税人或者试点纳税人新增产品的，试点纳税人可参照所属行业或者生产结构相近的其他试点纳税人，确定农产品单耗数量或者农产品耗用率。次年，试点纳税人向主管税务机关申请核定当期的农产品单耗数量或者农产品耗用率，并据此计算确定当年允许抵扣的农产品增值税进项税额，同时对上一年增值税进项税额进行调整。核定的进项税额超过实际抵扣增值税进项税额的，其差额部分可以结转下期继续抵扣；核定的进项税额低于实际抵扣增值税进项税额的，其差额部分应按现行增值税的有关规定，将进项税额做转出处理。

在增值税管理的改革过程中，农产品增值税进项税额的核定扣除办法扮演着重要的角色。根据新的规定，试点纳税人在购进农产品时，不再凭借增值税扣税凭证进行抵扣，而是依照税务机关确定的方法和审定的扣除标准计算可抵扣的增值税进项税额。这一措施的实施旨在提高增值税管理的科学性与透明度，确保纳税人的税务行为符合相关法律法规。

农产品的定义参照《农业产品征税范围注释》，涵盖了广泛的农产品类别。在进项税额的核定方法中，提出了"投入产出法"。这一方法依赖于国家或行业标准，旨在确定销售单位的农产品耗用数量，进而计算出可抵扣的增值税进项税额。通过这种方式，税务机关能够确保对纳税人实际耗用的农产品进行精准评估，减少因主观因素导致的税额计算误差。

成本法的引入为纳税人提供了另一种核定依据。该方法通过年度会计核算资料，计算外购农产品的金额占生产成本的比例，从而得出可抵扣的增值税进项税额。这种方法的优点在于利用企业已有的财务数据，使得纳税人在满足税务要求的同时，避免了重复工作和不必要的繁琐流程。此外，企业在核算生产成本时，自然会关注农产品的采购情况，这一方法也促使企业提高对采购环节的重视，从而优化供应链管理。

针对新办试点纳税人或新增产品的纳税人，参照法的引入则进一步丰富了进项税额核定的方法。通过参照其他试点纳税人的数据，纳税人能够确定农产品的单耗数量或耗用率。这种方式不仅简化了新纳税人的操作流程，还提高了初始阶段税务处理的效率，有助于新纳税人在进入市场之初便能适应税务要求。

在年度调整方面，主管税务机关需要根据试点纳税人的实际经营情况，及时调整已抵扣的农产品增值税进项税额，并重新核定农产品耗用率，以便为下一年度的计算提供更加准确的依据。这一机制的设置体现了税务管理的灵活性与适应性，确保了企业在经营环境变化时，能够得到合理的税收调整，从而缓解企业的税务负担。

增值税进项税额核定扣除办法，通过对购进农产品的科学管理，简化了纳税人的抵扣流程，强调了依据合理标准计算可抵扣额的重要性。通过投入产出法、成本法和参照法的合理应用，确保了农产品增值税进项税额的合规性与合理性，同时也允许年度调整，以适应实际经营情况。这些措施的实施，旨在提升增值税管理的透明度和准确性，防止逃税行为，并促进整个农业产业的健康发展。通过这种政策的落实，农产品的增值税管理不仅增强了对行业的支持，也在一定程度上促进了农业的可持续发展，为国家的税收体系增添了新的活力与韧性：

$$当期允许抵扣农产品增值税进项税额 = \frac{当期销售农产品数量}{(1-损耗额)} \times \frac{农产品平均购买单价 \times 13\%}{(1+13\%)} \quad (5-2)$$

$$损耗率 = \frac{损耗数量}{购进数量} \quad (5-3)$$

试点纳税人购进的农产品用于生产经营，但不构成货物实体（如包装物、辅助材料、燃料、低值易耗品等）。针对这些农产品，纳税人可以依据特定方法进行增值税进项税额的核定扣除，从而简化税务处理：

$$当期允许抵扣农产品增值税进项税额 = \frac{当期耗用农产品数量 \times 农产品平均购买单价 \times 13\%}{(1+13\%)} \quad (5-4)$$

在农产品增值税的管理中，试点纳税人在销售货物时，需遵循特定的计算和扣除标准。首先，试点纳税人应在销售货物时，将当期允许抵扣的农产品增值税进项税额合并计算。这一规定强调了对增值税进项税额的合理合并，以确保纳税人在财务处理上的准确性和透明度。

关于扣除标准的确定，需遵循一定的顺序。首先是全国统一的扣除标准，这一标准由财政部和国家税务总局统一公布，适用于所有纳税人。其次，针对不同地区的具体情况，省级税务机关和财政机关也会制定适用于本地区的扣除标准，并经过备案后公布。这些标准的制定旨在充分考虑各地的经济特征与发展水平，从而确保税务政策的公平性和适用性。最后，对于某些特定的试点纳税人，还可根据申请核定程序审定特定的扣除标准，以适应不同企业的实际情况。

在扣除标准的核定程序方面，试点纳税人需要在规定时间内向主管税务机关提出申请，并提供相关资料以供审核。主管税务机关将对申请进行审核，并逐级上报至省级税务机关，最终结果将通过公告方式对外公布。在核定结果下达之前，纳税人可以依照上年度的标准进行计算。此外，对于购进农产品直接销售及不构成货物实体的情况，采用备案制，纳税人在申报时需向主管税务机关进行备案。这一备案制不仅提高了税务处理的效率，也增强了纳税人对税务规定的遵循意识。

当纳税人对核定标准有异议时，可以在公告发布或通知书送达后的30日内提出重新核定的申请，并需提供相关证据以支持其主张。此举确保了纳税人的合法权益，使其在面对税务机关的决定时，能够有一个合理的申诉渠道。

在会计处理方面，购进农产品的增值税专用发票应计入成本，以准确反映企业的实际经营状况。纳税人需准确计算抵扣额，并将其转入相关会计科目，未能准确计算的情况由主管税务机关核定，以保证税务记录的真实与合规。

试点纳税人在销售货物时，需合并计算农产品增值税进项税额，核定扣除标准依序进行，并遵循明确的申请和审定程序。这些规定旨在规范税务处理，提高透明度，确保农产品增值税管理的合规性与合理性，从而促进企业的健康发展和国家税收的合理征收。通过严格遵循这些税务规定，试点纳税人不仅能提升自身的财务管理水平，还能增强税务合规意识，为推动整个农业经济的稳定发展贡献力量。

（四）完税凭证

增值税一般纳税人从境外单位或个人购进服务、无形资产或不动产时，需依赖完税凭证上注明的增值税额。在凭完税凭证抵扣进项税额时，纳税人必须提供书面合同、付款证明以及境外单位的对账单或发票。如果相关资料不全，则进项税额不得抵扣销项税额。增值税一般纳税人在抵扣进项税额时，必须确保资料的完整性，缺失任何资料将导致无法抵扣，影响税务处理的合规性。

二、增值税进项税额的抵扣范围

并非所有纳税人购进应税项目支付的增值税额都允许抵扣。只有取得扣税凭证的增值税额，且属于进项税额抵扣范围内的，才能进行抵扣。此外，增值税对进项税额的抵扣范围采用反向列举方式。

（一）固定资产进项税额的抵扣

1. 购进或者自制固定资产进项税额的抵扣

自 2009 年 1 月 1 日起，增值税一般纳税人购进或自制的固定资产所产生的进项税额可以进行抵扣。这一政策的实施，标志着增值税管理的进一步优化，有助于减轻企业负担。在抵扣过程中，纳税人需凭借增值税专用发票、海关进口增值税专用缴款书，以及运输费用的结算单据等增值税扣税凭证，才能合法地进行抵扣操作。允许抵扣的进项税额必须是自 2009 年 1 月 1 日后实际发生的，并在增值税扣税凭证上进行明确注明或依据该凭证计算。针对东北老工业基地、中部六省的老工业基地城市以及内蒙古东部地区的试点纳税人，其在 2008 年 12 月 31 日前的待抵扣进项税额期末余额，应于 2009 年 1 月一次性转入"应交税费应交增值税（进项税额）"科目。这一规定确保了旧账的合理清理，避免了重复征税的问题。

2. 摩托车、汽车、游艇进项税额的抵扣

原增值税一般纳税人自用的摩托车、汽车和游艇需要缴纳消费税,但其进项税额可从销项税额中抵扣。

3. 固定资产与不动产的区分

在《中华人民共和国增值税暂行条例实施细则》中,建筑物与构筑物的定义及其相关税务处理规定,为增值税的实施提供了清晰的框架。建筑物是指供人们生产和生活的房屋或场所,其代码前两位为"02";而构筑物则是不供人们生产或生活的人工建造物,代码前两位为"03"。此外,法规中提到的其他土地附着物,包括矿产资源和土地上的植物,虽不属于建筑物和构筑物,但在土地使用和管理中仍具有重要意义。

针对附属设备与配套设施的处理,法规规定以建筑物或构筑物为载体的附属设备和配套设施应视为其组成部分,因此相关的进项税额不得抵扣。这些附属设备包括给排水、采暖、照明等设施,它们在建筑物的功能和使用中发挥着重要作用,尽管因其性质导致无法抵扣进项税额,但在整体税务处理上形成了一定的规范。

进项税额抵扣政策方面,法规给予特定情况的灵活处理。例如,输水管道的进项税额可抵扣,前提是符合相关法规的规定。这一政策的实施促进了水利设施的建设与维护,进一步提高了社会基础设施的水平。此外,对于煤炭采掘企业而言,其巷道的进项税额也允许抵扣,涵盖了巷道附属设备及其他巷道建设所涉及的相关货物、劳务和服务。这不仅支持了煤炭行业的可持续发展,也为相关企业在财务管理提供了更大的灵活性。

《增值税暂行条例实施细则》在建筑物、构筑物及其附属设备的处理上,体现了对税务政策的系统性和合理性的考量。这些规定不仅有助于统一和规范税务管理,还能够有效地促进经济的发展与社会的进步。建筑物和构筑物的定义明确,使得相关的进项税额抵扣政策得以更好地实施,推动了国家政策的统一性和执行力。在不断发展的经济环境中,这些税务规定的完善与执行,对于促进建筑行业及相关领域的健康发展都具有重要意义。

（二）不动产进项税额的抵扣

1. 购置不动产进项税额的抵扣

增值税一般纳税人自 2016 年 5 月 1 日后取得的合法有效增值税扣税凭证中，涉及按固定资产核算的不动产及不动产在建工程的进项税额，需分两年进行抵扣。在取得扣税凭证的当期抵扣 60% 的进项税额，剩余 40% 则于第 13 个月进行抵扣。不动产包括通过购买、捐赠、投资入股、抵债等多种方式取得的财产，而自建、改建、扩建等工程则被视为不动产在建工程。对于房地产开发企业开发的项目、融资租赁方式取得的不动产及临时建筑物，该两年分期抵扣规定不适。

2. 新建、改建、扩建、修缮、装饰不动产进项税额的抵扣

纳税人在 2016 年 5 月 1 日后购进的货物和服务，如用于新建、改建、扩建、修缮或装饰不动产，且不动产原值增加超过 80% 的，进项税额应分两年抵扣。不动产原值指取得时的购置原价或作价。该分 2 年抵扣政策适用于构成不动产实体的材料和设备，包括建筑装饰材料及各种配套设施设备。当不动产的改扩建使其原值增加超过 80% 时，纳税人需按照规定分两年抵扣进项税额，此政策适用于用于不动产建设和装饰的具体材料和设备。

3. 购进已全额抵扣进项税额的货物和劳务转用于不动产在建工程

对于购进时已全额抵扣进项税额的货物和服务，若转用于不动产在建工程，需在转用当期扣减已抵扣进项税额的 40%，并将其计入待抵扣进项税额，自转用当月起第 13 个月时逐步从销项税额中抵扣。

4. 取得的不动产改变预定用途或发生非正常损失

纳税人在销售不动产或在建工程时，对于尚未抵扣完的进项税额，可以在当期进行抵扣。此外，当纳税人注销税务登记时，其未抵扣的进项税额也可在注销清算当期予以抵扣。然而，若不动产出现非正常损失或转为不得抵扣的用途，则需按照规定重新计算不可抵扣的进项税额。因此，纳

税人在特定情况下，如销售、注销、非正常损失或用途改变时，可根据相应规定对尚未抵扣的进项税额进行抵扣或调整计算：

不得抵扣的进项税额 =（已抵扣进项税额 + 待抵扣进项税额）× 不动产净值率 　　　　　　　　　　　　　　　　　　　　　　　　　（5-5）

不动产净值率 =（不动产净值 ÷ 不动产原值）×100%　　（5-6）

当不动产改变用途时，如果不得抵扣的进项税额小于或等于已抵扣进项税额，应在当期从进项税额中扣减相应金额；如果不得抵扣的进项税额大于已抵扣进项税额，则应先扣减已抵扣的部分，再从待抵扣的进项税额中扣减剩余差额。不动产用途变更时，需根据两者的比较结果，按规定进行进项税额的扣减。

5. 不动产在建工程发生非正常损失

不动产在建工程发生非正常损失时，已抵扣的进项税额需全部转出，待抵扣的进项税额则不得抵扣。

6. 取得时用于不得抵扣用途的不动产改变用途

不动产在规定情况下不得抵扣进项税额，但如果发生用途改变后，可以用于允许抵扣进项税额的项目。在用途改变的次月，需要按照特定公式计算可抵扣的进项税额。

可抵扣进项税额 = 增值税扣税凭证注明或计算的进项税额 × 不动产净值率　　　　　　　　　　　　　　　　　　　　　　　　　　（5-7）

根据相关规定，可抵扣的进项税额需取得自 2016 年 5 月 1 日后开具的合法有效增值税扣税凭证。在计算出的可抵扣进项税额中，60% 可于改变用途的次月从销项税额中抵扣，剩余的 40% 则作为待抵扣进项税额，从改变用途的次月起第 13 个月进行抵扣。

7. 不动产分期抵扣的会计核算

在取得不动产时，纳税人应将待抵扣进项税额记入"应交税费—待抵扣进项税额"科目。在可抵扣的当期，该税额应转入"应交税费—应交增值税（进项税额）"科目。

此外，纳税人应对不同的不动产及在建工程的待抵扣进项税额进行分别核算。

8. 征收管理

纳税人需要建立不动产及在建工程的台账，以确保税务合规。该台账应分别记录不动产和在建工程的成本、费用、扣税凭证以及进项税额抵扣情况。此外，用于简易计税、免征增值税、集体福利或个人消费的不动产和在建工程，也必须记录在台账中。通过全面记录不动产及在建工程的相关信息，纳税人可以有效应对税务审查，确保合法合规。

第四节 增值税税收征管与优惠制度

一、增值税税收征管制度

（一）增值税纳税、扣缴义务发生时间

1. 增值税纳税义务发生时间

增值税纳税义务的发生时间与销售款项的收取和发票的开具密切相关。对于销售货物或应税劳务，纳税义务在收讫销售款项或取得索取销售款项凭据的当天产生；若先开具发票，则在开具发票的当天发生。而进口货物的增值税纳税义务则在报关进口的当天产生。这一规定明确了增值税纳税义务的具体时点。

2. 增值税扣缴义务发生时间

增值税的扣缴义务是指纳税人需要在特定时间内缴纳增值税，这一义务的发生时间与纳税人所采用的不同销售结算方式密切相关。根据规定，纳税人增值税的纳税义务在销售货物的当天便会发生。具体而言，在销售

款项的收取情况方面，若是直接收款，纳税人需要在销售货物的当天进行纳税，无论货物是否实际发出；若为托收承付或银行委托收款，则应在货物发出并办理完托收手续的当天完成纳税。

对于赊销或分期收款，纳税义务的发生时间则为约定的收款日期当天；若无约定，则视为货物发出的当天。若涉及预收货款，增值税的纳税义务发生时间为货物发出的当天，若是生产时间超过 12 个月的特定货物，则为收到预收款或约定收款日期的当天。对于委托代销的情况，纳税义务发生在收到代销清单或部分货款的当天；若未收到相关款项，则为发出代销货物满 180 天的当天。销售应税劳务的纳税义务则是在提供劳务时收款或取得凭据的当天发生，而视同销售行为的纳税义务则在货物移送的当天确定。

增值税扣缴义务的发生时间与不同销售结算方式密切相关，具体情况依销售方式而定。纳税人应确保准确掌握纳税时点，以便及时履行纳税义务，避免因误解销售结算方式而导致的税务风险。

（二）增值税征收机关的规定

增值税由税务机关征收，进口货物的增值税由海关代征。个人携带或邮寄进境自用物品的增值税与关税一起计征，具体的征收办法由国务院关税税则委员会及有关部门制定。增值税的征收与管理涉及税务机关和海关，个人自用物品的增值税与关税合并征收，相关实施细则由政府相关部门制定。

（三）增值税专用发票的规定

在纳税人销售货物或应税劳务时，必须向索取增值税专用发票的购买方开具该发票，并在上面注明销售额和销项税额。然而，存在一些特定情况，纳税人不得开具增值税专用发票。这些情况包括：向消费者个人销售货物或应税劳务、销售适用免税规定的货物或应税劳务，以及小规模纳税人销售货物或应税劳务。

（四）增值税纳税地点的规定

根据增值税的纳税规定，纳税地点的要求依据纳税人的类型及其销售地点有所不同。固定业户需要向其机构所在地的主管税务机关申报纳税。当总机构和分支机构位于不同的县（市）时，必须分别进行申报，但经税务机关批准后，总机构可以汇总申报。此外，在外出销售的情况下，销售至外县（市）的固定业户必须申请税收管理证明，并向其机构所在地的税务机关进行申报。如果未开具证明，销售方需向销售地或劳务发生地的税务机关申报，未申报的部分将由机构所在地的税务机关补征税款。

对于非固定业户，其纳税义务则是向销售地或劳务发生地的主管税务机关申报，若未申报，相关税款也会被机构所在地或居住地的税务机关补征。此外，进口货物的纳税则需要在报关地向海关申报并纳税。扣缴义务人则应向其机构所在地或居住地的主管税务机关申报，并缴纳相应的扣缴税款。

增值税的纳税地点规定明确了不同类型纳税人的申报义务，固定业户需向机构所在地主管税务机关申报，外出销售时需要申请税收管理证明，而非固定业户应向销售地或劳务发生地申报，进口货物则在报关地纳税。这一系列规定旨在确保税收的合规性与合理性，有助于维护税收管理的严谨与有效。

（五）增值税纳税期限的规定

增值税的纳税期限由主管税务机关根据纳税人的应纳税额进行核定，具体包括1日、3日、5日、10日、15日、1个月或1个季度。对于小规模纳税人，其纳税期限仅适用1个季度，具体的期限同样由主管税务机关根据其应纳税额进行确认。纳税人需按照规定的时间进行申报与缴纳税款。如果纳税期为1个月或1个季度，纳税人需在期满后的15日内完成申报；而如果纳税期为1日、3日、5日、10日或15日，纳税人需在期满后的5日内预缴税款，并在次月1日～15日内结清上月的应纳税款。对于扣缴义务人，缴纳税款的期限亦依照上述规定执行。此外，进口货物的税款需在海关填发缴款书之日起15日内缴纳，以确保合规性。

(六)出口退税的规定

纳税人在办理出口货物的退(免)税时,需遵循相关规定。首先,符合退(免)税条件的纳税人必须向海关办理出口手续,并凭出口报关单等相关凭证,在规定的退(免)税申报期内,按月向主管税务机关申报。退(免)税的具体办法由国务院财政和税务主管部门制定。如果退税后的出口货物发生退货或退关,纳税人需依法补缴已退的税。

(七)货物期货征收增值税制度的规定

在货物期货交易中,增值税的缴纳发生在实物交割环节,其计税依据为交割时的不含税价格。这意味着,增值税是根据实际成交额计算的,确保税收政策在促进市场交易的同时,合理反映了交易的真实经济价值。其计算公式为:

$$不含税价格 = 含税价格 \div (1+ 增值税税率) \qquad (5-8)$$

在期货交易中,纳税人身份的确立具有重要意义。当交割由期货交易所开具发票时,该交易所作为纳税人;若交割由供货会员单位直接开具发票,则供货会员单位成为纳税人。增值税的计算方式也各有不同,期货交易所的增值税按次进行计算,进项税额则来源于供货会员单位开具的专用发票上的销项税额。然而,期货交易所自身的进项税却不能进行抵扣,这一规定确保了税务的规范性与透明度。

二、增值税税收优惠制度

(一)增值税起征点

起征点是指征税对象需达到的最低销售额,未达到该标准则不征收税款,达到或超过该金额则需全额缴纳。这一概念在增值税的实施中尤为重要,销售额未达到国务院规定起征点的企业或个人,可以享受免征增值税的优惠,而一旦销售额超过规定的起征点,就必须全额缴纳相关税费。需要注意的是,增值税起征点仅适用于个人,确保对小规模经营者的保护。

在具体适用范围内,增值税起征点的幅度有所不同:对于销售货物和销售应税劳务，月销售额在 5000～20000 元之间，而对于按次纳税的情况，则每次（或每日）销售额在 300～500 元之间。地方政府也可以根据自身的经济发展状况和实际需求，在规定幅度内对起征点进行调整，但需向上级部门报备。这种灵活性为地方经济发展提供了必要的支持，有助于鼓励小规模创业与经营，促进经济活力。

（二）法定免税项目

农业生产者销售自产农产品，涵盖了种植与养殖等领域的初级农产品，能够有效促进农村经济发展与农民收入增加。在文化传承方面，古旧图书的收购则有助于保护和传播历史文化，激发社会对传统知识的重视。此外，科学研究与教学仪器的进口，能够为科研机构和教育单位提供先进的设备，提升科研水平和教学质量，推动创新与发展。另一方面，外国援助物资的引入，为发展中国家提供了必要的支持，助力社会基础设施和公共服务的改善。同时，残疾人专用物品的直接进口，体现了对残疾人群体的关怀与支持，促进其社会融入与生活质量提升。个人使用过的物品销售，也鼓励了资源的再利用与环保意识的提升。值得注意的是，免税和减税项目的设定需依照国务院的规定，地方政府不得随意设定，以确保政策的统一性和规范性。这些举措共同促进了经济的可持续发展与社会的和谐进步。

（三）兼营减免税项目的处理与免税项目的放弃

1. 兼营减免税项目的处理

在税务管理中，纳税人需对兼营减免税项目进行精确核算。具体而言，纳税人必须分别记录免税和减税项目的销售额，以确保符合相关税法规定。如果未能做到这一点，则无法享受应有的免税或减税优惠。这一规定不仅增强了税务透明度，也促进了税务合规，避免了因核算不清导致的税务风险。

2. 免税项目的放弃

纳税人有权选择放弃免税政策，按照《增值税暂行条例》正常缴纳增值税。值得注意的是，一旦选择放弃免税，纳税人在接下来的 36 个月内不得重新申请免税。这一规定旨在保障税务制度的稳定性,同时促使纳税人根据自身经营状况作出合理的税务选择,从而实现税务资源的合理配置。

(四)资产重组增值税优惠制度

自2011年3月1日起,国家实施了增值税豁免政策,以促进企业的资产重组活动,包括合并、分立、出售和置换等。此政策规定,在资产重组过程中,涉及的实物资产、债权、负债和劳动力的转让均不征收增值税。这一政策的实施,不仅减轻了企业的税负,还鼓励了资本的有效配置,进而推动了经济的转型与升级。

在资产重组过程中,货物的多次转让行为同样享受增值税免征的政策,前提是最终受让方与劳动力接收方为同一单位或个人。这一安排在一定程度上简化了交易环节,降低了交易成本,为企业的灵活运作提供了有力支持。

此外,针对资产重组中的进项税额结转问题,原纳税人在将资产、负债和劳动力转让给新纳税人时,未抵扣的进项税额可以结转,允许新纳税人继续抵扣。这一机制有效地保障了企业在资产重组过程中的税务权益,防止了因重组而导致的税负不合理增加。

值得注意的是,原纳税人在完成资产重组后,必须办理注销登记,税务机关需对进项税额进行核查,并填写《增值税一般纳税人资产重组进项留抵税额转移单》。这一流程确保了税务管理的合规性和透明性,避免了因信息不对称带来的税务风险。

第六章 增值税改革体系构建

第一节 增值税改革的目标与方向

一、增值税改革的目标

保持增值税的主体税种地位,并使增值税收入在整个税收中规模合理、适度,最大限度地避免重复征税,增强增值税的聚财功能,与其他税种配合,在调节收入分配、实施宏观调控上发挥辅助作用,应是增值税改革的基本目标[①]。

(一)维持增值税的地位与收入规模,实现税收职能的有效发挥

增值税作为现代税制体系中的核心组成部分,凭借其广泛适用的征收范围和独特的抵扣机制,成功实现了对税基的全面覆盖及重复征税的有效避免。这一机制不仅保障了税制的公平性,也提高了税收收入的稳定性,巩固了增值税在整个税制体系中的主体税种地位。

从国际视角来看,增值税的作用得到了越来越多国家的认可,尤其是在经济衰退和财政压力加大的背景下,增值税的地位得到了进一步巩固。许多欧洲国家已经开始或计划增加增值税收入的比例,一方面是由于直接税和财产税收入的显著下降,迫使政府通过增值税来弥补财政缺口;另一

---

① 王建平. 增值税改革应确立清晰明确的目标[J]. 税务研究, 2012(1): 33.

方面是这些国家逐渐认识到税制的发展趋势应以间接税制度为主，而非直接税制度。增值税的成功应用不仅改善了这些国家的税收结构，也为全球税制改革提供了重要的参考。

为了进一步发挥增值税的税收职能，必须保持其作为主体税种的地位，并确保增值税收入在整体税收中的规模合理、适度，要求在改革过程中，既要优化增值税的税率结构，简化税制设计，减少税收负担，也要确保增值税的收入能够在稳定财政收入的同时，支持经济发展和社会福利的提升。通过科学的税制调整，确保增值税的税基广泛而不失公平，税率合理而不造成经济扭曲，从而实现税收职能的最大化发挥。

（二）在商品与劳务领域实现税负公平，避免重复征税

增值税制度的引入和不断优化，显著改善了传统税制中普遍存在的重复征税问题。与传统的对商品和劳务课税的税种相比，增值税通过其独特的抵扣机制，不仅扩展了税基的覆盖范围，也在税收稳定的同时有效避免了重复征税的现象。这种机制的核心优势在于其能够通过减轻企业负担，促使税制更加公平。

在我国经济转型和产业结构优化的关键时期，推动服务业的快速发展已成为战略重点。然而，现行的营业税制度在一定程度上限制了服务业的增长，降低了其效率与竞争力，进而制约了整体经济的升级。为了解决这一问题，建议对交通运输、物流、建筑安装及房地产业等领域实施税制改革，将全额征收营业税转变为按税款抵扣机制征收增值税。这一改革能够有效解决重复征税的问题，突破税制瓶颈，促进服务业的分工与协作，进而推动生产企业的外包服务发展。通过这样的调整，不仅有助于提高服务业的整体效率，还能增强经济的活力和竞争力，推动我国经济向更高质量的方向发展。

通过将增值税抵扣机制全面应用于服务业领域，可以实现对断裂的增值税抵扣链条的有效连接，这种措施不仅解决了制造业领域的重复征税问题，还进一步优化了税收结构，从而实现税收负担的公平性。这种优化在确保税收公平的同时，也为经济的稳定增长提供了有力支持。在改革过程

中，需要精细化设计税收政策，确保各领域税负的合理分配，从而促进整个经济体系的协调发展和税制的全面优化。

（三）强化增值税抵扣机制，提升税收聚财功能

有效监控税源，确保实际入库税收接近法定应征收入，是当前税制改革的核心目标。增值税作为一种重要的税种，其聚财功能的强化以及对税收流失的防范，直接关系到国家财政收入的稳定。通过抵扣机制，增值税避免了重复征税，从而实现了税收的公平性和效率。然而，现行增值税抵扣机制在实际运行中存在诸多问题，影响了税收链条中上游到下游各环节的正常运转。为了解决这些问题，必须围绕防止增值税抵扣链条的断裂进行深入探讨与改进。

增值税抵扣机制的核心优势在于其可以有效地减少重复征税，促进税收的公平分配。在实际操作中，由于各环节间的信息不对称和稽核能力的不足，抵扣链条的断裂问题依然存在。这不仅导致税收流失，还影响了税制的公正性和效率。为了解决这些问题，改革应重点强化增值税的抵扣机制，以确保抵扣链条的完整性和流畅性。

在加强增值税抵扣机制的过程中，需要从多个层面进行优化：①扩大增值税的征收范围是基础工作之一，这不仅能够提升税基，还能有效覆盖更多的经济活动，减少税收漏洞；②减少增值税的减税和免税项目，这不仅有助于简化税制结构，还能防止税收优惠的不当使用，进而防止税收流失；③改进税收优惠方式也是提升增值税聚财功能的重要措施，合理的税收优惠政策应当更加明确，避免被滥用，同时确保其对税收的支持作用得到最大化发挥。

在农产品的征税与抵扣制度方面，改革应着重于调整和优化，以应对现行制度下的税收问题。农产品的特殊性要求在税制设计中予以充分考虑，以确保农产品生产者和消费者的利益得到保障，同时避免税收负担的不合理分配。通过对农产品的税收政策进行合理调整，既能增强税收政策的公平性，也能提高税收的整体效率。

（四）增值税在调节收入分配与实施宏观调控中起到辅助作用

税制的职能主要体现在财政收入的组织、收入分配的调节以及宏观经济的调控方面。在众多税种中，增值税作为一种主要税收工具，其核心职能是有效地组织财政收入。增值税的设计要求保持"中性"，以避免对生产和消费行为的扭曲，这一特征对于维护市场的公平竞争至关重要。尽管增值税强调中性，但它在收入分配调节和宏观经济调控中依然展现出重要的辅助作用和潜力。通过合理的税率设置和税收政策，增值税能够在一定程度上影响经济活动，促进社会资源的合理配置。此外，增值税的抵扣机制有效避免了重复征税，增强了其税基的广泛性，这对于财政收入的稳定组织起到了关键作用。因此，增值税不仅是财政收入的重要来源，更是实现经济健康发展的重要工具。然而，增值税的累退性特征使得其在收入分配调节中显得相对不足。为了在收入分配和宏观调控中发挥辅助作用，增值税需要与其他税种进行配合，以形成综合的税收调控合力。

增值税可以通过对某些货物和服务实施低税率、给予减税或免税等优惠措施，来间接地影响收入分配。这些税收优惠措施不仅可以减轻低收入群体的税收负担，还能够对特定行业或领域的经济活动进行支持，从而在一定程度上调节收入分配的不平等。在这一过程中，增值税的调节作用是相对的，其主要目的是通过与其他税种的结合，形成一个更加全面和均衡的收入分配体系。

增值税在实施宏观经济调控时，发挥的作用同样是辅助性的。在宏观经济政策的制定和实施过程中，增值税的税收政策可以通过调整税率、修改抵扣机制等手段，来影响企业和消费者的行为，从而对经济活动产生一定的调控效果。增值税在宏观调控中的作用必须适度，以防止对税收制度的核心机制产生破坏。

为了实现增值税在收入分配和宏观调控中的有效配合，税制改革应着眼于增值税与其他税种的协调发展。税制设计应当考虑到各类税种的职能分配，使增值税的"中性"特征与其他税种的调节职能相互补充，从而形成一个综合的税收调控体系。特别是在税收政策的制定过程中，应充分考虑增值税的辅助作用与其他税种的主导作用之间的平衡，以确保税收政策的整体效果。

二、增值税改革的方向

增值税改革是税制改革的重要组成部分，其主要目标是优化税制结构、提高税制公平性与透明度，以及促进经济的高质量发展。在当前经济形势下，增值税改革的方向主要集中在以下方面：

（一）完善税率结构

1. 降低企业的税负

当前的增值税体系中，不同税率层级对于不同商品和服务的征税，可能导致某些行业和企业面临较高的税负。通过降低基本税率和减少税率差异，可以实现税负的平衡，减轻企业的整体税收压力。这种税负减轻不仅有助于改善企业的财务状况，还能够增加企业的投资和扩展能力，进而推动市场的活力和经济的发展。

2. 提升税收征管效率

简化的税率体系减少了税务计算的复杂度，使税务机关在税收征管过程中能够更加高效地处理税务事务。企业在面对简单明了的税率结构时，也能够更容易进行税务申报和合规操作，减少因复杂税率设置引发的税务纠纷和处理错误。这种提升税收征管效率的改革，能够有效降低税务管理成本，提高税收收入的稳定性。

3. 促进企业经营活动，带动经济增长

简化的税率结构使企业能够更准确地预测税务负担，优化财务计划，从而增强市场竞争力。降低税负将使企业有更多的资源投入到研发和创新中，推动技术进步和产业升级。企业经营成本的降低，也将对消费者产生积极影响，可能导致商品和服务价格的下降，从而进一步促进消费需求的增长。

（二）优化税制机制

1. 扩大进项税额抵扣范围

在现行增值税制度中，进项税额抵扣机制是避免重复征税的关键。在实际操作中，一些行业和企业由于特殊的税制安排或政策，面临进项税额抵扣不充分的问题，这种情况不仅影响了企业的税负，还可能导致税制的不公平。未来的增值税改革将着重于扩大进项税额抵扣的范围，使更多企业和行业能够享受进项税额的抵扣，从而实现税负的公平分配。这种扩大抵扣范围的措施，将有助于减少行业间的税负差异，提高税制的公平性。

2. 完善税收抵免政策，提升税制的合理性和有效性

当前税收抵免政策的设计可能存在一定的局限性，导致部分企业和行业的税收负担不成比例。未来的改革将通过调整和完善税收抵免政策，确保其能够有效地反映企业的实际经营情况和税收负担，包括合理设置税收抵免的条件和范围，优化抵免程序，减少政策执行中的不确定性。完善的税收抵免政策将有助于提高税制的透明度和可预测性，增强企业的税务合规性和税收管理效率。

3. 加强对增值税税基的管理

税基管理的有效性直接影响到税收的公正性和税制的合理性。当前，一些企业由于税基管理的不完善，可能存在逃避税收的行为，影响了税收的公平性。未来的改革将通过加强对税基的管理，确保税收基数的准确性和完整性，包括建立健全的税基监测机制，强化对税基的审核和管理，防范和打击偷逃税行为。有效的税基管理将有助于维护税收的公正性和有效性，确保税收的稳定和增长。

4. 打击偷逃税行为

偷逃税行为不仅损害了国家的税收利益，还破坏了税制的公平性。未来的改革将通过加强税务稽查和监管，完善税务信息共享机制，提高对偷逃税行为的查处能力，包括利用现代技术手段进行数据分析和风险评估，提升税务稽查的精准度和效率。打击偷逃税行为的措施将有助于维护税收

的公正性和有效性，保障税收收入的合法性。

（三）推动电子发票和数字化税务管理的发展

1. 减少纸质发票的使用，降低企业运营成本

传统纸质发票在使用和管理过程中涉及诸多烦琐的步骤，如发票的开具、传递、存储及归档等，均需耗费大量的时间和资源。电子发票的推广有效简化了这些操作流程，通过电子化手段实现发票的生成、传输和存储，大幅度减少了纸质发票的使用需求，这不仅降低了企业在发票管理方面的物理成本，还减少了由于纸质发票管理不善而产生的潜在风险。电子发票的应用还能够有效减少由于纸质发票损毁或遗失而引发的税务纠纷，提高发票管理的安全性和可靠性。

2. 提高税务管理的透明度和效率

通过数字化手段，税务机关能够实时获取企业的税务数据，实现对发票流转和税收行为的动态监控，这种实时数据的获取和分析，不仅能够提升税务稽查的精准度，还能够有效预防和打击偷逃税行为。数字化税务系统能够对大数据进行实时处理和分析，从而及时发现异常情况，采取相应措施进行纠正。透明度的提高有助于增强税收管理的公信力，同时也能够促进企业的税务合规行为，形成良好的税务环境。

3. 帮助企业规划和管理税务，降低税务合规成本

在传统税务管理模式下，企业往往需要面对复杂的税务计算和申报流程，这不仅增加了企业的税务合规成本，还可能导致因处理不当而产生的税务风险。数字化税务系统通过自动化的税务计算和报表生成，能够大幅度简化企业的税务工作流程。企业可以利用数字化工具进行精确的税务规划，及时调整税务策略，优化税务负担。这种优化不仅提高了企业的税务效率，也使企业能够更好地应对复杂的税务环境和政策变化，降低了税务合规成本。

4. 推动税务信息化的进程

随着信息技术的迅猛发展,税务管理的数字化转型成为大势所趋。数字化税务系统不仅能够提升税务管理的智能化水平,还能够促进税收数据的标准化和规范化。这一转型过程不仅提高了税务管理的效率,还为税务数据的共享和协作提供了技术支持,从而推动了税务系统的整体优化。

(四)注重国际税制的对接与协调

1. 与国际税制标准接轨

与国际税制标准接轨这一目标的实现,将有助于国内税制的现代化与国际化,增强我国在全球税收体系中的一致性与协调性。国际税务规则,尤其是增值税相关的国际标准,往往由经济合作与发展组织等国际机构制定。这些标准在全球范围内得到了广泛采纳,形成了一套系统化的国际税收规则体系。通过对接这些国际标准,我国可以确保其税制改革与全球最佳实践一致,从而提高税制的有效性和公平性。这种对接不仅能够减少国内税制与国际规则之间的差异,还能够避免由于税制不一致而导致的贸易壁垒,为国际企业提供更为稳定和可预测的税收环境。

2. 注重优化跨境税收管理

跨境贸易中的增值税问题涉及多个国家的税收政策、税率及征收管理等方面的协调。传统的增值税制度在处理跨境交易时,往往存在复杂的税收计算和申报流程,导致企业在国际贸易中面临较高的税务合规成本和税收风险。通过改革,特别是通过与国际税制标准的对接,可以实现对跨境交易的税收管理优化,包括简化跨境交易中的增值税征收和退税程序,减少企业在国际贸易中的税务负担。优化后的税收管理系统不仅能够提高税务操作的效率,还能降低跨境贸易中的税务争议,增强国际贸易的顺畅性和透明度。

3. 提升我国税收的国际竞争力

在全球经济一体化的背景下,税收政策的国际化程度直接影响到一个国家的经济竞争力。通过与国际税制标准对接,我国不仅能够提升自身税收政策的国际认可度,还能吸引更多国际投资者和跨国企业。这种吸引力的提升，源于与国际标准的一致性带来的税收环境稳定性和透明度，从而增强我国作为国际投资目的地的吸引力。提升税收国际竞争力还有助于推动国内企业的国际化进程，使其能够更好地融入全球市场，获得国际市场的机会和资源。

4. 推动全球经济的融合

全球经济的融合不仅体现在贸易和投资的增长，还体现在不同国家税收制度的协同与融合。通过实施与国际税制标准接轨的增值税改革，我国可以积极参与全球税收治理和经济合作，推动国际税收规则的完善和统一，这一过程有助于促进全球经济的整体稳定与增长，推动国际经济政策的一致性和协调性，从而实现更高水平的全球经济融合。

（五）关注税制的公平性和社会福利

1. 保障低收入群体和中小企业的利益

在传统的增值税体系中，尽管其通过抵扣机制在一定程度上避免了重复征税，但仍存在税负不均的现象。低收入群体和中小企业往往因为资源和规模的限制，在税负承受能力上存在较大的差异。在改革过程中，需要特别关注这些群体的税负情况，通过减税、免税或税收优惠等措施来减轻其税收负担。这不仅有助于减缓收入分配的不平衡，还能增强这些群体在经济活动中的活跃度与竞争力。为此，税制设计者必须对不同收入群体和企业的实际税负情况进行深入分析，确保改革措施能够有效覆盖到社会的各个层面，防止税收政策在实施过程中对特定群体造成不利影响。

2. 促进社会公平

社会公平是税制改革的重要目标之一，尤其是在面对收入差距和财富不平等日益加剧的背景下。增值税改革应当通过调整税率结构、优化税收优惠政策等手段，确保税制对社会各个层面的公平性。例如，通过实施差别化的税率政策，针对基本生活必需品和消费品实施较低税率或免税措施，可以有效减轻低收入家庭的生活负担。对于奢侈品和高端消费品，实施相对较高的税率，以实现对高收入群体的税收调节功能。此种措施不仅有助于平衡收入分配，还能通过税制的调整促进财富的合理再分配，从而推动社会公平的实现。

3. 提升社会福利水平

社会福利的提高不仅包括直接的财政支出，还包括通过税制优化带来的间接效益。例如，通过增加对教育、医疗等公共服务领域的财政投入，可以提升社会福利的整体水平。这些投入的资金部分来源于优化税制后的增值税收入。因此，在改革过程中，应当设计一套有效的财政资金分配机制，确保增值税改革带来的财政收益能够用于提高公共服务水平，进而提升社会的总体福利水平。通过建立健全的社会保障体系，确保社会福利的公平分配，可以进一步增强社会的凝聚力和稳定性。

4. 促进经济的健康发展和社会的稳定

税制的公平性和社会福利水平直接关系到社会的稳定性和税收政策的有效性。公平的税制能够增强公众对税收政策的信任和支持，而合理的社会福利政策，则能够提升社会的整体幸福感和满意度。因此，增值税改革应在设计过程中充分考虑这些因素，以实现税制的公平性与社会福利的提升，推动经济和社会的可持续发展。

第二节 增值税税率改革的逻辑

一、增值税改革的必要性

增值税改革的必要性在于当前经济环境和税制结构的深刻变化，尤其是全球化、数字化以及经济转型对税收体系的挑战。作为主要的间接税，增值税在全球范围内被广泛采用，并成为各国财政收入的核心组成部分。然而，面对复杂多变的经济形势，现行增值税制度的不足之处逐渐显露，亟需通过改革加以完善。

（一）优化税制结构

1. 合理设置税率

现行税率结构往往存在税率不均衡的问题，不同税率层次间的差异可能导致税负的严重失衡，特别是在经济结构复杂多样的背景下。这种税率结构的复杂性使得税负的平衡难以实现，导致部分行业和企业面临不公平的税收负担。因此，优化税率结构的首要任务是根据经济发展的实际需求，科学合理地设置税率，避免税率层次过多或过少，确保税率的公平性和透明度。税率的科学化设置可以通过分析经济活动的实际情况，合理调整税率层次，以实现税收的公平分配和经济的均衡发展。

2. 拓展税基范围

在现行税制中，税基的局限性往往会导致税收收入的不稳定。例如，部分行业由于税制安排的特殊性，其税基可能较窄，税收收入容易受到市场波动的影响。因此，拓展税基范围可以提高税收收入的稳定性，并增强税收制度的抗风险能力。税基的扩展可以通过重新界定税基范围，涵盖更多的经济活动和收入来源，实现对经济活动的全面覆盖。同时，还需要考虑税基范围扩展的公平性，避免对特定行业或经济体施加过重的税负，从而保持税制的公平性和合理性。

3. 优化抵扣机制

现行的抵扣机制可能存在操作复杂、抵扣条件不明确等问题，影响税收的效率和公平性。优化抵扣机制可以通过简化抵扣程序、明确抵扣范围以及提高抵扣透明度来实现。例如，通过引入更加简便的抵扣程序，可以减少纳税人的行政负担，提高税务管理的效率。明确抵扣范围可以减少税收争议，增强税收政策的稳定性和预见性。抵扣机制的优化不仅能够提高税收制度的适应性，还能够促进经济活动的健康发展。

4. 关注税制的公平性与效率

税制公平性要求税收政策能够公正地分配税负，避免因税制设计不当导致的收入分配不均。税制效率是指税收制度在实现税收目标时的经济效益,优化税制结构应减少税收征管成本,提高税收征管的效能。为了实现税制公平性与效率的平衡,需从整体上审视税制设计,统筹考虑税率设置、税基拓展和抵扣机制的调整,以实现税制的最优配置。

5. 适应经济发展的新趋势和市场变化

随着经济结构的调整和市场环境的变化,传统税制可能面临新的挑战。因此,税制结构的优化应具有前瞻性,能够及时调整税制设计,以应对经济发展带来的新问题。例如,在数字经济和新兴行业的发展背景下,传统税制可能难以适应新的经济形态,税制结构的优化应纳入这些新兴经济活动,确保税收政策能够覆盖到经济发展的新领域。

(二)应对经济全球化和数字化进程带来的挑战

1. 应对跨境交易的复杂性

全球经济的高度一体化使得国际贸易和投资日益频繁,跨境交易成为常态。在这种情况下,传统税收制度往往面临协调难度大、政策滞后等问题。为了适应这种变化,税收政策需要加强国际税收合作,推进税制的协调与统一。各国应通过国际税收协定和合作机制,优化税收政策,减少跨境交易中的税收障碍,从而提高税收制度的效率和公平性,这不仅有助于维护国际经济秩序,还能提升全球经济的整体运行效率。

2. 关注税收公平性与效率性的平衡

经济全球化和数字化进程,不仅要求税收制度能够应对复杂的跨境交易和新兴经济活动,还要求其在公平性和效率性上保持良好状态。税收政策的公平性体现在对所有经济活动和市场主体的平等对待,效率性则体现在税收政策的实施和管理过程中的经济效益。在改革过程中,应充分考虑税收政策的公平性,避免因税制调整导致的不平等税负分配,同时提高税收制度的效率,减少税收征管成本,提升税收政策的综合效能。

3. 重视数据安全问题

数字经济的发展带来了大量的数据流动和信息交换,这在促进经济发展的同时,也带来了数据安全和隐私保护的挑战。税收政策在应对全球化和数字化挑战的过程中,应当充分考虑数据安全问题,加强对数据保护的监管。建立健全的数据安全保障机制,确保税收信息的安全性和保密性,从而增强公众对税收政策的信任和支持。

(三)促进经济结构的优化和社会公平的提升

1. 全面改革现行税制模式

在经济转型期,服务业和高科技产业的迅速发展已成为推动经济高质量增长的重要动力,现有税制模式对这两个领域的支持可能存在不足,导致税收政策未能有效促进服务业和高科技产业的繁荣。因此,税制改革应以服务业和高科技产业的发展为重点,优化税制结构,减少对这些新兴领域的税负压力,以激发其发展潜力。改革过程中应考虑到经济结构的复杂性,通过调整税率、优化税基范围、改进抵扣机制等方式,增强税制对服务业和高科技产业的支持力度,从而推动经济结构的优化。

2. 关注经济领域的结构调整和社会公平

在经济转型期,社会公平问题尤为突出,低收入群体往往面临较重的税负压力,影响了社会的整体公平性。因此,税制改革应在设计税收政策时,充分考虑低收入群体的负担,通过合理的税制安排减轻其税负,提升税收政策对社会福利的支持力度。可以通过调整税率结构,设立更为合理的税收扣除项目,来减轻低收入群体的税负压力。还可以加强对税收收入的使用管理,确保税收资金用于社会福利的投入,提升税收政策对社会公平的贡献。

3. 注重政策的协调性和可操作性

经济结构的优化和社会公平的提升是一个复杂的系统工程,需要在税制改革过程中充分考虑政策的协调性。各项税收政策的调整应与经济发展目标和社会公平目标相一致,确保税制改革能够在促进经济增长的同时,实现社会公平的提升。税制改革的实施也需注重政策的可操作性,通过简化税制程序、优化税收征管等措施,提高税收政策的实施效果。

二、增值税改革的理论基础

（一）税收公平理论

近年来，随着社会经济的发展，人们的维权意识显著提高，对税收公平原则的重视程度也随之增强。税收公平作为一种基本的社会价值观，不仅关乎个体的合法权益，更是影响社会稳定与经济发展的重要因素。税收公平原则强调每个公民在承担税负时应有相同的起点，这使得税收立法的必要性愈发凸显。有效的税收制度应以公平原则为基础，以确保税收政策的公正性，从而促进社会和谐与经济繁荣。

在税收制度改革的过程中，公平原则始终处于核心地位。政策制定者需要认真考虑税制的公平性，以提升纳税人的信任感。纳税人对税法的公正性感知直接影响其合法纳税的意愿，若纳税人感到自己所承受的税负与其经济能力不相符，往往会导致纳税遵从率的降低。因此，在推进税收改革时，必须充分考虑到纳税人的感受和需求，以增强他们对税收制度的信任。

公平原则主要体现在两个方面：横向公平和纵向公平。横向公平要求相同纳税能力的纳税人应承担相同的税负，而纵向公平则强调根据个人的经济能力合理确定纳税额。这两个方面共同构成了税收公平的基本框架，确保不同经济条件下的纳税人能够在税收制度中获得合理对待。

然而，在中国市场经济中，公平与效率的统一也面临挑战。税收制度不仅要体现公平，还需兼顾经济效率，以促进资源的有效配置和经济的持续发展。因此，在优化税制的过程中，政策制定者需要精细平衡公平与效率，以确保税收制度既能维护社会公正，又能激发经济活力。

（二）税收中性理论

税收中性理论是经济学中的一个重要概念，旨在探讨税收政策对经济活动的影响，并寻求设计能够最小化税收对经济行为干扰的税制。税收中性理论的核心观点是，税收政策应尽可能避免对经济资源的配置产生扭曲，确保税制在不干扰市场机制的情况下，能够实现财政目标并促进经济的有效运行。根据这一理论，税制应当设计为在不同的经济活动和市场主体之间不产生选择偏好，从而使资源配置的效率不受到税收政策的影响。

税收中性理论的基本假设是，在没有税收干预的情况下，市场经济能够通过供求关系实现资源的最优配置。然而，当税收政策介入时，不同的税收政策可能会改变企业和个人的经济决策，导致资源配置的扭曲。例如，不同税率的设定可能导致企业选择高税率的行业或地区，从而影响资源的合理分配。税收中性理论主张，通过设计中性的税制，避免税收对企业和个人的选择产生影响，从而实现税收政策对资源配置的最小干扰。

在实际应用中，税收中性理论指导着税制设计的多个方面：①税制应当尽量简化，避免复杂的税率结构和复杂的税收规定，这样可以减少税收对经济行为的干扰；②税收中性理论也强调对不同类型收入的公平税收，即避免对某些类型的收入或支出给予过多的税收优惠或负担，以减少税收对不同经济活动的偏好和干扰。

税收中性理论涉及税收的国际协调问题。在全球化背景下，各国税收政策的差异可能导致跨国企业的税收规划行为，从而影响全球资源的配置。税收中性理论主张通过国际税收协调和标准化，减少跨国税收政策差异对国际经济活动的影响，以实现全球资源的最优配置。通过推动国际的税收合作，制定统一的税收规则，可以减少不同国家税收政策之间的摩擦，促进国际经济的稳定和发展。

三、增值税改革应遵循的注意事项和总体思路

（一）增值税改革的注意事项

增值税制度的设计应遵循税收中性、管理便捷、收入稳定、促进经济增长、公平性和国际惯例等原则。税收中性意味着税制不应扭曲市场决策，而管理便捷则确保纳税人的遵从成本最低。为此，改革方向是必须针对我国现行增值税所存在的问题，深入研究符合内在原理的解决方案，确保改革措施的有效性和适用性。

在改革过程中，需结合中国国情与国际经验，建立适合社会主义市场

经济的增值税制度。这不仅能吸取国外先进经验，还能够体现中国特色，确保税制的灵活性与适应性。同时，增值税制度的稳定性也是一个不可忽视的重要因素，维持税法的相对稳定，避免频繁的政策变动和交叉矛盾，有助于税制的长期规划和预期管理，使纳税人能够在可预见的环境中进行经济活动。

在征管措施方面，增值税改革需要关注征管与税制之间的关系。提升征管的重要性是确保税制有效执行的关键，尤其是通过强化宣传、教育和提升税务人员的素质，以增强纳税人的理解与遵从意识。这样的创新将有助于建立更加高效的税收征管体系，提高税务透明度，减少逃税现象。

增值税改革应综合考虑税制与征管的结合，推动有效执行和落实。只有在全面考量各个因素的基础上，才能实现增值税制度的最终目标，促进国家经济的持续健康发展。这一过程不仅需要政策的科学制定，更需各方的共同努力，确保增值税制度的稳定性、公平性和有效性。

（二）增值税改革的总体思路

增值税改革方案的关键点在于实现统一税法与公平税负，以确保市场经济中各类经济主体的公平竞争。该方案遵循市场经济原则，规范增值税的优惠政策，以达到税收待遇和负担的平等，避免税收制度对某些企业的不公影响。此外，改革还强调提高税收征管效能，结合中国国情设计出简便易行的税制，建立科学严密的税收征管机制，以提升管理质量和效率，降低税收成本，从而为经济发展提供更好环境。

增值税改革方案旨在促进与社会经济的协调发展，通过强化税收在资源配置和收入分配中的功能，确保增值税收入能够与国民经济的增长保持同步。这一措施不仅有助于增强税收的稳定性和可预见性，还能为政府提供更为充足的财政收入，以支持社会各项事业的发展。

该方案坚持增值税立法的精神，借鉴国际经验，推动消费型增值税的转型和征收范围的扩大，同时规范小规模纳税人的管理。通过这样的综合改革，期望能够构建一个更加公平、合理、高效的增值税体系，最终实现税制的现代化，促进经济的可持续发展。此举不仅为各类市场主体创造了更为良好的发展空间，也为国家经济的健康增长奠定了坚实的基础。

四、增值税改革的完善对策

（一）扩大营改增的范围

1. 扩大地域范围

营业税全面改征增值税是当前税制发展的重要趋势，旨在实现税制的现代化与公平性。在此过程中，扩大试点行业和地区成为关键的一步。具体而言，在选择新的试点地区时，需充分借鉴已有的试点经验，以避免因政策执行不均而造成的税负不平衡。政府应在充分调研的基础上，选择具有代表性的地区进行试点，确保各地企业的负担公平合理。

为支持税改的顺利推进，出台相关优惠政策尤为重要。政府应为企业提供必要的税收减免和补贴政策，以降低企业的合规成本，并激励其积极参与到增值税的改革中。此外，税务部门也应提供便利服务，通过简化流程和提高效率，减轻企业的负担，确保政策落地的有效性。只有通过各方的共同努力，才能确保税制改革的成功，推动地方经济的发展。

2. 扩大行业领域

在扩大行业领域方面，针对现有营业税行业的具体分析显得尤为重要。优先划转与生产制造相关的行业，如交通运输和仓储等，可以有效促进这些行业的升级与发展。由于这些行业在经济运行中起着关键的支撑作用，转向增值税的征收模式，将有助于提升其市场竞争力。

与此同时，针对直接面向消费者的行业，如娱乐和饮食等，仍然可以继续征收营业税，以避免行业发展中的矛盾和冲突。这一政策设计旨在保护相关行业的经济稳定性，确保其在激烈的市场竞争中能够维持一定的利润水平。因此，增值税的征收范围需要合理划分，平衡各方利益，以实现整体经济的协调发展。

3. 调整优化税率

在调整优化税率方面，针对缺乏可抵扣税项的行业，建议适当调整税率，以减轻其税负压力。具体而言，设立三档增值税率的方案值得深入研究。其中，将标准税率调低至13%，设置6%的优惠税率，并保留零税率用于出口，能够有效缓解部分行业的负担，同时刺激经济增长。

借鉴国际经验，实施简化的单一税率模式也是一种可行的选择。这一做法不仅能够降低企业的税务合规成本，还可以提高税务管理的效率。通过简化税率结构，政府能够在更大程度上提高税收透明度，减少行业之间的税负差异，为各类企业创造一个更为公平的竞争环境。

4. 完善抵扣链条

为了有效提升增值税的实施效果，完善抵扣链条显得尤为重要。首先，建议提高起征点，并撤销对小规模纳税人的额外处理，实施免税政策。这样不仅可以减轻小型企业的税务负担，还能鼓励更多企业合规纳税，促进经济发展。

此外，逐步实现增值税的单一税率，简化税率档次，将有助于降低税务管理成本，提高税收征管效率。最后，建立期末留抵税额退税制度，是缓解企业资金压力的有效措施。这一制度能够确保可抵扣税款的有效实施，从而为企业的运营提供更为充足的资金支持，助力其可持续发展。

通过上述各项措施的落实，将为我国增值税改革奠定坚实基础，推动经济的高质量发展，提升整体税制的科学性与公平性。

（二）推进财税体制改革，稳定地方财政收入

1. 合理调整增值税分成比例

在当前中国税收体系中，增值税的分成比例表现出明显的中央与地方利益共享特征，其中75%的增值税收入归中央政府，而25%则归地方政府。增值税作为一种重要的共享税种，为中央和地方财政提供了支持。然而，地方税收的现状并不乐观，主要依赖于营业税，且地方税种的设计仍显不足，这使得地方在税收征管上面临诸多困难。营业税完全归地方，成为地方财政的主要支柱，但其局限性也愈发明显。增值税与营业税之间存在相互影响的关系，增值税的上升往往会导致地方税收的损失，从而对地方财政造成压力。

针对地方税收问题，提出了一系列调整方案。首先，建议提高文化娱乐和服务行业的税收率，以此来增强地方财政的收入来源。其次，适当增加增值税对地方的分成比例，能够有效缓解地方财政的困境。此外，中央政府应赋予地方政府一定的税收管理权，以便于在资源分配上实现更好的平衡，从而促进地方经济的可持续发展。

在增值税的征收合理性方面，尽管现行政策在一定程度上采取在消费地征收的方式，但实际操作中却采用分段计征的方法。这一做法可能引发跨境交易的问题，从而削弱中央政府的宏观调控能力。同时，地方政府在征收增值税的过程中，会增加管理成本和纳税成本，可能导致地方保护主义的抬头，阻碍市场的健康竞争。因此，亟需对增值税的征收方式进行审视和调整，以提高其公平性和有效性。

与地方征收相比，中央统一征收增值税的优势十分明显。通过统一的征收机制，可以显著提升税收管理效率，减少重复征税和资源浪费。同时，部分增值税收入的分配也可以激励地方政府的积极性，促使其在经济发展中发挥更大的作用。此外，合理的税收分配能够有效调节区域财政差异，促进财政公平，有利于实现地区间的协调发展。

增值税作为重要的税种，其分成比例的调整与地方税收的完善密切相关。在当前经济形势下，提升地方税收能力、优化税收结构、确保中央与地方的利益平衡显得尤为重要。通过适当调整增值税的分成比例，强化地方财政的稳定性，既能促进地方经济的发展，又能增强中央宏观调控的能力，从而实现更为协调的经济增长。这样的政策调整不仅符合当下经济发展的需要，也为未来的财政改革提供了重要的参考价值。

2. 加快推进地方税制改革

地方税制改革是当前经济转型和地方财政可持续发展的重要课题。近年来，"营改增"政策的实施为房产税和资产税的改革提供了宝贵的契机。这一改革背景不仅体现了国家在优化税制结构、提升税收公平性方面的决心，也旨在实现地方财政体制的完善，确保财权与事权的有效匹配。

在地方政府的税收体系中，房产税和资产税作为主要的地方税种，其征收金额相对较小，无法充分满足地方财政的需求。因此，在进行地方税制改革时，必须同步考虑增值税、房产税和资产税的改革，特别是重新分配增值税的比例，以实现更为合理的税收结构。增值税作为地方财政收入的重要组成部分，其改革不仅影响税收的分配，也对地方政府的财政稳定产生深远影响。

然而，增值税的转型在短期内可能导致财政收入的减少，这就要求地方政府通过其他税种的调整和政策的创新来进行补充。为此，建立一个更加科学和公正的征税体系显得尤为重要。这一体系需着重防止不公平现象和重复征收，确保税负的合理分担，提高纳税人的满意度与参与度。

在协调改革的方向上，增值税与消费税之间的协同非常关键。扩大征税范围、提高征税力度，以及明确税源将有助于增加财政收入。此外，增值税与所得税的关系亦需重新设计，尤其是通过提升消费型增值税的抵扣力度，构建双税制的模式，以进一步推动消费和经济发展。同时，开发新税种也是一种可行的策略，能够有效弥补财政缺口，并调节社会财富的分配。

在税制改革的过程中，还需注意清理过渡性税收，确保停止运行的税收能够有序清理，避免不必要的财政负担。通过这一系列措施，地方税制改革不仅能够增强地方政府的财政能力，还能促进地方经济的可持续发展。

地方税制改革的关键在于明确改革背景与目标，合理设计主要税种的征收方式，补充因增值税转型导致的财政收入缺口，同时建立公平的征税体系。通过协调各类税种的改革方向，地方政府可以在实现财政稳定的同时，推动经济的高质量发展。这些要点不仅为地方税制改革提供了明确的方向，也为未来的政策制定与实施奠定坚实的基础。

（三）优化增值税政策及其法律体系

1. 增强企业纳税人的主体意识

在"营改增"政策实施过程中，政府部门的窗口指导工作显得尤为重要。为了有效引导地方企业，政府应开展相关培训，帮助企业全面理解这一税制改革的内容与意义。通过系统的培训，企业能够更好地掌握"营改增"的基本原则，从而为接下来的调整做好充分准备。

企业在面临增值税改革时，需认真分析其对成本、现金流和权益的具体影响。增值税作为间接税，其变化将直接影响企业的经营模式和财务状况。因此，企业应提前制定相应的应对策略，以确保在政策实施后能够顺利过渡，并将潜在风险降至最低。

为支持企业顺利实施"营改增"，设立专项试点基金尤为必要。这一基金不仅可以为参与试点的企业提供必要资金支持，还能帮助其在过渡阶段获得政策扶持，减轻税负压力。通过建立明确的扶持政策，能够有效缓解企业在改革初期所面临的经济负担，确保企业的稳定发展。

在行业分类管理方面，政府应对各个行业的特点进行详细分析，制定针对性的政策措施。不同类型的企业在"营改增"后所承受的税负和经济影响可能存在显著差异，因此，政府需根据行业特征进行分类管理，以实现精准扶持。

与此同时，人才培养也不容忽视。重点培训税收策划人才，尤其是在风险管理能力方面的培训，将有助于企业更好地应对复杂的税务环境。通过提升税收策划人才的专业水平，企业能够在税收管理中实现更加合理的资源配置，从而提升竞争力。

建立健全税收策划机制是实现优化管理的重要手段。企业应构建完整的工作流程，包括决策、风险预警和反馈机制，以确保在政策变化时能够快速反应，及时调整策划方案。通过科学的管理流程，企业不仅能提升税收管理效率，还能为自身的可持续发展奠定基础。

企业在落实"营改增"政策时，需积极配合国家的相关要求，以减轻政策带来的负担。通过合法策划方案的制定，企业能够有效促进自身利益的最大化，提高市场竞争力。整体来看，只有在政府引导、企业积极配合以及专业人才的支持下，才能实现"营改增"政策的成功落地，推动经济的健康发展。

2. 优化税收环境

税收征管在现代经济体系中扮演着至关重要的角色，其主要目的是降低消费型增值税带来税收减少的压力，同时有效减少企业偷税漏税的概率，以促进税收目标的实现。随着经济的不断发展，增值税制度的设计必须与实际征管的可行性相匹配，避免因征管成本过高而导致的资源浪费。历史上，税制与征管技术不配套的问题时有发生，因此在新税制的设计中，需充分考虑这一因素。

在增值税制度的设计中，应遵循五点设计原则。首先，了解现状是基础，必须充分认识当前的征管技术和水平，以确保增值税制度的实施不会超出征管能力。其次，科学选择征收对象时，应遵循"抓大放小"的原则，集中管理那些规模大、管理成本低的纳税对象，以提高征收效率。再次，增值税制度的设计应尽量减少争议，确保其易于理解和操作，便于在实践中执行。复次，充分考虑纳税人的便利性，可以提高纳税遵从度和满意度。最后，需加强凭证管理，通过完善抵扣凭证的管理和严格的税务稽查，创造良好的纳税环境。

在管理方法与政策配套方面，增值税的转型需遵循科学管理和标准化原则，推动税务电算化进程，并推进法治化，以确保工作规范及数据的真实性。此外，加强税务人员的培养是改革成功的关键，需提升他们的执法素质和办事效率，同时提高纳税人对税法的宣传，以增强税法的透明度和公信力。

税制改革需双重考量。要避免固定资产投资过高而导致经济的过热，同时又要促进技术升级和产业结构的优化。在进行税制改革时，务必要兼顾财政压力与宏观调控的有效性，确保改革能够健康平稳地发展，从而为经济的可持续增长提供坚实的保障。通过这些措施的实施，最终实现税收的公平与效率，为社会经济的良性循环奠定基础。

3. 制定出台法律实施细则

在现代社会，立法的有效性与公平正义是法律实施的核心要求。首先，立法进退有度的原则强调，法律在制定时必须经过深思熟虑，确保其目标符合社会的公平与正义。在法律的实施过程中，尤其是在过渡阶段，适当的退让能够有效降低各方的抵触情绪，促进法律的顺利推行。例如，增值税法的实施如果过于激进，可能会引发企业的不满，导致经济活动的停滞。因此，制定法律实施细则时，立法者需审慎考量各项政策的影响，确保法律在促进经济发展的同时，能够保障社会的基本公平。

其次，公平与效率的协调是法律制度设计的重要环节。通过合理设定税负水平，减轻企业的税务负担，可以有效促进企业的竞争力，避免不同地域和行业间出现不公平现象。这一政策目标要求建立统一、现代的增值税制，并深化分税制改革，优化地方税务体系，以提升地方的财力。同时，完善法律体系也是提升税法实施可行性的关键措施。在这一过程中，应提高增值税法律的层次，规范立法程序，并增强公民对税法的参与感与理解力，以确保法律的有效实施。这种法律框架的完善不仅有助于提升税收的透明度，还能增强公众的信任感，为经济的可持续发展提供有力保障。

4. 建设精干的执法队伍

建设一支精干的执法队伍是实现税收政策目标的关键因素。合理的税收政策不仅能刺激经济发展，还能提升企业的竞争力，因此，税务部门需在政策执行过程中发挥积极作用。为了实现这一目标，加强对纳税人的教育与培训显得尤为重要。通过深入的税制宣传，提升企业和税务人员对消费型增值税的理解，不仅能增强他们的合规意识，还能为企业的经营决策提供更为准确的信息支持。

积极引导与反馈机制的建立是保障政策顺利实施的重要环节。鼓励企业理解新税制的益处，并主动参与改革过程，可以有效减少实施过程中的摩擦与障碍。在此过程中，税务部门应整理和解决实施中遇到的问题，建立良好的沟通渠道，形成反馈机制，以便及时调整政策方向。这种积极的互动不仅能够提高企业的参与感，还能使税收政策更加符合实际需求。

宣传的重要性不容忽视。有效的税收政策宣传不仅能够帮助企业做出更好的投资决策，还能促进整体经济的增长。利用网络平台进行税收义务教育，可以有效提升公众的税收意识，树立税收的新形象，为税收的顺利实施营造良好社会氛围。总的来说，建设精干的执法队伍、加强纳税人教育、建立反馈机制和有效宣传是实现税收政策目标的重要保障，对推动经济高质量发展具有重要意义。

第三节 增值税改革的运行机制

增值税改革的运行机制涉及税制设计、实施路径及监管机制等多个层面，其核心目标在于提升税制的效率与公平性，适应经济环境的变化并保障财政收入的稳定。增值税改革的运行机制包括以下方面：

一、税务管理的数字化

税务管理是企业管理的重要内容之一，数字化给企业税务管理带来了机遇与挑战，合理利用数字化技术加快企业税务管理的转型与升级，是当前企业管理的发展方向和工作重点[①]。

（一）减少人工操作的错误和税务处理的时间

数字化税务系统能够有效减少人工操作中的错误和税务处理时间。传统税务管理中，人工录入和处理数据容易引发错误，且往往需要大量的时间和人力资源。数字化系统通过自动化的数据处理和验证机制，减少了人工操作的需求，从而降低了出错的概率。自动化系统通过设定明确的数据校验规则，能够实时检测并纠正输入数据中的不一致性或错误。这样的机制不仅提高了数据处理的准确性，还显著减少了人工审查和修正的时间成本。同时，数字化系统的高效数据处理能力，能够缩短税务处理的周期，使得税务机关能够更快地完成纳税申报、税务审核等各项工作。

（二）优化纳税服务的便捷性和透明度

数字化税务系统的应用，显著优化了纳税服务的便捷性和透明度。传统的税务服务通常依赖于纸质文档和面对面的交互，这种模式可能导致服

[①] 张娟娟.关于企业税务管理数字化转型的实践路径分析[J].行政事业资产与财务，2024（12）：111.

务过程的烦琐和不透明。数字化税务系统通过建立在线申报和自助服务平台，极大地方便了纳税人进行税务申报和管理。在线申报系统允许纳税人随时随地进行税务申报，无需前往税务机关现场办理，大幅度提升了纳税服务的便捷性。自助服务平台提供了丰富的税务信息和操作指南，帮助纳税人更好地理解税收政策和申报流程，增强了服务的透明度。通过数字化手段，税务机关能够及时向纳税人提供税务咨询和服务，提升了纳税人的满意度和税务服务的整体质量。

（三）提升税收管理的效率和准确性

税务管理的数字化通过引入先进的信息技术，能够显著提升税收管理的效率与准确性。传统的税务管理模式通常依赖于大量的人工操作，这不仅容易导致错误和数据不一致，还可能引发信息处理的延迟。数字化税务系统则通过自动化的数据处理和实时的信息更新，显著提高税务管理的精度和响应速度。电子化的税务申报系统能够实现税务数据的实时传输与处理，减少了纸质文档的处理时间，提升税务机关对税务数据的监控能力。

（四）提升税收遵从度和征管效果

数字化税务系统的应用可以有效提升税收遵从度和征管效果。通过先进的数据分析和人工智能技术，税务机关能够对大量的税务数据进行深度分析，识别潜在的税收漏洞和风险。这种精准的数据分析能力可以帮助税务机关优化税收征管流程，减少税收流失，提高税收的遵从度。数据分析技术能够识别出税务数据中的异常模式或趋势，提供有针对性的风险预警。人工智能技术则可以辅助进行复杂的税收预测和决策支持，提升税务机关对税务问题的响应能力。通过这些技术手段，税务机关可以更有效地进行税收审计和检查，优化税务管理流程，从而提升税收管理的整体效果。

（五）推动税务管理的全面现代化

税务管理的数字化不仅是单一环节的改进，更是税务系统全面现代化的推进。数字化税务系统的建设，涉及税务数据的全面电子化、信息系统的集成与优化，以及技术支持的持续升级。通过这些手段，税务机关能够实现更加智能化、系统化的税务管理模式。税务管理的现代化还需要与国家经济政策和社会发展需求相适应。数字化税务系统的建设应结合国家宏观经济政策、税收政策的调整需求，以实现税收管理的最佳效果。税务机关还需不断关注和引入新兴技术，提升税务系统的技术水平和创新能力，推动税务管理的持续优化和升级。

二、政策调整的科学化

（一）合理设计税收政策，平衡各方面的利益

税收政策的设计是政策调整中的重要内容，合理的税收政策应综合考虑不同收入群体和企业的税负情况，以实现利益的平衡。科学化的政策调整，需从税收政策的公平性和效率性两个维度出发，确保政策在促进经济发展的同时，也能保障社会公平。

税收政策的公平性要求通过合理的税负分配机制，保护低收入群体和中小企业的利益。在政策设计时，应充分考虑这些群体的实际负担能力，通过设立合理的免税额、税收优惠和减免措施，减轻其税负压力。这不仅有助于提升社会的整体福利水平，还能够促进经济的均衡发展。

税收政策的效率性则关注政策对经济活动的激励作用。在税收政策调整中，应尽量减少对市场经济活动的干预，避免因税收负担过重而抑制企业的投资和创新。通过科学合理的税收设计，能够激励企业的生产积极性，促进经济增长，同时减少因税制设计不合理导致的资源浪费和经济扭曲。

（二）通过合理的税收优惠和减免措施实现社会公平

政策调整的科学化必须关注社会公平，特别是在税收政策方面。社会公平不仅包括税负的公平分担，还涉及税收优惠和减免措施的合理配置。科学化的政策调整应通过有效的税收优惠政策，提升税收政策对社会福利的支持力度，确保不同社会群体能够公平地享受到政策带来的利益。在税收优惠政策的设计中，应依据社会群体的实际需要，制定有针对性的优惠措施。例如，对特定困难群体和重点支持行业实施税收减免，可以有效缓

解其经济压力,促进社会的稳定和发展。同时,政策制定者需定期评估税收优惠政策的实施效果,及时调整和优化政策措施,以确保政策的公平性和有效性。

(三)增强税制的稳定性和公平性

科学化的政策调整有助于增强税制的稳定性和公平性。税制的稳定性要求政策调整应具备一定的连续性和稳定性,避免频繁的政策变动对经济和社会产生负面影响。通过科学的数据分析和预测,可以制定出更具前瞻性的税收政策,减少政策变动带来的不确定性。科学化的政策调整也有助于提升税制的公平性。公平的税制应当充分体现社会的多样性和差异性,确保不同群体在税收政策中获得公平的待遇。通过科学的政策调整,可以有效促进税制的公平性,保障各类经济主体的合法权益,促进社会的和谐与稳定。

三、跨部门协作的强化

(一)跨部门协作的必要性与作用

在现代治理体系中,许多政策问题涉及多个部门的职能和职责,单一部门往往难以全面解决问题。跨部门协作的强化可以有效整合不同部门的资源和信息,避免因职能划分不明确而导致的政策冲突和效率低下。通过跨部门协作,可以实现资源的优化配置,提高政策的综合性和协调性,从而推动政策目标的实现。

1. 提升政策制定的科学性与全面性

政策的制定过程涉及多个层面的考量,涵盖社会、经济、文化等方方面面,这些领域通常分属于不同的行政管理部门。在跨部门协作中,不同部门基于各自的职能范围和专业知识参与政策讨论,能够有效避免单一部门在专业领域认知上的局限性。这种协作使得政策制定能够集思广益,确保在立法、规划或战略部署中,全面兼顾各方面的需求和挑战。

各部门的专业知识储备和经验积累在政策的形成过程中起到了决定性

作用。跨部门协作能够促使不同部门在各自擅长的领域贡献专长，共同参与到政策问题的分析、解决方案的提出以及可行性评估中。政策在经过多个部门的协同讨论和评估后，更能够全面地涵盖各个领域的关切，进而提升其科学性和合理性。这不仅提高了政策的针对性，还能够显著减少因信息不对称或政策盲区带来的潜在风险。

跨部门协作在政策制定初期即能有效汇集多方意见，平衡不同领域的利益，避免部门间因为利益冲突而出现矛盾或不一致的情况。这种协作机制保障了政策制定的透明度和公正性，同时减少了部门之间因各自利益产生的分歧，从而推动政策方案更为公正合理地确立起来。

2. 优化政策执行的协调与效率

跨部门协作能够在执行过程中有效打破部门壁垒，避免部门职能交叉或职责不清导致的推诿现象。在跨部门协作机制下，各部门通过建立联动机制，能够更好地明确各自职责，并形成无缝的协作配合。这种机制在具体执行过程中减少了信息的流失和传递延误问题，确保了政策执行的连续性和有效性。跨部门的协作机制能够提高应对突发问题的灵活性和反应速度。在政策执行过程中，常常会遇到超出预期的情况，而跨部门协作为不同部门提供了及时沟通、快速决策的平台。在遇到问题时，各部门能够迅速集结，整合资源与力量，共同应对挑战，确保政策措施的顺利落地。这种高效的应急响应机制，使政策在复杂的执行环境中能够更加灵活和有力。跨部门协作能够有效推动资源的共享与整合。各部门在执行过程中所需的资源可能不同，但往往存在重叠或互补的部分。跨部门协作能够促使各部门之间的资源得以充分利用，从而避免重复建设和资源浪费。这不仅提高了政策执行的效率，也为政府整体治理能力的提升提供了有力支撑。

3. 促进政策评估和调整的科学化

政策的评估和调整是确保政策适应性和持续有效性的关键环节，跨部门协作在这一过程中同样发挥了重要作用。在政策执行一段时间后，往往需要根据实施效果对其进行评估与调整，而跨部门协作为政策效果的综合评估提供了全面的信息来源和多元视角。

各部门在政策实施过程中积累了不同领域的数据和经验,通过跨部门协作,这些信息得以共享,并在评估阶段形成系统的反馈。不同部门的反馈往往能够从不同角度揭示政策执行中的问题和不足,帮助决策者做出科学的评估。通过多方意见的整合,政策的评估过程能够更加全面、客观,从而为后续调整提供精准的依据。

在跨部门协作下,各部门不仅能够对政策效果进行评价,还可以根据反馈的结果,共同讨论改进措施。跨部门的讨论和沟通能够促使各方更好地了解其他部门的需求和困境,进而为政策的调整提出更加合理的建议。这种协作机制能够保证政策调整后的方案更加科学、合理,避免政策频繁调整带来的负面影响。跨部门协作的评估机制能够促使政策的动态调整机制更加灵活。在复杂多变的社会环境中,政策的执行效果往往会受到多重因素的影响,因此,政策调整的时效性和适应性尤为重要。通过跨部门的定期沟通与协作,政策的调整能够及时回应社会变化,确保其持续适应新环境和新挑战,进而提升政策的长效性。

(二)建立健全的跨部门协作机制

有效的协作机制应包括明确的沟通渠道、协调机构的设置以及责任分工的细化。明确的沟通渠道能够确保各部门在政策制定和实施过程中保持信息畅通,及时解决出现的问题;协调机构的设置有助于在政策实施过程中发挥统筹作用,协调各部门的工作,确保政策措施的落实;在跨部门协作中,责任分工的细化至关重要。各部门应根据自身的职能和职责,明确在政策实施中的具体任务和责任范围。通过细化的责任分工,可以避免因职责不清而导致的工作重复或遗漏,提高政策实施的效率和效果。明确的责任分工有助于提高部门之间的配合程度,确保各项政策措施得到有效执行。

(三)信息共享机制的建立与优化

信息共享能够提高政策执行的透明度,减少信息不对称带来的协调难题。在政策制定和实施过程中,各部门需要及时传递政策信息和数据支持,确保各方对政策内容和执行情况有清晰的了解。信息共享机制的建立可以通过以下方面进行优化:

1. 建立统一的信息平台

信息平台应能够有效整合各部门的数据信息，涵盖数据采集、存储、分析与传输等关键功能，确保信息在不同部门之间的高效流转与及时更新。通过统一的信息管理机制，不仅能够避免数据孤立和信息断层现象，还可以大幅提升数据的准确性与一致性，为政策制定和执行提供科学依据。平台的分析功能，能够帮助各部门在海量数据中快速提取关键信息，从而提升政策决策的效率和精准度。该平台通过数据的高效传输，促进了跨部门的协作，打破了部门间的壁垒，使信息在各部门间得以快速共享，减少了重复劳动，优化了资源配置。

2. 制定信息共享的规范和标准

各部门应在信息共享过程中统一数据格式、传输流程和保密要求，以确保数据的准确性和一致性。标准化的数据格式能够有效减少不同系统间的不兼容问题，确保信息在传递过程中保持完整性和可读性。明确的传输流程能够提高数据交换的流畅性，减少因流程不清晰而导致的延误与误差。保密要求的设定则确保敏感信息在共享过程中的安全性，避免信息泄露等风险。通过对信息共享进行规范化管理，不仅能够提升数据传递的效率，还能够优化各部门之间的沟通与协作，确保决策信息的及时性和准确性。

3. 加强信息安全保障

信息安全保障机制的建立应涵盖数据加密、权限管理和安全审计等多个方面。通过数据加密技术，可以有效防止信息在传输过程中的泄露，确保数据的完整性和机密性。权限管理则能够精细化控制信息的访问权限，确保只有经过授权的人员才能访问特定数据，从而减少信息滥用的风险。安全审计机制能够对信息共享的全过程进行监控和记录，及时发现潜在的安全隐患并加以整改。这种全方位的安全保障措施，不仅确保各部门在信息共享中的数据安全，还能增强各部门的信任与合作，进一步促进跨部门协作的有效性。通过持续加强信息安全保障，政府在推动信息化建设的同时，也为信息的安全流转提供可靠的技术支持与制度保障。

第七章 数字经济背景下增值税改革研究

第一节 数字化交易中增值税的法律规制

一、数字化交易中增值税法律规制的必要性

（一）增值税制度的税法原则考察

在增值税制度的构建与实施过程中，税法原则的考察占据了核心地位。这些原则为增值税的设计和执行提供了基本的指导框架和理论支持，以确保税收制度的公正性、效率性和可持续性。

1. 税收法定原则

税收法定原则与现代国家相伴而生，是民主法治理念在税收领域的体现。[1]税收法定原则是现代税法体系的核心，赋予国家征税行为合法性与正当性。这一原则要求所有税收的设立、变更及废止都必须依据明确的法律规定，确保税收体系在运行过程中的公正性与透明性，从而有效保障纳税人的合法权益。随着数字化交易的蓬勃发展，传统的税收法律框架面临前所未有的挑战。数字化经济的虚拟性、跨地域性和动态性，使得传统税收体系难以涵盖其多样化的交易模式，导致税收征管的复杂

---

[1] 王晓凡. 税收法定原则之内涵与进路 [J]. 西部学刊，2024（5）：65.

性和不确定性显著增加。在这一背景下，确保税收法定原则在数字化交易中的有效贯彻，不仅是法律体系现代化的必要步骤，更是数字经济健康发展的重要保障。

数字化交易中的增值税法律规制必须以税收法定原则为基础，这意味着法律必须对所有涉及税收的要素，如纳税主体、征税对象、税率等，做出明确且具体的规定。这一过程需要立法部门密切关注数字化交易的实际情况，制定出符合时代发展需求的税收法律框架。只有在法律层面上对数字化经济中的新兴问题进行明确规定，才能有效防止税收漏洞的出现，减少税收流失，并确保税收体系的公正性和透明性。这不仅有助于维护国家的税收，更为企业和个人在数字化交易中的税收行为提供了明确的法律指引，避免因法律模糊而引发的争议和纠纷。

税收法定原则的有效实施，还要求税务部门严格按照法律规定的程序进行税收征管。面对数字化经济带来的新挑战，税务机关必须具备足够的技术能力和专业知识，确保在税收征管过程中不偏离法律的规定。这要求税务部门不断更新和提升自身的技术手段，以应对数字化交易中复杂的交易结构和流动性高的交易对象。通过提高税收征管的技术水平，税务部门能够更加精准地识别数字化交易中的税收要素，确保增值税的准确征收，减少税收管理中的漏洞和不确定性。

确保税收法定原则在数字化交易中的贯彻实施，不仅是维护国家税收主权的需要，更是数字化经济持续健康发展的基础。通过不断完善增值税法律规制，确保法律的权威性和适用性，国家能够为数字化经济的发展提供更加稳固的制度保障，促进经济的公平竞争和可持续发展。这一过程要求立法、行政和国际合作等多个层面的共同努力，以确保税收法律体系在数字化经济背景下的有效性和前瞻性。

2. 税收效率原则

税收效率原则是税法基本原则之一，也是评价税收制度的重要准则。在市场经济条件下，税收效率原则具有促进经济效率发展和提高税收行政效率的双重功能，对推动经济发展和社会运行整体效率的提高具有重要意义。[1]税收效率原则要求在保障税收的同时，尽可能减少对经济体制的干扰，并降低税收征管的行政成本。这一原则的核心在于，通过最小的税收成本获取最大的收入，从而促进资源的有效配置和经济体制的顺畅运行。税收效率包括经济效率和行政效率两个层面。经济效率强调税收征管过程中应避免对市场经济活动的过度干预，使社会所承受的超额负担最小化，进而确保经济体制的正常运作。行政效率要求提高税收征管的工作效率，降低征税过程中的行政成本，使税务部门能够以更少的资源投入实现税收目标。

在数字经济的背景下，数字化交易量的迅猛增长为增值税征管带来了新的挑战。由于数字交易的虚拟性和跨区域性，传统税收征管手段难以适应新兴的交易模式，导致增值税税收流失问题日益严重。这种税收流失不仅直接影响国家的税收收入，还可能导致经济体制的运作受到干扰。纳税人为了实现自身利益最大化，可能利用数字平台规避税收义务，这进一步加剧了税收流失的风险，并对税务部门的税收效率提出了更高要求。在数字化交易模式下，增值税的征管成本显著增加，税务部门面临着更加复杂的征税环境，如何在这一背景下提高税收效率成为税收制度设计中亟待解决的问题。为了应对这些挑战，增值税的立法和实施过程中必须严格遵循税收效率原则。这不仅需要在法律层面上明确规定数字化交易中的税收要素，还需要税务部门通过技术手段的提升和管理流程的优化，提高税收征管的行政效率。在数字化经济中，只有通过有效的税收政策设计和高效的行政管理，才能确保增值税的经济效率和行政效率得以实现。这不仅有助于减少税收流失，保护国家税收利益，还能促进经济体制的稳定和有效运行，为数字经济的发展创造良好的制度环境。

3. 税收中性原则

税收中性原则作为税收制度设计中的重要准则，旨在确保国家征税行为对市场经济的正常运行不产生干扰。其核心在于使纳税人或社会所承受的负担仅限于税款本身，避免因税收制度的实施带来额外的经济损失或负

---

[1] 周浩然. 税收效率原则下我国个人所得税法完善研究 [D]. 合肥：安徽大学，2018：1.

担。税收中性原则要求国家在征税时，不能让税收成为影响资源配置的决定性因素，而应保持税收制度与市场机制的协调运作，使得市场能够按照自身规律进行资源配置。这一原则在我国现行的税收体系中得到了不同程度的体现，尤其是增值税，作为一种基于净增值额征收的税种，其在保持税收中立性方面具有显著优势。

增值税的设计特点在于其通过"道道征税"的机制，实现税款的逐级转嫁，即税款最终由消费者承担，而企业在生产经营过程中并不直接承担税负。这一特性使得增值税能够在不干扰企业经营决策的前提下，保持市场竞争的中性，进而促进市场的有序发展。在此背景下，增值税被认为是符合税收中性原则的典型税种，其征税对象的选定和税款的转嫁机制，有效避免了税收对市场资源配置的干预，从而支持了市场经济的正常运行。

随着数字经济的兴起，数字化交易逐渐成为经济活动的重要组成部分。税收中性原则在这一领域的应用尤为关键。数字化交易中的增值税征管若未能严格遵循税收中性原则，可能导致数字化交易主体在市场竞争中处于不利地位，进而影响其商业决策。税收制度如果过度干预数字化交易，可能扭曲市场机制，使得增值税成为纳税人决策的主要驱动力，而非市场因素。这种情况可能破坏市场的公平竞争环境，不利于数字经济的健康发展。

为了保障数字化交易中的税收中性，增值税的抵扣链条必须保持完整，使其征收范围能够全面覆盖生产经营的各个环节。只有在保证增值税纳税人与从事传统交易的纳税人享有相同税收待遇的情况下，才能真正实现税收中性原则，避免因税收政策的不公平而对数字化交易主体的商业决策产生不利影响。这不仅需要税收制度的科学设计，还要求在实际征管过程中严格执行，确保增值税在数字经济中能够发挥其应有的作用，为市场的健康有序发展提供有力保障。

（二）增值税课税对象二元化的模糊

增值税作为一种普遍适用的消费税，其课税对象传统上包括商品和服务。然而，随着数字化交易的发展，这一原本清晰的界限逐渐模糊，呈现出商品服务化和服务商品化的趋势。我国现行的增值税制度在应对这一变化时，虽已涵盖商品和服务两大类课税对象，但在面对数字经济带来的新兴交易形式时，传统的分类方法显然存在局限性。数字化交易中的许多交易对象不再具备具体的物理形态，使得对其进行商品或服务的归类变得愈加复杂，这不仅在税务实践中引发了广泛的争议，也对增值税法律制度的适用提出了挑战。

以电子图书为例，其性质在我国现行增值税制度中缺乏明确的法律定位。长期以来，电子图书被视为电子出版物进行征税，然而这一分类基于传统的物理介质特征，并未充分考虑数字化产品的特性。电子图书通过线上储存和网络传播，与传统意义上的电子出版物存在显著差异，因此将其纳入电子出版物的税目之中，事实上是一种扩张解释。这种扩张解释不仅在理论上不够严谨，也在实践中引发了税收效率和公平性的问题。现行增值税制度对纸质图书在批发和零售环节免征增值税，而电子出版物则仅在出版环节享受先征后退的优惠政策，这种政策上的不一致性直接增加了电子书纳税人的遵从成本与税收效率原则相悖。

在数字经济时代，增值税征管模式的二元化分类方法已无法适应新兴交易形式的多样性和复杂性。传统的商品与服务二元化分类方法在数字化交易中表现出的模糊性，要求法律制度对数字化交易中的增值税进行更加精细的规制。特别是在税目划分和税率适用方面，需要对数字化产品的特性进行全面考量，并在增值税立法过程中予以明确。这不仅有助于维护税收法定原则的严谨性，还能确保税收政策的公平性和有效性，从而推动数字经济的健康发展。

增值税立法应在现有基础上，充分考虑数字经济的特殊性，制定更加细化和明确的税收规定，确保增值税制度在新经济形态下的适用性与公正性。这将有助于构建更加合理和科学的税收体系，为数字化交易的发展提供有力的法律保障，同时维护市场的正常秩序。

二、完善数字化交易中增值税法律规制的建议

（一）完善增值税实体法要素的建议

在数字化交易迅速发展的背景下，完善增值税实体法要素显得尤为关

键。为适应这一新兴领域的挑战性和复杂性，建议从以下三个方面进行改进：

1. 简化增值税税率档次

多档税率的复杂性不仅在税收征管中增加了操作难度，也可能导致税收政策的执行偏离税法原本的效率目标。通过简化税率档次，能够有效降低征税成本，提升税制的透明度和可操作性，从而更好地适应数字经济的迅速发展。当前的税率结构在面对数字化交易的多样性和复杂性时，可能存在不适应的情况，简化税率档次将为税收制度提供更大的灵活性和适应性，有助于确保税收政策能够及时、准确地反映数字经济的实际情况。

随着数字经济的不断发展，交易形式日益多样化，传统的税收模式在确定课税对象和适用税率时，可能会遇到前所未有的挑战。税制的简化不仅有助于明确课税对象，也有助于减轻纳税人的税收负担，防止因税率复杂而导致不必要的税务纠纷和执行困扰。通过对增值税税率结构的合理调整，可以更有效地涵盖数字经济中的各种交易形式，确保税收制度在复杂的经济环境中仍然具有稳定性和公平性。

税率的简化还可以提升税收政策的普适性，使得税收制度能够更好地兼顾不同类型企业的经营实际。在全球化的背景下，简化税率档次不仅有助于提升我国税收制度的国际竞争力，还能够在数字经济快速变化的背景下，保持税收制度的前瞻性和灵活性，使其在应对未来经济形态变化时更具适应力和稳定性。通过这样的改革措施，税收制度将更加简洁高效，有助于进一步释放市场活力，推动经济的持续健康发展。

2. 完善对现行课税对象的划分

对现行课税对象的划分需要在理论上进行更加明确的界定，以适应数字化交易的发展趋势。数字化产品和服务在现有增值税法律体系中尚未得到清晰的定义，这一模糊性削弱了法律的解释力和科学性。法律概念的明确不仅是规范法律行为的基础，也是限定法律规则适用范围的必要手段。随着经济活动的数字化转型，许多实物商品已逐渐以数字化形式存在，然而对于这些数字化产品和服务的界定及相应的应税项目，现行增值税法尚未给予充分的关注。

在未来的法律修订中，有必要参考国际经验，如欧盟的做法，对数字化产品和服务进行明确的定义，制定具体的司法解释以列举其构成要素和常见形式。这不仅能够在理论上加强法律的科学性，也有助于实务操作中对数字化交易的准确分类和征税。在此基础上，国家税务机关可以通过发布清单的形式，列举数字化交易中应税项目的具体类别，并确保这些项目在税目分类和税率适用上具备足够的清晰度和可操作性。

将数字化产品和服务单独作为一个类别，与服务和无形资产并列，能够进一步精细化税制，确保不同形式的交易在税收政策上的一致性和公平性。此举不仅适用于现有的数字化产品，也应灵活应对数字经济中不断涌现的新产品和新服务，及时明确其税收归属和适用税率。借鉴国家统计局对数字经济的行业分类，有助于进一步细化数字化交易的税目解释，使法律在面对新兴经济形态时更具适应性。

未来的增值税法修订过程中，应将数字化产品纳入相应的税收体系，并赋予其明确的法律地位。这一过程不仅涉及对现有数字化产品如电子出版物的重新分类，也要求在规则修订中考虑数字化交易的特殊性，确保法律在面对数字化经济时能够提供稳定且具有前瞻性的税收框架。

3. 把握增值税纳税主体的认定

随着数字经济的迅猛发展，传统的增值税纳税主体定义已无法满足日益复杂的数字化交易环境。因此，有必要对现行增值税法进行修订，以更准确地界定数字化交易中的纳税主体。

（1）考虑到数字经济的快速演进，增值税法应适时调整相关规定，以促进数字化交易主体的明确化和规范化。在增值税法的设计理念下，增值税的课税对象涵盖所有行业，数字化交易中的商品和服务同样具有增值部分。不论是数字化交易中的商品提供者还是服务提供者，均应被纳入增值税的纳税主体范畴。这一调整不仅有助于确保税收的公平性，还能为国家财政提供稳定的税源支持。

（2）明确第三方数字平台在代扣代缴义务及信息提供方面的责任至关重要。目前的税收政策仅对部分数字化交易平台如直播平台，提出了信息提供的要求，而对于其他类型的数字交易平台，税务部门却缺乏相应的法律依据来获取必要的信息支持。第三方网络交易平台作为交易的重要载体，能够通过其平台记录获取交易的详细信息。为了提高信息对称性，应当明确这些平台需向税务机关提供涉税信息的义务。鉴于数字化交易的隐蔽性和虚拟性，税务机关难以全面掌握交易信息，因此明确第三方平台的代扣代缴义务将显著提高税收的征管效率，并确保税款的及时足额入库。

（二）完善增值税征收管理法的建议

增值税是世界上最为主流的流转税税种，它是以单位和个人生产经营过程中取得的增值额为课税对象征收的一种税，它通过减少重复征税，可以促进社会生产形成更好的良性循环，有利于企业降低税负。①

1. 完善电子发票制度

随着数字化交易的普及，大量自然人参与其中，导致交易中未开具发票的现象频繁发生。现行的增值税电子发票在实际应用中也暴露出诸如交易金额篡改和重复报销等问题。数字化交易的虚拟性更是加大了税务机关核查经济业务真实性的难度，使得准确确定税基变得愈加复杂化。在此背景下，将区块链技术应用于电子发票管理，能够有效解决这些难题。

区块链技术的核心特点，如可追溯性和不可篡改性，使其在电子发票领域的应用尤为突出。通过区块链技术，交易一旦发生，发票即被生成，消除了不开发票或发票金额与实际交易金额不符的情况。这种技术优势不仅减轻了财务人员的审核负担，降低了重复报销的可能性，更使税务机关能够实时监管发票的全生命周期，从领用到申报均在系统内透明可见，大幅度提升了税务管理的效率和准确性。

区块链技术在增值税电子发票制度中的应用，还表现出去中心化的独特优势。与传统集中式系统不同，区块链作为分布式系统，数据分散储存，且无法被单一个人或组织随意修改。这一特点确保了涉税信息的广泛收集与共享，克服了因跨地区交易导致的电子发票信息核对查验困难问题。区

---

① 安薇. 虚开增值税专用发票罪的法律分析 [D]. 沈阳：沈阳师范大学，2017：1.

块链技术的不可篡改性进一步提高了交易信息的可信度,使得电子发票能够真实反映交易情况,确保纳税主体的真实存在与交易信息的准确性,从根本上避免因数字化交易虚拟性带来的系列问题。

通过区块链技术的应用,电子发票制度将更加完善,既能满足数字经济发展的需求,又能强化税务机关对电子发票的管理和监控,确保税收制度的公平性和有效性。

2. 强化电子税务稽查

为应对数字化交易带来的挑战,税务机关应在数据应用能力上取得突破,特别是在与第三方数字平台的合作中,通过统一的数据采集标准,将涉税信息有效整合到税务部门的数据库中,实现纳税人信息的一体化管理。这不仅要求对技术的高效运用,还需在内部培养出一支能够应对数字化交易复杂性的专业税务稽查队伍。这支队伍应具备对大数据的深度分析能力,以识别潜在税收风险,并进行及时预警。通过引进和培训计算机人才,税务机关可以进一步提高数据处理的能力,为电子税务稽查提供坚实的人力资源支持。

数字化交易的跨区域特性,要求税务机关打破传统的区域限制,推进跨省协作的共查机制,以实现涉税数据的共享。这一机制的实施将有助于加强各地税务机关之间的合作,有效应对跨区域交易的复杂性。随着传统的查阅纸质文件和实地检查方式逐渐被电子查账体系所取代,合理利用大数据成为税务稽查的核心。通过大数据分析,可以全面捕捉数字化交易主体的经济活动,识别其中的关联性,找出潜在的税收风险点。这种预警机制不仅提高了税务稽查的效率,还为税收管理的现代化提供了有力支持。

电子税务稽查的强化,代表了税收管理向数字化转型的一个重要方向,它不仅能够适应数字经济的发展需求,还能有效提升税务机关的管理水平和稽查效率,为构建现代化税收体系奠定基础。

3. 推动税收征管数字化改革

随着交易主体的多样化,尤其是在数字化交易环境中,不同主体的参与,如交易双方、数字平台和第三方支付平台,使得税务机关在获取涉税信息方面遇到重重困难。这种信息的不对称性，不仅阻碍了税收征管的有效性，也影响了税务机关对交易行为的准确掌握。因此，推进税收征管数字化改革已成为必然。

在未来的税收征管法修订中，应当强调协同治税的理念，通过明确第三方数字平台等交易主体的信息共享义务，推动各部门之间的系统有效衔接，构建数据共享平台。这一平台的建立有助于各部门间的信息流通，从而克服当前信息获取的瓶颈问题。通过建立协同信息采集机制，税务机关可以有效地整合各类涉税数据，减少信息的不对称性，进而提高税收征管的精准度。

制定信息提供的标准和规范，应涵盖信息提供的方式和内容，确保各主体所提供的数据具有一致性和可操作性。通过标准化的信息采集和处理，税务机关能够更为准确地掌握交易中的增值额，进而确保税收征管的公平和效率。在这一过程中，推动税收征管的数字化改革不仅是应对数字经济发展的必然选择，更是提升税收管理水平的关键步骤。这一改革将为构建更加高效、公平和透明的税收环境奠定坚实基础。

第二节　数字经济背景下跨境增值税目的地原则适用

一、数字经济背景下跨境增值税目的地原则的内涵与特征

（一）跨境增值税目的地原则的内涵

目的地原则作为跨境增值税的核心理念，旨在通过明确税收管辖权的归属来确保增值税的征收与商品或服务的最终消费地一致。该原则强调增值税应当由消费地所在国征收，并由最终消费者承担，这与源自地原则形

成鲜明对比。源自地原则是基于商品或服务的生产或提供地确定税收管辖权，而目的地原则则将重点放在商品或服务的最终消费地点，这一差异决定了两种原则在税收政策上的根本区别。

在跨境贸易中，目的地原则的应用使得商品或服务在流通过程中，各个环节的增值税纳税人不实际承担税负，而是通过增值税的抵扣机制，将税负转移至最终消费者。这样一来，出口国对出口商品或服务不征收增值税，而进口国则按照国内市场供应的税基和税率，对进口商品或服务征收增值税。此举不仅确保了税收征管的公平性，也有效避免了重复征税或双重征税的现象，保障了国际贸易的顺畅运行。

目的地原则在保障国家税收利益方面具有重要作用。通过对进口商品和服务征税，消费地国家能够实现对本国市场的税收控制，维护本国的经济主权。由于出口商品或服务不在生产地国家征税，这一机制有助于增强本国出口产品的国际竞争力，促进对外贸易的持续增长。

目的地原则的实施也对全球税收治理提出了新的要求。各国必须在税收征管上加强国际合作，确保跨境交易的信息共享和税收征管的一致性。这种合作不仅涉及双边或多边协议的签署，也需要通过全球税收治理框架的构建，来推动目的地原则在国际范围内的有效实施。通过国际合作，国家间能够协调税收政策，减少贸易壁垒，提升全球经济的互联互通水平。

在现代数字经济的背景下，目的地原则的重要性更加凸显。随着电子商务和跨境数字服务的快速发展，传统的税收征管模式面临挑战，而目的地原则为应对这些挑战提供了理论基础。通过明确消费地的税收管辖权，目的地原则能够有效应对数字经济带来的税收流失问题，确保各国能够公平分享数字经济带来的税收红利。

（二）跨境增值税目的地原则的特征

1. 消费导向性

目的地原则的核心特征在于其消费导向性，这一特征对增值税的征收具有重要影响。根据这一原则，增值税的最终缴纳责任落在商品或服务的最终消费者身上，而不是生产者或中间商。通过将税收责任与商品或服务的最终消费地点直接关联，目的地原则有效地确保了税收负担的分配与实际消费行为相吻合。这种税收机制不仅有助于避免税收负担在生产或流通过程中的不合理转嫁，还能够在国际贸易中明确各国的税收管辖权，使其更加合理和公正。在全球化和跨境贸易日益频繁的背景下，消费导向性原则的应用进一步确保了税收的公平性，使得各国能够基于其市场的消费规模合理获取应有的税收。通过目的地原则，国际税收体系得以维护，各国之间的税收合作与协调也因此更加顺畅，从而促进了全球经济的稳定发展。

2. 税收管辖权的转移性

根据目的地原则，商品或服务的增值税应当在消费地而非生产地征收。这一规定确保了税收责任与实际消费地相对应，使得税收管辖权从生产国转移至消费国。在实践中，出口国无需对出口商品或服务征税，而进口国则按照与国内商品或服务相同的税率对进口商品或服务征税。通过这种税收管辖权的转移，目的地原则有效遏制了各国之间的税收竞争行为，减少了因低税政策导致的税基侵蚀问题。该原则在国际税收体系中起到了平衡作用，既避免了税收重复征收的风险，又确保了全球贸易环境的公平性和稳定性。借助这种税收机制，各国在维护自身税收利益的同时，也为国际经济合作创造了更为和谐的条件。

3. 广泛适用性和普遍接受性

目的地原则在国际税收领域的广泛适用性和普遍接受性得到了各国的认可，其核心在于促进税收的公平分配，确保消费国能够获得合理的税收。该原则不仅在实物商品的跨境交易中得到了有效应用，也在服务贸易中发挥了重要作用，尤其是在数字经济和跨境电子商务日益发展的背景下，目的地原则的适用范围不断扩展。此原则的应用确保了税收责任与消费地相对应，避免了税收转移和重复征税的问题，从而为各国带来了税收公平的保障。

各国基于目的地原则的广泛适用性，能够在国际税收规则的制定和实施过程中形成共识，这不仅减少了国际税收纠纷，也为全球贸易的稳定性和持续发展提供了有力支持。通过合作，各国能够共同推动统一的税收规则实施，使得跨境交易更加透明和公平，进而促进全球经济一体化的进程。在这种合作框架下，目的地原则不仅是解决跨境税收问题的有效工具，也是推动国际社会在税收领域实现共赢的关键因素。通过其广泛适用性和普遍接受性，目的地原则为维护国际税收秩序、促进经济繁荣以及推动全球贸易的健康发展奠定了坚实的基础。

4. 不可替代性

与其他税收原则相比，目的地原则在促进税收公平、减少税收漏洞和防止重复征税方面，展现出了无与伦比的效力。在跨境交易中，目的地原则通过将税收责任与最终消费地联系起来，确保税收负担的合理分配，避免了税收转移和双重征税的风险。这一机制不仅维护了各国的税收主权，也促进了国际税收的协调与合作，成为全球贸易中重要的税收规范。

在国际税收协定中，目的地原则的地位尤为突出。各国通过共同的税收协议，明确了在跨境交易中如何依据目的地原则进行增值税的征收，从而有效减少了国际税收争议。这种统一的税收标准不仅提高了税收征管的效率，也增强了国际社会对全球经济治理的信心。目的地原则的广泛应用还反映出——其在应对现代经济挑战中的强大适应性，尤其是在数字经济和跨境电商日益普及的背景下，该原则进一步巩固了其在国际税收体系中的核心地位。

目的地原则的不可替代性也体现在其对全球税收公平的积极贡献上。通过确保消费地国能够公平地获得应有的税收收入，这一原则有效避免了国际税收竞争和税基侵蚀，维护了各国之间的税收平衡。因此，无论是在国际税收协定的制定过程中，还是在各国税收法律的具体实施中，目的地原则都已成为指导跨境增值税征管实践的重要准则。目的地原则不可替代的地位不仅体现了其在理论上的优势，更反映了其在实践中的广泛应用和深远影响。

二、数字经济背景下我国跨境增值税目的地原则的完善

(一) 跨境增值税目的地原则适用规则的完善

在数字经济的推动下,跨境增值税制度面临着重要的调整与完善任务。数字经济的快速发展不仅改变了国际贸易的模式,还对税收征管提出了新的挑战。在这一背景下,我国在完善跨境增值税目的地原则的适用规则上,需注重以下四个方面:

第一,目的地原则作为一种税收管理机制,其核心在于税收应由消费地所在国家征收。在数字经济条件下,传统的税收规则和方法显然不能完全适应新的市场环境,因此必须对目的地原则进行有效的调整,以保证税收的公正性和效率性。我国在这方面的改革主要体现在扩展目的地原则的适用范围以及制定具体的实施规则上,这一转变不仅符合国际税收规则的发展趋势,也有助于提升国内市场的公平竞争环境。

第二,在实施目的地原则的过程中,必须明确如何确定消费地。数字经济使得消费者和供应商之间的交易地点变得更加隐蔽和复杂,因此需要通过合理的规则来准确确定消费地。当前,虽然采用特定代理变量来确定消费地的方法在理论上较为合理,但实际操作中仍需进一步完善。制定具体的目的地确定规则时,应考虑到不同交易场景的特点。例如,在企业对企业和企业对消费者的交易中,消费地的确定方式应有所区别,以适应不同的商业模式。

第三,在企业对企业交易中,消费地的确定可以通过分析商业协议和交易情况来实现。在多营业机构的情况下,可以参考购买方的主要经营场所、惯常居所以及永久住所等信息,以确保税收的准确性和公平性。然而,规则的复杂性可能会增加税务机关的管理成本及企业的合规负担。因此,制定规则时应避免过于复杂,以减少税务管理的难度和合规风险。

第四,在企业对消费者交易中,消费者的实际消费地常常难以追踪,因此采用经常居所地作为确定消费地的方法较为合适。对经常居所的界定应有明确的标准,以确保税收管理的统一性和可操作性。考虑到跨境电商

的发展趋势,将境外电商企业对境内消费者提供的商品和服务纳入增值税征税范围,也能够有效提升税收管理的全面性和准确性。

在数字经济背景下,我国跨境增值税目的地原则的适用规则需从宏观和微观两个层面进行系统性完善。宏观上,应通过制定统一的规则来扩大目的地原则的适用范围,确保税收的公平性和合理性。微观上,应针对不同的交易场景制定细化规则,既要保障税收征管的准确性,也要避免不必要的复杂性。通过这些措施,我国能够更好地适应数字经济带来的变化,提升跨境税收管理的效果和效率。

(二)跨境增值税目的地原则税收征管的完善

数字经济的发展使得全球贸易模式发生了深刻变化,这也对税收征管体系提出了更高的要求。税收征管的关键在于准确确定消费地,特别是在虚拟经济交易中,传统方法难以适应。因此,税务机关需在遵守目的地原则的基础上,通过合理的规则和技术手段来识别和追踪跨境交易,确保税收的公平性与有效性。

在此背景下,税务机关不仅需要依据目的地确定规则来判断是否拥有税收管辖权,还必须出台相应的征管措施,以防止双重征税、双重不征税等问题的发生。减轻纳税人特别是非居民供应商的税务遵从难度和合规成本也是关键,税务机关应在降低征管成本的同时,保障税收中性原则和效率原则的实现。我国目前的增值税税收征管制度,主要是在传统有形经济模式基础上构建,随着数字经济的兴起,增值税征管的体系化完善显得尤为重要。

在有形货物领域,由于海关边境控制的存在,货物进口增值税的征收相对容易,税务机关可以通过边境管理有效控制税收。在跨境服务或无形资产领域,由于交易的无形性与跨国特征,我国通常采取代扣代缴的反向征收机制,规定购买者为跨境交易的扣缴义务人。

对于企业对企业交易,我国现行的代扣代缴机制已基本符合国际税收指南的建议。由消费者申报缴纳增值税并允许作为进项税额抵扣,不仅减轻了税务机关的征管成本,也降低了销售方的税务负担。这种机制在实际操作中表现出较好效果，但仍需进一步完善，以适应更加复杂的跨境交易场景；在企业对消费者交易中，消费者的税收遵从度较低，尤其是在数字经济中，个人消费者往往缺乏申报缴税的动力。由消费者承担申报缴税义务的方式在实践中存在较大挑战，容易导致税收效率的降低。为应对这一问题，增值税指南建议通过要求境外供应商在境内进行纳税人注册并申报缴纳增值税。然而，单一依赖这一方式难以确保非居民供应商的高税收遵从度。因此，综合采用多种征管措施成为必然选择。在非居民供应商存在常驻机构的情况下，税务机关可以要求其登记缴税；在没有常驻机构的情况下，可借鉴欧盟的增值税申报系统，要求非居民供应商进行简易的网络税务登记。对于通过电子平台进行的跨境服务，如应用市场交易，我国可借鉴其他国家的经验，对电商交易平台的增值税纳税义务进行特别规定，要求其履行代扣代缴义务。

数字经济的发展也为税收征管提供了新的技术手段。税务机关可以通过互联网技术、区块链技术等手段，收集和记录跨境交易的相关信息，确保信息的真实与完整，提高税收征管的效率。这些措施不仅能够提升税务管理的科技含量，也有助于构建更加公平、高效的税收体系。

（三）跨境增值税目的地原则实施的双边协调机制完善

随着跨境服务交易规模的迅速扩大，跨境增值税双边协调机制的必要性与重要性日益凸显。为避免跨境增值税的双重征税及多重征税问题，同时有效应对跨境增值税领域的税基侵蚀与利润转移现象，我国有必要积极推进增值税双边协调机制的建设。在具体实施方面，我国可以通过加强双边税收协定的谈判，在现有协定基础上进一步协调跨境增值税制度的适用，确保目的地原则的落实。为此，可以将双边税收协定中的相互协商程序、信息交换条款及税收征收协助条款扩展至跨境增值税领域，以更好地解决税收争议。此外，我国还应通过强化与其他国家在双边层面的税收情报交换合作，将自动信息交换的范围扩展至增值税领域，特别是建立关于非居民供应商增值税申报和缴纳情况的信息交换制度。这一举措不仅有助于协调双边税收管辖权，还能够有效防范和治理跨境服务领域的国际避税行为。

（四）跨境增值税目的地原则实施的多边合作机制完善

多边合作机制在减少跨境增值税目的地适用规则的国际差异中起到了关键作用，其有效性在于建立和完善这一机制。国际税收领域的多边合作，尤其是在经济合作与发展组织和联合国等国际组织的推动下，已在所得税领域取得了显著成就。这些组织通过制定框架和协议，如经济合作与发展组织的避免双重征税协定范本，大大推动了各国税收制度的协调，并在税收征管和税收管辖权的国际分配中取得了突破。在跨境增值税领域，多边合作同样是确保增值税目的地原则得到广泛适用的重要路径。多边协调措施不仅能扩大这一原则的应用范围，还可以提出应对数字经济背景下跨境增值税目的地原则所面临挑战的多边解决方案，从而缩小各国增值税制度的差异。此举将有助于贯彻税收中性原则，避免因增值税制度差异引发的恶性竞争，防止国际贸易供应链的扭曲，提高全球经济效率。

尽管经济合作与发展组织增值税指南为各国提供了跨境增值税协调的参考路径，但其机制尚不完善，尤其是在维护服务接受国权益方面过于倾斜，不利于服务提供国的利益。随着数字经济的发展，我国在国际服务贸易中扮演着重要角色，近年来服务贸易逆差的扩大，也使得我国在跨境增值税领域的立场更为重要。因此，我国应积极参与以经济合作与发展组织为代表的多边合作机制制定与完善，在跨境增值税目的地原则相关规则的制定、解释及未来发展中提出本国的意见与立场。

此外，我国应积极参与跨境增值税多边征管协作机制的完善，推动国际增值税税收征管的信息交换。一方面，通过加强我国与其他国家税务机关的合作，进一步巩固双边关系；另一方面，通过参与多边公约的制定和多边合作平台的建立，促进增值税领域的多边情报交换与协助，从而有效打击国际增值税逃避税行为，完善我国在跨境增值税领域的多边合作机制。这一系列措施不仅有助于提升我国在国际税收治理中的地位，也有利于维护全球税收公平与效率。

第三节　数字经济背景下增值税省际分配的优化

数字经济作为一种由人类智慧驱动的高级经济形态，其特征在于依赖数据传输与网络载体，具备显著的创新性，能够创造出新的经济形态或提升传统产业的生产效率。其快速发展和庞大规模使其成为国家经济的重要组成部分，对社会变革和经济增长的各个方面均产生深远影响。尤其在税收领域，数字经济对现行税收制度构成了显著挑战，特别是在增值税的横向分配上，数字经济的演变加剧了各省之间的差异。在分税制和增值税按生产地原则征收的框架下，增值税往往从经济相对落后的地区流向经济发达的省份，导致资源分配的不均衡。伴随数字经济的发展，各省之间的增值税分配模式正在经历变革，这一过程不仅反映了经济结构的变化，也为税收政策的调整提供了新的视角和思路。[①]

一、增值税省际分配制度设计的完善

（一）分配指标依据的选择

在数字经济时代，跨地区交易规模的扩大对税收分配提出了新的挑战，特别是在增值税省际分配指标的选择上。现有的均衡性转移支付综合因素法，已在一定程度上考虑了各省对税收的贡献，但其在实际应用中仍存在不足之处。因此，基于对影响因素的全面考量，需对增值税省际分配指标进行更加精细化的构建。多种因素对增值税的省际转移均有显著影响，因此，需要对这些因素赋予不同权重，以确保分配过程的公平性和有效性。

---

① 严秀春. 数字经济对我国增值税省际分配的影响研究 [D]. 北京：首都经济贸易大学，2022：1.

国际经验与公平原则为指标权重的设定提供了重要参考，尤其是消费与人口因素的平衡。在这一框架下，赋予消费和人口各50%的权重，能够有效体现受益公平原则，减少在征税和分税过程中对政府与企业行为的扭曲。这种方法不仅有助于平衡省际财力差距，还能增强增值税分配的合理性与透明度。

随着社会服务消费比重的不断上升，现有的社会消费品零售总额与人均居民消费支出指标在统计各地实际消费规模方面已显局限。随着金税四期的全面推广，发票电子化将为更精确的消费统计提供数据支持。这一技术进步将推动新的指标体系建立，包括商品和服务在内的全面消费统计将成为可能。例如，总消费指标通过涵盖商品消费与服务消费，为增值税分配提供了更为全面的依据，尤其是在服务消费方面，能够更加准确地反映各地的消费水平。

在此基础上，重新构建的消费统计指标不仅可以改善现有统计指标的局限，还将为增值税分配提供更为可靠的数据支持，确保税收分配过程的公平性与透明度。

（二）分配基本原则的选择

第一，随着用户消费日益成为价值创造的重要形式，仅依赖生产地原则忽视了消费地政府在价值创造中的贡献，导致增值税收入与负担的背离问题日益突出。这种背离不仅在各地区间造成财政不平衡，还削弱了消费地政府促进经济发展的积极性。因此，在现有增值税省际分配机制不适应数字经济发展的情况下，亟需对其进行改革，确保税收效率与税收公平的兼顾。

第二，国际上的税收分配实践提供了参考，尤其是在欧盟内采用的一站式纳税申报制度，该制度通过明确消费地归属，有效保证了各成员国的税收来源。然而，数字经济下的货物交易往往表现出"生产集中、消费分散"的跨省流转形式，这使得消费地原则在我国的应用面临巨大挑战。数字经济时代的交易流向、数量和金额难以精确计量，完全基于消费地原则的征税分配模式不仅难以操作，还会增加管理成本，并可能导致税收漏洞的产生。此外，边境管控带来的贸易壁垒也将对全国统一市场的形成造成阻碍，进一步削弱税收制度的公平性与有效性。

第三，结合我国的实际情况，赋予消费地更多的征税分配权，采用"生产地征收 + 消费地归属"的模式，是解决当前增值税分配问题的可行方案。继续沿用企业所在地征税模式，能够在保持现行征收方式的基础上，以最小成本实现税收分配格局的调整。将地方分享的全部增值税按合理指标在省际间进行统一分配，有助于矫正收入与负担的背离，促进消费在国内大循环中的积极作用，从而为全国统一市场的建立提供坚实的税收保障。

第四，我国的区域经济发展存在显著的不平衡，特别是中西部和东北部地区经济发展水平落后于东部沿海地区。在生产地原则下，这些欠发达地区的增值税净流出更加剧了省际财力差距，对区域经济协调发展产生了不利影响。为此，在设计增值税省际分配制度时，应加大对欠发达省份的扶持力度。将地方分享的全部增值税分为两部分，一部分在 31 个省份间正常分配，另一部分则专门用于欠发达省份的二次分配。通过这种方式，可以在税收分配中实现效率与公平的平衡，既扶持了欠发达地区，又保持了发达地区的发展积极性。

（三）分配方案设计和结果的比较

1. 分配方案设计

在增值税省际分配方案的设计过程中，需要综合考虑多方面因素，以确保分配的公正性与有效性。

（1）方案的设计应以科学合理的原则为基础，通过对各地区经济发展水平、消费能力、人口规模等多重因素的分析，构建一个多维度的分配模型。这一模型不仅要反映各地区对国家经济发展的实际贡献，还需在平衡区域差异与促进共同发展的前提下，赋予不同权重以确保分配结果的公平合理。

（2）增值税的分配方案设计应在考虑经济效率的同时，注重税收公平原则。为了避免增值税收入与地方实际财政需求的错配，分配模型中应适当提高对人口和消费因素的权重。通过这样的调整，能够更好地反映地区间的消费水平差异，促使税收分配更贴近实际经济活动。在税收分配中加入对欠发达地区的倾斜设计，通过增加这些地区的税收份额，促进区域经济的协调发展，缩小省际经济差距。

（3）设计方案时应充分考虑跨地区交易和消费行为的复杂性。传统的分配模式可能难以反映数字经济中的实际经济活动，因此分配方案应引入新的指标和数据来源，结合现代信息技术，提高分配的精确性与实时性。通过综合考虑这些因素，能够设计出一套更具前瞻性和适应性的增值税省际分配方案，从而更有效地支持国家整体经济的发展战略，提升各地区的财政自主能力与发展潜力。

2. 分配方案结果比较

在对不同增值税省际分配方案的结果进行比较时，必须关注其在实现公平与效率目标方面的表现。不同方案在分配税收份额时，会直接影响各地区的财政收入水平，这种影响不仅反映在短期的税收分配结果上，更在长期的区域经济协调发展中具有深远意义。通过对比各方案的结果，可以发现不同分配权重、方法对各地区税收份额的影响程度，以及对经济发达与欠发达地区财力差距的缩小或扩大的作用。

（1）方案结果的比较体现在各地区税收的变化幅度上。基于不同分配指标和权重设定，税收份额的分配将显示出经济结构、消费能力和人口规模的差异所带来的实际影响。特别是在数字经济时代，消费因素在分配中的比重提升，能够更准确地反映出消费地政府在价值创造中的贡献。对比分析这些结果，可以评估不同方案在解决增值税收入与负担背离问题上的有效性，以及在促进全国统一大市场形成中的作用。

（2）分配方案结果的比较需要考虑其对区域经济发展的长期影响。一些方案可能在短期内有助于缩小省际财力差距，但长期来看可能导致资源配置效率的下降，或者对发达地区的发展积极性产生不利影响。因此，在比较方案结果时，必须同时考虑区域经济的可持续性和整体经济的平衡发展。合理的分配方案应在保障欠发达地区发展的同时，激励发达地区继续保持经济增长动力，从而实现全国范围内的协调发展。

（3）对分配方案结果的比较还应包括对政策实施成本的评估。不同的分配方法和权重设置会影响税收管理的复杂程度与执行效率。方案结果的比较不仅是对税收分配结果的比较，还涉及对分配过程中的制度成本和管理挑战的评估。通过全面的比较分析，可以识别出最符合国家发展目标的分配方案，确保增值税省际分配在公平与效率之间达到最佳平衡。

二、增值税省际分配配套措施的完善

（一）建立跨区域税收协调的机制

在建立跨区域税收协调机制的过程中，明确税收协调组织的层级和职责、制定协调规则以及建立税收信息共享机制是关键步骤。

1. 明确税收协调组织层级和职责

区域协调发展管理机构通常分为地方政府组织和中央政府组织两种形式。我国现有的税收协调组织多由地方政府自发组建，但这种组织形式的协调方式相对单一，缺乏足够的规范性和权威性。为应对数字经济带来的复杂税收协调问题，亟需在中央政府的主导下建立更高层级的沟通协调组织，以保证税收协调机制的稳定性和有效性。

中央政府应当在税收协调组织中担当核心地位，负责设立级别高于省、自治区、直辖市的沟通协商机构，并确保该机构的中立性。明确该组织的职能包括提升协商的权威性与规范性，使其能够在地方政府间存在税收利益冲突时发挥关键作用。对于税收法规中已明确规定的矛盾问题，该组织应在现有税收框架内进行协调，以确保不会越过法律框架的界限。对于税收法规中未作明确规定的事项，组织应及时介入并做出裁决，确保不出现协调的缺位。税收协调组织在作出相关决策时，应基于现有税制体系，确保决策过程不偏离既有的税收法规，从而避免"错位"的情况。

税收协调组织的设计应注重提高其决策的科学性和公正性。在地方政府间税收利益冲突的情况下，协调组织需要有足够的权威来调解争端，并且其决策必须以税收法规为基础进行，从而保证协调过程的合法性与有效性。为了实现这一目标，组织的职能应包括：制定并执行跨区域税收协调规则，协调解决税收利益冲突，并确保对各方利益的公平对待。税收协调组织还需建立相应的评估与监督机制，以便在实施过程中对组织的决策进行检查，确保其符合税收法规和政策的要求。

2. 制定跨区域税收协调的规则

有效的跨区域税收协调规则应具有针对性和灵活性，通过细化和扩展适用范围，能够更好地应对税收利益冲突。这些规则的制定需要综合考虑实际问题，增强规则在解决税收冲突中的适用性，同时必须遵循现行税收法律法规，以确保税法地位的维护和相关规定的遵守。

在当前税收环境下，特别是在增值税收入存在省际转移问题的情况下，跨区域税收协调规则应保障消费地政府的税收利益。这要求规则能够避免增值税收入与负担之间的背离，防止出现马太效应，从而促进区域间的平衡发展。此外，规则应致力于统筹协调区域发展水平，推动全国统一市场的构建。通过这种方式，能够确保税收政策的公平性和一致性，降低不同区域之间的税收冲突。跨区域税收协调规则需针对不同类型的税收冲突，提供有效的指导。规则的设计应考虑到涉及多税种的复杂情况，如总分支机构的税收分配问题、企业迁移带来的税收利益冲突等。这些问题的处理需要明确规则的适用范围，并根据实际情况进行调整，以实现公平合理的税收分配。

建立区域间的相互认可机制是进一步优化税收协调规则的重要措施。通过跨区域税收协调组织，在地方政府之间进行协商谈判，可以有效缩小省际税收政策的差异。这种机制有助于形成最低限度的监管协调，尊重并适应地方税收政策的差异化，促进各省政府在充分信任的基础上，保持适度竞争，建立稳定的合作关系。这样不仅能够减少消极税收竞争，还能促进区域之间的经济合作和协调发展。

制定科学合理的跨区域税收协调规则，为税收利益冲突的有效解决提供关键性指导。通过加强规则的适用性和针对性，结合实际情况，确保税收政策的公平性和一致性，能够为推动区域经济的协调发展和构建全国统一大市场奠定坚实基础。

3. 建立健全区域税收信息的共享机制

在当前数字经济快速发展的背景下，各省级政府虽然已经有了税收信息共享的初步机制，但整体的信息化水平和共享平台的建设尚不充分。这种情况导致区域税收协调缺乏有效的技术支持，尤其在增值税省际转移及其他税收利益冲突问题上，亟需完善的共享机制来解决信息不对称的问题。

（1）建立全面的税收信息共享机制，需搭建一个高效的税收信息共享平台。这一平台应整合全国各省税收数据，提供统一的信息技术支持，确保跨区域税收协调机制的有效运行。通过这一平台，能够实现对各省税收政策、税收优惠措施的公开，进而减少因信息不对称而导致的恶性税收竞争。这种透明度不仅促进了政策公开，也提高了政策实施的公平性，从而在区域间实现税收政策的协调统一。

（2）信息共享平台需关注各省政府特别是经济相对欠发达地区的利益诉求。通过平台，能够深入了解各省的实际需求和问题，拓宽利益协商的渠道。这样，各地方政府能够以平等的地位参与税收事务的协商，形成公平公正的区域合作氛围，减少因信息壁垒带来的合作风险。这种机制使得区域税收协调过程更加公开透明，减少了因信息不对称而可能产生的误解和冲突。

（3）税收信息共享平台的建设，需对区域税收协调的评估、裁决以及执行结果进行公布。通过这些结果的公开，不仅提高区域协调过程的透明性，也增强税收协调机制的公信力。民间组织如地方科研院所的参与，可以为税收协调提供更多的科学依据和合理建议，从而支持跨区域税收协调组织做出更加公正和合理的判断。这种多方参与的机制，有助于形成科学、透明和高效的税收协调体系，为区域经济的协调发展提供坚实的支持。

（二）推进税收征管信息化的建设

数字经济背景下的零工经济、平台经济等新业态交易规模庞大，不受传统经营场所的限制，呈现生产集中、消费分散的局面，导致交易涉及的各项数据统计难，增值税收入的归属确定难，不利于数字经济背景下增值税省际分配消费地原则的改革调整。因此，利用大数据、区块链等新技术推进税收征管信息化建设，对新经济、新业态进行监控，以在数字经济背景下解决增值税收入归属不明、省际转移等问题，为增值税省际分配制度的完善提供配套保障机制。

1. 完善税企数据的对接

在数字经济不断发展的背景下，构建互联互通的税收征管要素和全新的税收征管模式，以实现企业信息的全面连接，已成为必要的工作。通过协商、采购和合作开发等方式，税务机关与企业之间的数据信息交换可以在大型电子商务平台上开始，并逐步向大中小型数字经济企业扩展。这种做法通过"以服务换数据"或"以数据换数据"的手段，可以有效整合企业的经营数据和涉税资料，从而满足增值税省际分配消费地原则改革对数据的需求。

区块链技术的应用为税企数据对接提供了新的解决方案。利用区块链技术可以对纳税人的涉税交易进行全流程追溯，确保获取的纳税人信息及时、真实且完整。这种技术有效打破了税收征管过程中的信息不对称，尤其在应对新业态经济带来的增值税数据确定和统计困难方面，表现出显著的优势。通过区块链技术，税务部门能够实时监控纳税人行为，并对税收数据的真实性进行验证，从而提升数据管理的透明度和准确性。

为确保税企数据对接的顺利实施，必须在实际操作中不断分析和解决出现的问题。对数据对接路径的优化和完善至关重要，这包括加强数据共享的安全保障，以及在数据收集、归类、使用和销毁各环节中明确责任。这种全面的安全措施，不仅保障了纳税人信息的安全，也有效防范了数据被非法获取的风险。建立健全的税企数据对接机制，能够为税收征管提供强有力的支持，从而促进税务管理的规范化、科学化，推动税收公平的实现。

2. 建立稳定的后台机制

在当今数字化环境中，云计算和科技金融等技术的快速发展，使得线上交易逐渐成为主流，服务消费的比例不断上升。在这一背景下，为了对交易中的消费数据进行全面统计，并准确确定增值税收入的归属，建立一个稳定的后台机制显得尤为重要。这一机制不仅需要通过税企数据对接来获取数据，还需运用大数据应用系统对数据进行深入比对和建模，以建立覆盖各领域和各行业的线上交易信息数据库。

为了应对数字经济对增值税省际分配造成的冲击，需要将主流支付工具与税务数据库对接。这包括将电子发票和移动支付等新兴工具引入税收征管体系。这种做法可以扩充数据获取途径，进一步核定各项交易中购买方和销售方的位置、交易实际金额等关键信息，从而提升税务部门对消费数据的准确掌握能力。通过这种方式，税务部门可以更有效地统计和分析交易数据，以确保增值税收入的合理分配。

在数据库后台保障机制方面，税务部门应充分利用金税四期系统，结合区块链技术、加密算法和点对点传输技术，对相关涉税信息和税收征管信息的有效性、真实性和实用性进行评估分析。规范化的数据清理、筛选和分类处理流程，是保证数据真实性的关键。这不仅有助于增强数据的透明性和不可篡改性，还能通过持续的完善和改进来优化数据库机制。

通过对数据的整合和评估，可以对纳税人的经济活动进行有效监测。构建行为预测模型，可以对纳税人行为进行预测，从而及时防范可能出现的违法行为。这种机制能够在大数据分析的基础上，提供对纳税人行为的预判，提前识别潜在风险，做到及时干预和管理。总之，建立一个稳定的后台机制，不仅能提升数据管理和税收征管的效率，还能增强对数字经济带来的税收挑战的应对能力。

3. 建设税务人才队伍

税收征管信息化建设的有效推进，不仅依赖于税企数据的共享互通，还需依赖于税务专业人才队伍的战略建设。面对数字经济对增值税省际分配影响，必须加快建设大数据应用专业队伍，加强税务人才的培养，并完善相关用人制度。税务干部的信息化管理能力提升是一个系统性工程，涉及公务员的招录和人才培养教育两个方面。

（1）在税务干部招录过程中，应坚持以人才领税为导向，建立一套规范的人才选拔体系。这一体系应包括增加计算机与税务专业的考核内容，确保能够从源头上筛选出具有数字化背景和税务专业知识的候选人。对候选人的综合能力进行全面评估，并依据其特长合理分配岗位，有助于提升税务部门的整体专业水平。吸纳社会上具备丰富经验的专家型人才，将为税务部门提供有力的技术支持，并加速其信息化建设步伐。

（2）在人才培养教育方面，应深入推进数字税收人才培养计划。这要求政府部门与高校、科研机构建立密切的合作关系，借助外部力量为税务干部提供长期培训。建立有效的激励机制，打破传统职位晋升的天花板，鼓励干部提升学历并通过国家相关执业资格考试取得认证，将有助于确保税务干部的能力与税收征管信息化的发展趋势保持一致。通过系统化的培训和激励措施，税务干部不仅能够掌握先进的数字技术，还能具备解决复杂税务问题的能力，适应不断变化的税收环境。

建设税务人才队伍是提升税收征管信息化水平的关键一环。通过完善招录体系、加强人才培养和优化用人机制，可以有效提升税务干部的信息化管理能力，促进税收征管的现代化与科学化，确保税务部门在数字经济环境下能够高效、公正地履行其职责。

第四节　数字经济背景下消费税与增值税协同改革路径

一、税制设计的整合

（一）消费税与增值税的统一协调机制

在现行税制下，消费税与增值税分别适用于不同的经济活动和税收对象，导致制度差异和重复征税的问题显著。统一协调机制的建立有助于解决这些问题，旨在减少税收的重叠和漏洞，进而提高税制的整体效率和公平性。

实现这种机制的关键，在于对现行消费税和增值税的税基、税率及征管方式进行全面评估。通过详细分析两种税制的特性，可以明确各自的功能与作用，并找到实现协调与统一的路径。此过程需要保持税制的独立性，同时通过合理设计协调机制来解决现有税制中的不一致性和重复征税问题。有效的协调机制可以简化税收系统，减少企业在税收合规中的复杂性，提升税收遵从度。

统一协调机制不仅有助于减轻企业的税负，还能优化税收管理，提高税务部门的工作效率。通过减少重复征税，企业在税收申报和缴纳过程中将面临更少的复杂手续，进而降低税收合规成本。这种机制还可以促进税务部门的工作效率提升，使税务部门能够更集中精力于税收管理和服务，提高税收征管的透明度和公正性。

因此，消费税与增值税的统一协调机制在提升税制效率、公平性和透明度方面具有显著作用。通过科学的评估和设计，建立这样一个机制将有助于构建更加高效和公正的税制环境，推动税制的持续优化和完善。

（二）增值税制下的消费税调整方向

在增值税制框架下，对消费税进行调整以优化税制结构是实现税收体系高效、灵活运作的关键举措。增值税作为一种基于增值环节的税收机制，其全球应用表明其在现代经济体系中具有显著优势。优化消费税的方向应从以下三个方面着手：

1. 调整税率

在现代税制设计中，税率的设定不仅是财政收入的重要来源，更是经济调控的重要手段。增值税作为间接税体系中的核心组成部分，其税率结构的系统性和一致性，直接关系到税收政策的执行效果。为了确保税收体系的和谐运作，消费税的税率设定必须与增值税的结构相互配合，形成互补关系。若两者之间的税率设置存在差异，可能会引发税负不均的情况，从而导致市场主体的税收负担出现不合理的波动。通过合理调整消费税的税率，可以有效减少其对增值税运行机制的潜在干扰。这种调整不仅能够优化税收体系的整体功能，还能增强税收政策的协同性，使不同税种在经济调控中的作用得到更好的发挥。

税率调整的根本目的是实现更高的税收效率和更公平的税负分配。两者之间的协调性是税制优化的关键所在。通过对消费税税率的适当调整，不仅能够提升其对增值税体系的配合度，还可以在更大程度上发挥消费税对市场行为的调节作用。在税制改革的过程中，确保税率的合理设定和调整，能够有效降低税制内部的矛盾与冲突，进而提高税收政策的整体效率和公平性。

税收政策的设计不仅仅是为了增加政府的财政收入，更重要的是通过科学的税率设定与调整，实现对市场经济运行的精准调控。消费税和增值税作为现代税制中的重要税种，二者的税率设置直接影响到市场主体的行为选择。合理的税率调整能够有效避免税负的不均衡现象，确保市场主体能够在公平的税收环境中运营。通过对税率的优化调整，不仅可以减少税收对市场的不利影响，还能够更好地服务于经济发展的总体目标。

在税制改革的进程中，税率调整是确保税收政策符合经济发展需求的重要手段。通过科学的税率设定和调整，可以有效增强税制的协调性和系统性。消费税税率的调整应当充分考虑与增值税体系的协调关系，确保税制结构的优化和功能的最大化发挥。在此基础上，税收政策能够更加精准地引导市场行为，促进经济的平稳健康发展。

2. 调整税基

消费税的税基通常集中于特定商品或服务的消费，增值税则涵盖更为广泛的经济活动领域。为实现税制的优化，调整消费税的税基成为必要手段。通过适度扩展消费税的适用范围，可以确保其涵盖所有需进行调节的消费领域，从而增强消费税对经济行为的调节效果。这种扩展不仅能够使消费税更具针对性，还能避免其税基过于狭窄而导致的税收覆盖不足，进而在市场中更好地发挥其功能。

在调整消费税税基时，需审慎考虑消费税与增值税之间的界限，以避免税基重叠所带来的税收冲突。税基重叠可能导致重复征税现象，使得市场主体在面对多重税收时负担过重，进而削弱税收政策的执行效果。通过合理界定消费税与增值税的税基，可以有效避免这种冲突，简化税制结构，提升税收体系的透明度与公平性。这种税基调整不仅有助于减少税收征管的复杂性，也有助于建立更加协调、统一的税收环境，从而提升税制的运行效率。

税基的优化调整不仅涉及技术层面的设计，更涉及对税收政策目标的深刻理解。通过扩展消费税的税基，确保其涵盖必要的调节领域，可以在更大范围内发挥税收对经济行为的调节作用。清晰界定消费税与增值税的税基边界，能够有效防止税收政策的相互干扰，避免因税基重叠带来的负面影响。这种调整和优化，使得税收政策更加科学合理，能够更好地服务于经济社会的发展需求。

在当前复杂的经济环境中，税基的调整不仅是优化税制结构的必要手段，更是提高税收政策公平性与透明度的重要举措。通过合理扩展消费税的税基，并明确与增值税之间的界限，税收政策能够更加精准地作用于经济活动，减少不必要的税收负担，提高税收体系的整体效能。这一过程要求对税制进行深入的审视和调整，以确保税收政策能够有效促进经济的健康、可持续发展。

3. 优化税收政策

在税收政策的设计与优化过程中，增值税与消费税的功能分工和协调作用至关重要。增值税以其对商品和服务增值部分的课税机制，起到确保税收公平性和中立性的作用。消费税通过对特定消费行为的调节功能，发挥对特定市场活动的引导和限制作用。为了增强税收政策的整体效能，优化消费税的政策设计成为关键。通过调整消费税的政策结构，使其在增值税的框架下更有效地针对特定消费行为进行调节，可以在更大程度上实现税收政策的多重目标。

（1）优化消费税政策需要考虑其与增值税的功能互补性。消费税的调节作用往往体现在对某些具有特殊意义的消费行为规范与引导上，这种调节性使得消费税在特定领域发挥着增值税无法覆盖的作用。因此，政策的优化应当着眼于强化消费税对这些领域的针对性调控功能，而不是仅仅作为对增值税的补充。通过更加精细化的政策设计，使消费税能够在特定消费行为中产生预期的调节效果，可以在维持税收中性的同时，增强税收政策的经济引导作用。

（2）税收政策的优化应兼顾政策的实施效果。合理的消费税政策设计应当确保其在实践中的可操作性和有效性，避免政策过于复杂或执行困难，导致预期效果无法实现。通过简化消费税的政策结构，并明确其调节目标，可以提高税收政策的透明度和执行效率。优化的税收政策能够更好地适应经济环境的变化，及时回应市场需求，进而长期保持税收政策的稳定性和持续性。

在经济发展的动态过程中，税收政策的优化不仅要求对现有税制的精细调整，还要求对未来经济行为的预见性调控。通过对消费税政策的调整，使其更好地在增值税环境下发挥作用，可以实现税收政策的协调统一，并确保经济行为得到合理引导。这种政策优化不仅有助于提高税制的整体效能，还能为经济的健康发展提供更加有力的支持。

（三）适应数字经济特点的税制创新

适应数字经济特点的税制创新，需要从以下三个层面进行深入探讨，以确保税收政策与经济环境的协调性与前瞻性。

第一，数字经济的无形化和跨境性对传统税基的界定提出了新的挑战。传统税制主要依赖于有形资产和实体经济活动进行征税，而数字经济中的虚拟产品和服务则使得税基难以明确界定。为此，税制创新应当在税基的重新定义上着力，确保其涵盖数字经济中的增值部分，避免税收流失。

第二，数字经济的发展促使税率设计需要更具灵活性与适应性。传统税率结构往往基于稳定的经济活动和相对固定的市场环境，但数字经济的快速变化和新兴商业模式的涌现，要求税率设计能够及时反映市场动态。税制创新应通过科学合理的税率设计，使其既能适应数字经济的特殊性，又能有效引导市场行为，保持税收的公平性与效率性。

第三，数字经济对税收征管技术提出了更高的要求。传统的税收征管手段在面对数字化交易和跨境电商等新型经济形式时，显得力不从心。税制创新不仅需要在制度设计上进行调整，还需在技术手段上进行革新。通过大数据、区块链等先进技术的应用，可以提高税收征管的精准性与透明度，确保税收政策在数字经济环境中的有效实施。

第四,税制创新不仅限于国内政策的调整,还应注重国际的合作与协调。全球化背景下,国家间的税收竞争日益激烈,恶性税收竞争可能导致税基侵蚀与税收流失。为此,数字经济税制创新应当积极参与国际税收规则的制定,通过合作与协商,建立全球范围内统一的数字经济税收标准,确保各国在数字经济中共享税收红利。

税制创新的最终目标在于实现经济发展的可持续性与税收政策的公平性。通过对税基的重新定义、税率结构的优化以及征管技术的升级,税制能够更好地适应数字经济的特点。国际合作的加强有助于在全球范围内建立更为公平的税收环境,使数字经济的繁荣成为各国共同发展的动力。

二、跨境税收协调机制

(一)跨境电子商务的税收合作

在数字经济时代,跨境电子商务的迅猛发展对全球税收体系提出了新的挑战与要求。跨境电子商务通过其高度的网络化和全球化特征,改变了传统的交易模式和市场结构,进而影响了税收政策的实施和税收的稳定性。因此,各国亟需加强税收合作,以适应这一新兴经济形式带来的变化,并确保税收的公平与效率。跨境电子商务的税收合作涵盖了两个方面,主要包括税收征管的协调与标准化,以及税收政策的协同设计。

1. 税收征管的协调与标准化

随着国际经济一体化和电子商务的迅猛发展,传统税收征管模式面临新的挑战。在这一背景下,各国税务机关在处理跨境交易时常常遇到信息不对称的困难,这种不对称性可能导致税收征管效率的降低以及税收漏洞的出现。统一的税收征管标准和操作规范应运而生,成为提高税收征管效能的关键措施。

(1)协调与标准化的税收征管流程有助于解决因信息不对称而产生的跨境税收问题。通过制定一致的税收征管标准,各国能够在税收政策的实施过程中实现更高的透明度和一致性。这种标准化不仅涵盖了税收征管的程序,还包括数据处理、信息传递和税务稽查等方面。标准化的流程能够使税务机关在处理跨境交易时,按照统一的规则进行操作,从而减少因操作差异而产生的税收争议和摩擦。

(2)税收征管的协调有助于提升税务机关之间的合作水平。在跨境电子商务交易中,税务机关需要共同处理复杂的税收问题,如准确识别交易主体、合理分配税收收入等。通过协调税收征管的标准,各国税务机关能够更有效地分享信息、交换数据,并在征管过程中保持一致的标准和方法。这种协调不仅能够提升税收征管的整体效率,还能够加强国际的税收合作,减少税收征管过程中的冲突和摩擦。

(3)统一的税收征管标准能够提升对税收流失和逃避行为的防范能力。标准化的税收流程能够帮助税务机关更好地识别和应对税收风险,确保税款的准确征收。在电子商务环境中,税收逃避和避税行为可能因为信息不对称而难以察觉。通过实施统一的标准和规范,税务机关能够更有效地进行风险评估和管理,减少税基侵蚀的风险,从而保障税收的稳定。

2. 税收政策的协同设计

在全球化背景下,各国税收政策的差异性可能带来税收政策的不一致性。税收政策的协同设计旨在通过协调不同国家的税收规定和实施策略,创建一个统一而高效的税收环境,从而支持跨境电子商务的健康发展。

在全球经济一体化的背景下,各国税收政策常常存在显著的差异。这种差异不仅体现在税率的设定上,还包括税基的界定和税收优惠政策的实施。这种政策差异可能导致税收负担的不均衡,进而影响国际贸易的公平性。通过协同设计税收政策,各国能够在税率、税基和税收优惠等方面达成共识,从而制定出具有全球一致性的税收政策框架。这种协同设计能够有效减少税收政策间的冲突,降低税收摩擦,并增强国际税收合作的稳定性。

协同设计税收政策的过程,涉及对不同国家税收规定的综合分析与调整。各国在税收政策的协同设计中,需要充分考虑到全球市场的需求和跨境交易的特点。这种协作不仅有助于制定统一的税收标准,还能够促进税收政策的透明性和预测性,提高全球市场的公平竞争水平。通过协调税收政策,各国能够共同应对跨境电子商务带来的税收挑战,避免因税收政策差异导致的不公平竞争或税基侵蚀现象。

税收政策的协同设计能够促进全球经济的稳定发展。统一的税收政策框架可以为跨境电子商务提供明确的税收预期,从而增强企业的市场信心和投资意愿。各国通过协同设计税收政策,能够在全球范围内形成一致的税收环境,减少税收不确定性,推动国际经济的顺畅运行。

在实践中,税收政策的协同设计需要各国税务机关和相关利益方的积极参与与合作。各国应通过建立有效的国际税收合作机制,进行税收政策的协调与谈判,以达成共同的政策目标。这样,不仅能够提升税收政策的全球一致性,还能够促进国际经济治理的优化,推动全球税收体系的完善与发展。

(二)国际税收合作与信息共享

第一,国际税收合作旨在通过多国协作解决税收逃避和避税等跨境税收问题。随着全球经济的日益一体化和跨境交易的频繁进行,税务机关面临的信息不对称问题日益严重。这种信息不对称往往导致税收流失和政策实施的难度增加。因此,各国通过加强税收合作,能够共同应对税收逃避和避税的挑战,确保全球税收环境的公平性和有效性。

第二,信息共享是实现有效国际税收合作的核心机制。税收信息的共享使得各国税务机关能够实时获取与跨境交易相关的财务数据和交易记录。这种信息的及时传递不仅提高了税收征管的透明度,还增强了税务机关的监控能力。通过建立全球税收信息共享平台,各国能够加强对跨境交易的监测,识别潜在的税收风险,并采取针对性的措施加以应对。信息共享机制的实施,有助于减少税收漏洞和避税行为,提升税收征管的整体效率。

第三,国际税收合作与信息共享需要建立和完善相关的法律框架和技术支持。法律框架的完善能够为信息共享提供合法保障,并规范信息共享的程序和范围。在技术支持方面,包括大数据分析和区块链技术的应用,能够提升信息共享的安全性和准确性。这些技术手段不仅提高了数据处理的效率,还增强了税收信息的真实性和可靠性。通过构建健全的法律和技术支持体系,各国能够确保信息共享的顺畅进行,从而进一步推动国际税收合作的深入发展。

通过加强国际税收合作与信息共享，各国能够在全球化经济背景下实现税收治理的优化。这种合作机制不仅有助于防范税基侵蚀和税收流失，还能够促进全球税收体系的稳定性与公平性。信息共享的有效实施，不仅提升了税务机关的监控能力，还为各国制定和实施税收政策提供了重要数据支持和参考依据。在全球经济日益一体化的背景下，国际税收合作与信息共享的加强，对于实现全球税收治理目标具有重要的推动作用。

参考文献

[1] 安薇.虚开增值税专用发票罪的法律分析[D].沈阳:沈阳师范大学,2017:1.

[2] 常昱伟.数字经济背景下税收征管问题及对策[J].经济师,2024(7):110-111.

[3] 陈佳豪.消费税改革对我国地区税收均衡的影响研究[D].南昌:江西财经大学,2022:11-23.

[4] 陈淼,姚凤民,陈彩虹.消费税征税环节后移影响我国区域间财政公平的量化研究[J].地方财政研究,2023(12):70-79,100.

[5] 程爱媛.调节功能视角下消费税征税范围改革研究[D].石家庄:河北经贸大学,2024:11-41.

[6] 翟继光.营业税改增值税的税务稽查与查账[M].上海:立信会计出版社,2016.

[7] 段梦昕.我国烟草消费税的控烟效果及完善对策研究[D].天津:天津财经大学,2023:41-48.

[8] 甘泗群.数字经济、新型工业化与中国式现代化[J].技术经济与管理研究,2024(8):46-51.

[9] 顾德瑞.消费税立法模式的转变:从综合型到组合型[J].地方财政研究,2023(3):72-79.

[10] 郭维真,尚亿慧.地方主体税种的确立:反思与路径[J].税务研究,2021(10):26.

[11] 胡泽世.调节功能视角下的我国消费税改革研究[D].天津:天津财经大学,2020:28.

[12] 黄国龙，汪松玲.对我国完善奢侈品消费税的思考[J].税务研究，2011（11）：52-54.

[13] 黄艳蓉.数字化交易增值税法律规制研究[D].扬州：扬州大学，2023：11-25.

[14] 姜畅.数字经济时代增值税省际分配问题的优化研究[D].哈尔滨：哈尔滨商业大学，2024：20-49.

[15] 苦打哈.我国消费税征收环节后移所引发的问题及应对措施[J].沈阳大学学报（社会科学版），2024，26（3）：10-17.

[16] 李贵芳，王琪，马栋栋，等.数字化赋能：数字经济如何提升我国外贸竞争力[J].商业经济研究，2024（15）：120-124.

[17] 李齐云.西方财政分权理论及启示[J].山东科技大学学报（社会科学版），2003（3）：74.

[18] 林沛.数字经济下跨境增值税目的地原则适用研究[D].上海：华东政法大学，2022：20-63.

[19] 刘春玲，高璐，李伯慧.增值税理论与实务研究[M].北京：经济日报出版社，2017.

[20] 马怡芳.数字经济背景下我国税收征管问题研究[D].石家庄：河北经贸大学，2024：20.

[21] 秦伟娜.数字经济与企业颠覆性创新：理论与实证检验[J].现代管理科学，2024（4）：171-180.

[22] 任舒繁."双碳"目标背景下消费税改革路径研究[D].呼和浩特：内蒙古财经大学，2024：13-48.

[23] 索晓辉.消费税纳税筹划实战与经典案例解读[M].北京：中国市场出版社，2013.

[24] 唐梦航.数字经济背景下我国税收征管面临的挑战与应对[J].湖南税务高等专科学校学报，2022，35（4）：35-40.

[25] 唐明，席馨.消费税下划地方央地收入分享机制构建研究[J].中央财经大学学报，2023（3）：13-30.

[26] 汪德华.论中国税制体系中增值税的定位[J].南京大学学报（哲

学.人文科学.社会科学），2012，49（5）：13-20.

[27] 王建平.论增值税抵扣机制的强化 [J].税务研究，2022（1）：31.

[28] 王建平.增值税改革应确立清晰明确的目标 [J].税务研究，2012（1）：33.

[29] 王明辉.数字经济对我国税收征管的挑战及应对 [D].石家庄：河北经贸大学，2023：29.

[30] 王卫军，朱长胜.应对数字经济的挑战：从生产增值税到消费生产税 [J].税务研究，2020（12）：61-67.

[31] 王晓凡.税收法定原则之内涵与进路 [J].西部学刊，2024（5）：65.

[32] 王子林，杨佳颐.浅析数字经济背景下税收征管问题 [J].商业经济，2022（9）：157-159.

[33] 吴家武.数字经济与商贸流通业协同发展研究 [J].现代商业，2024（15）：97-100.

[34] 武安邦.增值税扩围引发的一系列问题的思考 [J].商情，2012（28）：23-23，27.

[35] 严秀春.数字经济对我国增值税省际分配的影响研究 [D].北京：首都经济贸易大学，2022：1.

[36] 杨鑫.我国奢侈品消费税改革的完善研究 [D].上海：华东政法大学，2020：31-33.

[37] 杨杨.和谐社会下税收公平制度选择 [D].成都：西南财经大学，2008：8.

[38] 杨泽."免征额"与"起征点"辨析 [J].纳税，2019，13（8）：146.

[39] 杨志安.完善增值税转型改革的对策 [J].税务研究，2010（11）：36-38.

[40] 于远行.数字化转型对税收征管效率的影响研究 [D].济南：山东财经大学，2024：12-15.

[41] 余文静.中国小汽车消费税征税模式改革研究 [D].上海：上海财

经大学，2022：38-39.

[42] 袁明辉.浅议我国增值税改革的原因和目标[J].管理学家，2010（5）：37-38.

[43] 岳树民，肖春明.完善增值税制度推动经济持续全面发展[J].税务研究，2016（11）：13-17.

[44] 张娟娟.关于企业税务管理数字化转型的实践路径分析[J].行政事业资产与财务，2024（12）：111.

[45] 赵浩天.构建地方主体税种视角下消费税改革研究[D].石家庄：河北经贸大学，2024：11-46.

[46] 周浩然.税收效率原则下我国个人所得税法完善研究[D].合肥：安徽大学，2018：1.

[47] 周民，王晓冬.走进数字经济[M].北京：国家行政学院出版社，2023.

[48] 周倩宇.消费税对城镇居民消费结构的影响[D].济南：山东财经大学，2024：10-17.